Ullstein Abenteuer

Ullstein Abenteuer
Lektorat: Hans-Joachim Neumann
Ullstein Buch Nr. 21083
im Verlag Ullstein GmbH,
Frankfurt/M – Berlin
Titel der englischen
Originalausgabe: The Gun
Übersetzung: Brigitte Walitzek

Deutsche Erstausgabe

Umschlaggestaltung:
Hansbernd Lindemann
Titelillustration:
Archiv für Kunst und Geschichte,
Berlin
Gemälde von Henri E. F. Phillippoteaux

Printed in Germany 1988
Gesamtherstellung:
Elsnerdruck, Berlin
ISBN 3 548 21083 X

Juni 1988

Vom selben Autor in der Reihe
der Ullstein Bücher:

Fähnrich zur See Hornblower (422)
Leutnant Hornblower (411)
Hornblower wird Kommandant (462)
Der Kapitän (481)
An Spaniens Küsten (502)
Unter wehender Flagge (529)
Der Kommodore (555)
Lord Hornblower (570)
Hornblower in Westindien (598)
Hornblower auf der Hotspur (2651)
Zapfenstreich (2834)
Brown von der Insel (21009)
Die »African Queen« (21015)

CIP-Kurztitelaufnahme
der Deutschen Bibliothek

Forester, Cecil Scott:
Die Kanone; Roman/
C. S. Forester.
Übers. von Brigitte Walitzek.
– Dt. Erstausg. –
Frankfurt/M, Berlin
Ullstein, 1988
(Ullstein-Buch; Nr. 21083:
Ullstein Thriller)
Einheitssacht.: The gun <dt.>
ISBN 3-548-21083-X
NE: GT

C. S. Forester

Die Kanone

Roman

Ullstein Abenteuer

1

Nach der Schlacht von Espinosa war die besiegte Armee auf dem Rückzug durch die Berge. Sie befand sich in einem derart katastrophalen Zustand, daß ein unbeteiligter Beobachter eher erraten hätte, daß sie besiegt war, als daß es sich einmal um eine Armee gehandelt hatte. Die zwanzigtausend Mann, aus denen sie noch bestand, quälten sich ohne jeglichen Zusammenhalt als langgezogene Schlange über die Straße; Kranke und Tote säumten auf einer Strecke von über hundert Meilen den Straßenrand. An der Spitze der Kolonne ritten die wenigen Kavalleristen, die das Glück hatten, noch ein Pferd zu besitzen; sie fühlten sich hier sicherer als an ihrem eigentlichen Platz, nämlich bei der Nachhut zur Deckung des Rückzugs. Als nächstes kam die Infanterie, in Gruppen und Grüppchen, zu zweit oder allein. Von den weißen Bourbonenuniformen der Soldaten waren nur noch Fetzen übrig, und durch die Löcher und Risse leuchtete die nackte Haut, blau vor Krankheit und Kälte. Etwa die Hälfte von ihnen hatten noch ihre Musketen, und von diesen wiederum vielleicht ein Viertel noch ein Bajonett. Gelegentlich gab es sogar kleinere Gruppen, die noch so etwas wie soldatische Haltung an den Tag legten und unter den gestrichenen Fahnen ihrer Regimenter regelrecht marschierten. Aber sie bildeten die Ausnahme. Die meisten Fahnen waren bei Espinosa verlorengegangen.

Der Elendszug wurde von Stunde zu Stunde länger, da die Robustesten der Männer sich beeilten, sich so weit wie möglich von den französischen Verfolgern abzusetzen, während die Schwächeren immer weiter zurückblieben. Sie waren in der Mehrzahl. Selbst im Sommer war die Bekleidung der Männer unzureichend gewesen, ihre Ernährung selbst in siegreichen Zeiten ungenügend. Jetzt war es Winter. Sie hatten vor Espinosa gekämpft und verloren, und der Rückzug führte sie aus den fruchtbaren Ebenen hinauf in die unwirtlichen Berge. Schon seit Tagen gingen sintflutartige Regenfälle auf sie nieder, die sich, je höher sie hinaufkamen, in Schnee verwandelten, und ein bitterkalter Wind blies ihnen um die Ohren. Die Bergpässe, die vor ihnen lagen, waren bereits zugeschneit, aber sie mußten hindurch, halb verhungert, durchfroren, ohne Rast und Ruhe, getrieben von der Angst vor den Franzosen. Krankheiten suchten sie heim und vollendeten die Arbeit, die der Hunger, die Elemente und das Schwert begonnen hatten. Der Typhus – der Schwarze Tod – war ihr ständiger Begleiter, wie auch Ruhr und Rheumatismus und Lungenentzündung. Männer legten sich mitten auf der Straße zum Sterben nieder, und ihre Kameraden, die selbst zu krank und zu erschöpft waren, um noch auszuweichen, und deren nackte Füße bei jedem Schritt blutige Spuren hinterließen, schlurften achtlos über sie hinweg.

Wenn es so schon an der Spitze der Kolonne zuging, welche Zustände mußten dann erst weiter hinten herrschen! Hier gab es Männer, denen die Beine den Dienst versagt hatten und die sich auf Händen und Knien weiterschleppten. Hier gab es Frauen und Kinder, die einfach nicht Schritt halten konnten und immer weiter zurückblieben, den Blick angstvoll nach hinten gerichtet, wo die gefürchteten Helme der französischen Dragoner jeden Augenblick über der nächsten Hügelkuppe auftauchen konnten. Hier gab es die letzten Überreste des Trains der Armee mit allem, was das Desaster von Espinosa und die hundert Meilen des Rückzugs überstanden hatte. Pferde gab es längst keine mehr. Die wenigen Geschütze und Wagen wurden von halbtoten Maultieren gezogen, die bei jedem Schritt von den Treibern, die neben ihnen herhumpelten, angetrieben werden mußten. Pech für die Kranken, die mitten auf dem Weg liegenblieben und sich nicht mehr rühren konnten: Die Kanoniere hatten einfach nicht mehr die Kraft, die schweren Geschütze aus den tiefen Furchen der Straße zu hieven. Sie fuhren einfach geradeaus weiter, egal was ihnen in den Weg kam.

Falls überhaupt, konnte nur ein Teil der zerschlagenen spanischen Armee von sich behaupten, noch einen Rest von Korpsgeist und von Pflichtgefühl zu besitzen – die Artillerie. Die Männer, die für die wenigen Geschütze verantwortlich waren, die es nach Espinosa noch gab, hätten keinen einsichtigen Grund dafür nennen können, warum sie ihr Leben aufs Spiel setzten, nur um die Geschütze zu retten. Sie wußten sehr genau, daß niemand sich je die Mühe machen würde, eine Untersuchung anzustellen, sollten sie auf die Idee kommen, die Zugriemen zu durchschneiden und die Geschütze einfach zurückzulassen. Aber eine Halsstarrigkeit, die ihnen entweder von Geburt an eigen oder durch jahrelange Disziplin in Fleisch und Blut übergegangen war, zwang sie dazu, nicht aufzugeben.

Die allerletzte Einheit der spanischen Kolonne – wenn wir die Sterbenden einmal außer acht lassen wollen – gruppierte sich um eine Kanone herum, die größer, schwerer und imposanter war als die eisernen Sechspfünder, die die Artillerie anführten. Sie war dreizehn Fuß lang. Das Bodenstück hatte einen Durchmesser von zwei Fuß, die Mündung einen Durchmesser von einem Fuß. Sie war ein herrliches Stück, ein Achtzehnpfünder aus Bronze, und zwar aus jener schönen, dunklen Legierung, die selbst heute noch als ›Geschützbronze‹ bekannt ist. Das Rohr war verziert mit wunderschön ausgearbeiteten heraldischen Zeichen und Symbolen. Es war unverkennbar, daß diese Kanone aus einem Stück gegossen worden war, wahrscheinlich im Auftrag von einem wohlhabenden Adligen als Zierde für sein Schloß. Am Hals des Rohrs, kurz vor der Mündung, konnte man in kühnen, erhabenen Lettern eine lateinische Inschrift lesen, einen Auszug aus der Liturgie der Nocturne: *»Und unsere Münder sollen Dein Lob singen.«* Die Kanone mußte ein Gegenstück gehabt haben, eine Schwester mit der Inschrift: *»O Herr, öffne Du uns die Lippen.«* Die beiden hatten sicherlich das Portal eines Schlosses irgendwo im Süden geschmückt. Als die Spanier sich dann gegen die französischen Invasoren erhoben und die ganze Nation zu den Fahnen eilte, nachdem eine französische Armee bei Baylen geschlagen worden war, hatte man die beiden Kanonen ihrer schmückenden Pflichten enthoben, damit sie die kläglich ausgerüstete spanische Artillerie verstärken konnten. Die zweite Kanone war den Franzosen sicher längst bei einer der vielen Katastrophen in die Hände gefallen, die über Spanien hereinbrachen, als Napoleon in seinem Zorn die »Große Armee« über die Pyrenäen führte – bei Gamonal vielleicht, bei Rio Seco oder bei Tudela. Und vielleicht erfüllte sie inzwischen längst wieder nur schmückende Dienste in den Tuilerien oder in Compiègne, wo sie ihren Beitrag zur kaiserlichen Prachtentfaltung leistete.

Es war mehr als wahrscheinlich, daß das gleiche Schicksal auch unserer Kanone bevorstand, die jetzt noch von der Nachhut von Blakes besiegter Armee mitgeschleppt wurde. Das Dutzend Maultiere, das die drei Tonnen schwere Last über die Bergstraße zog, war dem Zusammenbruch nahe. Damit die Tiere überhaupt noch einen Schritt taten, mußten die Treiber sie ständig mit Stöcken traktieren, die sie ihnen in die blutigen Flanken stießen. Trotzdem ruckte die große, schwere Kanone jeweils nur ein kleines Stückchen nach vorn, und jedes Stück war mit Mühen und Qualen verbunden. So holperte sie über die steinige Straße, bis ein Punkt erreicht war, an dem alle Steigungen, die sie bisher bewältigt hatten, unbedeutend schienen im Vergleich mit der, die nun vor ihnen lag. Sie ragte vor ihnen auf wie eine Wand, und in der Ferne sah man, wie die Straße sich ins Endlose weiterschlängelte und so weit das Auge im peitschenden Schneetreiben reichte, im ewigen Hin und Her die Flanke des Berges hinaufkroch. In jeder der Haarnadelkurven mußten die Maultiergespanne das Geschütz notwendigerweise »über Eck« ziehen, im spitzen Winkel, was wiederum bedeutete, daß viel Kraft unnütz verschwendet wurde. Die Treiber brüllten und fluchten und stießen den Tieren die Stöcke in die Flanken, bis das Blut in Strömen floß; die Kanoniere stemmten sich mit dem letzten bißchen Kraft, das ihnen noch geblieben war, in die Speichen. Der Wind pfiff um sie herum, betäubte sie mit seiner Gewalt und peinigte sie mit Schwaden aus Regen und Schnee, die er vor sich hertrieb. Dann geschah das Unvermeidliche: Mit einer letzten, heroischen Kraftanstrengung gelang es, eines der Räder auf den Felsbrocken zu schieben, der in einer der Furchen der Straße aus der Erde aufragte. Die Maultiere zogen mit einem Ruck an; das Ganze geriet ins Schwanken und kippte um, riß die Protze mit sich, und diese das Deichselpaar, und diese wiederum das Gespann vor sich, und immer weiter so, bis die Hälfte der Tiere genauso am Boden lagen wie die Kanone, die gewaltig und unbeweglich auf ihrer Flanke ruhte, während ein Rad sich noch langsam in der Luft drehte.

Damit war die Frage für die Kanoniere entschieden. Es würde Stunden dauern, die drei Tonnen Bronze wieder auf die Räder zu stellen, selbst wenn die Maultiere noch Kraft gehabt hätten, und die hatten sie nicht. Die Tiere, die gestürzt waren, blieben einfach liegen und rührten sich nicht mehr. Nur das krampfhafte Heben und Senken der Flanken zeigte, daß sie noch lebten. Nicht einmal die brutalsten Schläge, Tritte und Flüche würden sie wieder auf die Beine bringen. Wenn ein sterbendes Maultier erst einmal liegt, unterscheidet es sich fast immer dafür, einfach liegenzubleiben und zu sterben, und nichts und niemand kann es dazu zwingen, aufzustehen und seinen letzten Atemzug im Dienst des Menschen auszuhauchen. Die Tiere, die noch auf den Beinen waren, drängten sich dicht zusammen und versuchten, soweit die Anspannung es ihnen erlaubte, die Schwänze in den bitterkalten Wind zu drehen. Jeden Augenblick konnten die französischen Verfolger auftauchen. Die Kanoniere hatten sie im Verlauf des Rückzugs schon ein oder zweimal unter den Nachzüglern wüten gesehen, wo sie mit Säbeln um sich schlugen wie ein Schuljunge, der mit einem Stock Disteln köpft. Der Wind, die Kälte, die Müdigkeit und der Hunger hatten die Kanoniere so stumpf gemacht, daß an intelligente Bemühungen mit Hebeln und Rampen nicht mehr zu denken war. Sie hatten gerade noch genug Geistesgegenwart, den Geschützkasten zu öffnen und den kleinen Vorrat an Munition auf die Straße poltern zu lassen. Dann koppelten sie die Protze von der Lafette ab, richteten sie auf und spannten die restlichen Maultiere davor. Jetzt, wo die Last um so vieles leichter war, kämpften die Tiere sich weiter den endlosen Berg hinauf, über den die Winternacht hereinbrach, während die Kanone zurückblieb. Sie bot ein groteskes Bild: Ein Rad in der Luft, umgeben von sterbenden Maultieren, wie eine grausame Göttin im Kreis geschlachteter Opfertiere – ein Vergleich, der der Wahrheit gar nicht einmal so fern war.

Die spanische Armee setzte ihren Weg ohne die Kanone fort. Dreißigtausend Männer hatten bei Espinosa gekämpft, zwanzigtausend hatten das Desaster überlebt. Aber der Marsch durch die Berge und der Winter zwischen den steilen, unwirtlichen Hängen forderte weitere Opfer. Als das nächste Frühjahr kam, waren noch achttausend vom Fieber geschüttelte Gespenster übrig, die in irgendwelchen anderen Ecken Spaniens wieder auftauchten, nur um in irgendeiner anderen dummen Schlacht geopfert zu werden. Die Franzosen jedenfalls gaben die Verfolgung am Morgen des Tages auf, an dem die Kanone zurückgelassen werden mußte. Nicht einmal eine französische Armee wollte sich tiefer in dieses trostlose Berglabyrinth hineinwagen, schon gar nicht, wo es um nichts weiter ging als um die Vernichtung eines sowieso geschlagenen Feindes. Sie machten kehrt und marschierten statt dessen hinunter in die Ebene nach Madrid.

2

Die Männer aus den Bergtälern, die Köhler, Bauern und Bergleute, fanden die Kanone auf der Straße, als sie das nächste Mal zu ihr hinabstiegen. Sie bestaunten sie neugierig, denn sie waren mit kleineren Waffen zwar durchaus vertraut, aber eine richtige Kanone hatte noch keiner von ihnen gesehen. Bisher hatte der Krieg diesen abgelegenen Winkel der Halbinsel kaum berührt, und sie hatten mehr unter den Plünderungen der halbverhungerten Spanier gelitten als unter den Franzosen. Die sich endlos hinziehende, verlassene Straße, die übersät war von toten Männern und Tieren und dem kläglichen, beim Rückzug zurückgelassenen Material einer Armee, gab ihnen einen ersten Eindruck von den Schrecken, die Spanien in den nächsten vier Jahren überfluten sollten. Die Männer waren Bergbewohner, keine Städter. Die Nachricht, daß der französische Kaiser ihren König entführt und seinen eigenen Bruder an seiner Stelle eingesetzt hatte, hatte sie erst spät erreicht. Außerdem war diesen galicischen Bauern der brennende Nationalstolz der Kastilianer oder der Städter im allgemeinen unbekannt. Es war der Anblick all der Toten am Straßenrand, dazu die Geschichten, die ein paar Versprengte erzählten, und die beschämende Niederlage von Espinosa, die nun, endlich, dazu führten, daß sie ihren Beitrag zur nationalen Erhebung leisteten.

In jedem Bergdorf stieg der Gemeindepfarrer auf sein Maultier und ritt in die nächste Stadt, um Nachrichten einzuholen; wenn er dann zurückkam, erzählte er von der Bildung von Provinzregierungen, von Aufrufen zum allgemeinen Kriegsdienst und vom Aufbau neuer Armeen, die den Platz der alten einnehmen sollten. Als Pater Ciro Prieto, den man hastig herbeigerufen hatte, die Bergstraße heraufgeritten kam und die kleine Gruppe der Bauern um die Kanone herumstehen sah, zügelte er sein Tier und stieg durchzuckt von einer freudigen Erregung ab. In diesen Bergen gab es kaum Artillerie.

»Guten Morgen, meine Kinder«, sagte Pater Ciro Prieto und schüttelte seine Soutane zurecht, die durch den Sitz im Sattel verrutscht war.

»Guten Morgen, Pater«, erwiderten sie ehrfürchtig seinen Gruß und warteten darauf, daß er die Angelegenheit in die Hand nahm. Pater Ciro Prieto war ein kleiner Mann mit scharfen, grauen Augen und einer großen Vorliebe für Schnupftabak, der in der ganzen Umgebung als Quelle der Weisheit galt. Nun erfaßten die scharfen Augen die ganze Situation. Die Räderspuren auf der Straße, die Lage der Kanone, die in einer Kurve umgeschlagen war, und die toten Maultiere erklärten ihm vieles.

»Die Franzosen stehen schon bei Camino Reale«, sagte er. »Je schneller wir die Kanone an einen sicheren Ort bringen, desto besser.«

»Ja, Pater. Natürlich«, sagte Virgil, der Holzfäller. »Bloß wie?«

Der Priester breitete die Arme aus.

»Das überlasse ich euch, meine Kinder«, sagte er. »Benutzt alle Mittel, von denen ihr denkt, daß sie nützlich sein könnten.«

Pater Prietos weltliche Weisheit stieß an ihre natürlichen Grenzen, wenn es um das Aufrichten von drei Tonnen schweren Kanonen ging, aber das hätte er natürlich niemals zugegeben. Er setzte sich an den Straßenrand, hielt die Zügel seines Maultiers fest und genehmigte sich eine Prise Schnupftabak, während seine Pfarrkinder sich geschäftig an die ihnen gestellte Aufgabe machten.

Zu Anfang waren ihre Bemühungen undurchdacht und kläglich, und es fiel ihnen schwer zu erkennen, mit was für einem enormen Gewicht sie es zu tun hatten. Ihr Ziehen, Zerren und Schieben bewirkte zunächst nichts. Schließlich aber kamen die Kupferbergleute unter ihnen auf die richtige Methode. Sie waren eben eher mit derartigen Schwierigkeiten vertraut. Zwei Holzfäller wurden losgeschickt, um mehrere dicke Äste zu besorgen, die als Hebel dienen sollten, und als sie damit zurückkamen, war der erste Schritt zum Erfolg getan. Unter dem Rohr der Kanone, kurz vor der Wölbung des Bodenstücks, wurde ein kleines Loch gegraben und das Ende des Hebels hineingesteckt. Als sich die zehn Männer dann mit ihrem ganzen Gewicht auf das andere Ende warfen, bewegte sich die Kanone. Sie rührte sich ein kleines bißchen in der Furche, in die sie sich eingegraben hatte. Sofort stürzten sich die restlichen Männer auf den Hebel. Er senkte sich unter dem gemeinsamen Gewicht, die Kanone hob sich einen ganzen Fuß, und dann verrutschte der Hebel, und sie schlug mit ohrenbetäubendem Krachen zurück auf die Erde.

»Langsam, meine Kinder, langsam«, sagte Pater Prieto von seinem Platz am Straßenrand. Die Erfahrungen eines ganzen Lebens unter diesen wilden Bergbewohnern hatten ihn gelehrt, daß es nicht nötig war, sie anzuspornen. Ganz im Gegenteil mußte man sie eher davor bewahren, sich Hals über Kopf in übereifrigen Aktionen zu verausgaben.

»Langsam, ihr Dummköpfe«, rief Comas, der Bergmann. »So geht es nicht. Paßt doch auf – Heilige Maria Muttergottes.«

Schon hatten die Übereifrigen den Hebel erneut unter der Kanone angesetzt und warfen sich auf das andere Ende.

»Hört auf Andres«, sagte Pater Prieto mit scharfer Stimme, und seine Herde gab das Ziehen und Zerren auf, während Comas ihnen in aller Eile eine kleine Vorlesung über die Anwendung wechselnder Hebel hielt. Als die Kanone dann das nächste Mal aus ihrem Bett gehievt wurde, stand Comas bereit. Er schob den zweiten Hebel unter das Geschütz und darunter einen Stein als Stütze; auf seinen Befehl hin warf sich die Hälfte der Gruppe nun auf den zweiten Hebel. Die Kanone hob sich noch ein Stück, und nur die gebrüllten Ermahnungen von Andres, denen Pater Prieto sich anschloß, verhinderten, daß die Männer wieder des Guten zuviel taten. Während die Kanone gefährlich schwankend auf dem zweiten Hebel schwebte, schichtete Comas noch mehr Steine auf, legte den ersten Hebel darauf, schob das eine Ende unter die Kanone und rief den anderen zu, ihm zu helfen. Auf diese Weise richtete sich die Kanone mitsamt ihrer Lafette Stück für Stück auf. Es gab einen spannenden Augenblick, als der Rand des unteren Rades den Boden berührte und die Kanone anfing, sich darauf zu stützen. Comas setzte sein Leben aufs Spiel, duckte sich unter die schwankende Masse und häufte Steine gegen dieses Rad, als es wegzurutschen drohte. Je höher die Steinhaufen wurden, desto schwerer wurde es auch, die Kanone hochzustemmen, und bis ganz zum Schluß war der Erfolg der ganzen Bemühungen fraglich. Kurz bevor die Kanone so weit war, wieder auf beide Räder zu fallen, hatten alle das Gefühl, daß es ihnen nie gelingen würde, sie die letzten wenigen, notwendigen Zentimeter hochzuhieven. Alle gemeinsam zogen und zerrten sie am Hebel und suchten mit den Füßen nach einem Halt, um den Druck verstärken zu können. Sie arbeiteten mit aller Kraft, ihre Gelenke knackten und der Schweiß lief trotz der Kälte in Strömen über ihre Gesichter. Schließlich ließ Pater Prieto sein Maultier am Straßenrand stehen und kam ihnen zu Hilfe. Er fand ein noch freies Stückchen des Hebels, umfaßte es, zog die Füße an und hängte sich an den Hebel, während seine Beine unter der Soutane wild strampelten.

Und tatsächlich gab sein geringes Gewicht den Ausschlag. Die Kanone neigte sich, plumpste krachend auf das zweite Rad, schwankte noch einmal und blieb dann auf beiden Rädern stehen, so wie es sich gehörte. Ihre Mündung starrte trotzig die Straße hinunter, über die die Franzosen kommen mußten, während der Hebel seinen Halt verlor und die Bergbewohner abschüttelte, so daß sie in einem wirren Haufen kreuz und quer übereinanderpurzelten.

Sie erhoben sich keuchend, aber voller Stolz. Alle Männer wimmelten um die Kanone herum und untersuchten sie neugierig. Sie durchlöcherten Pater Prieto mit Fragen, die der arme Mann zum größten Teil nicht beantworten konnte. Die geringe Ausbildung, die ein spanischer Dorfpfarrer genoß, erstreckte sich nun einmal nicht auf die Belagerungsartillerie. Er vermochte ihnen nichts über die Anwendung der Schildzapfen und des Keils unter dem Bodenstück zu sagen, aber wenigstens konnte er ihnen die Inschrift vorlesen, die sich um die Mündung herumzog – »Und unsere Münder sollen Dein Lob singen«. Zudem entdeckte er das Zündloch (die Kanone besaß noch keine moderne Feuervorrichtung mit Verschluß und Abzugsschnur) und war so in der Lage, ihnen zu erklären, wie man sie lud und abschoß. Diese Erklärung verstanden seine Schäfchen, handelte es sich doch um die gleiche, simple Methode, die sie bei ihren Musketen anwandten; Pater Prietos geschickter Einsatz des geringen Wissens, über das er verfügte, täuschte sie darüber hinweg, daß er nicht die geringste Ahnung hatte, wie man eine achtzehnpfündige Kanone richtete. Nein, sie waren fasziniert von seiner Erklärung. Diego Cabrera hob eine der verrosteten Kanonenkugeln auf, die die Kanoniere aus dem Protzkasten hatten poltern lassen, und wog sie in den Händen. Jeder sah jeden sehnsuchtsvoll an. Große Kinder, die sie waren, hatten sie alle nur einen Gedanken – wie schön es sein müßte, die Kanone zu laden und abzufeuern, nur ein einziges Mal. Aber dann betrachteten sie die breite Mündung und die höhlenartige Tiefe des Rohrs, und sie wußten, daß eine einzige Treibladung für dieses Monster mehr Pulver verbrauchen würde, als die ganze Gemeinde zusammen besaß. Diego ließ die Kanonenkugel wehmütig fallen.

»Und jetzt an einen sicheren Ort damit, Kinder«, sagte Pater Prieto.

Damit begannen erneute Diskussionen. Jeder wußte, daß ein

riesiges Gespann nötig sein würde, um die Kanone den Berg hinaufzuziehen. Die Bauern waren durchaus bereit, ihr Leben aufs Spiel zu setzen, aber wenn es um ihre Tiere ging, dachten sie ganz anders. Alles, was sie an Pferden, Maultieren, Zugochsen, Rindern und Schafen hatten, war in versteckten, hochgelegenen Schluchten in Sicherheit gebracht worden, und zwar lange bevor die Bauern befürchten mußten, daß die Franzosen kommen würden – die unbezahlten spanischen Truppen nahmen nämlich ebenfalls keine Rücksichten auf Besitzrechte. Aber den Nachbarn gegenüber, die über ihre Angelegenheiten genausogut Bescheid wußten wie sie selbst, konnte keiner der Bauern behaupten, kein Zugtier zu haben, egal was sie Kommissaren oder Steuereintreibern auch erzählen mochten. So mußte schließlich jeder von ihnen notgedrungen wenigstens ein Maultier anbieten oder ein Ochsenpaar. Zum Schluß eilten die meisten in die verschiedensten Richtungen auseinander, um das benötigte Gespann zusammenzuholen, während die wenigen besitzlosen Männer bei der Kanone zurückblieben, die Reliefverzierungen am Rohr befingerten, in die Mündung lugten, den kleinen Lichtpunkt bestaunten, der durch das Zündloch einfiel, und kluge Kommentare über die solide Arbeit der Lafette austauschten.

Dann, am späten Nachmittag, als das Gespann zusammen und ein provisorisches Geschirr hergestellt war, sahen die Bauern sich einer neuen Schwierigkeit gegenüber. Als sie die Zugriemen am eisernen Ring am Ende des Lafettenschwanzes befestigten, stellten sie fest, daß es auf diese Weise unmöglich war, das Ding zu bewegen. Der Schwanz, der dazu gedacht war, den Rückstoß der Kanone zu mildern, grub sich schlicht und einfach in den Boden, sobald sie zu ziehen anfingen. Ganz offensichtlich mußte der Schwanz angehoben und die Mündung der Kanone gesenkt werden. Aber kein Tier war stark genug, die Zugriemen so zu spannen, daß der gewichtige Lafettenschwanz in der Luft blieb. Sogar Clemente Cagornos berühmte Zugochsen, die zusammengenommen anderthalb Tonnen wogen, wurden nach hinten geschleift, als wären sie zwei magere Bergziegen, während der Lafettenschwanz sich wieder auf die Erde senkte.

Und dann glänzte in Pater Prietos Gedächtnis wie ein heller Lichtstrahl eine vage Erinnerung auf. Die Erinnerung stammte aus einer Zeit vor zehn Jahren, als er nach Burgos geritten war – eine gewaltige Reise für ihn –, um sich mit dem Sekretär des Bischofs zu besprechen. In Burgos hatte er eine Armee auf dem Marsch in die Pyrenäen gesehen, wo sie gegen die Franzosen kämpfen sollten, die zu diesem Zeitpunkt noch rote Revolutionäre waren und keine kaiserlichen Königsmacher. Die Armee hatte auch Geschütze mit sich geführt, die klappernd und rasselnd durch Burgos rollten, und unter unsäglichen Mühen erinnerte Pater Prieto sich daran, wie diese Geschütze gezogen worden waren. Die Lafettenschwänze waren an Protzen befestigt gewesen – wuchtigen, zweirädrigen Karren, an denen wiederum die Pferde festgeschirrt waren.

Würdevoll mischte Pater Prieto sich in die hilflosen Diskussionen seiner Pfarrschäflein ein und erklärte, wie sie es anstellen mußten. Jedermann sah sofort, daß sein Vorschlag gut war. Im gleichen Augenblick entschieden alle – mit nur einer Ausnahme –, wer den Karren zur Verfügung stellen würde, der die Rolle der Protze übernehmen mußte. Isidoro Botto war von allen Anwesenden am wenigsten hilfsbereit gewesen. Er hatte sich beim Aufrichten der Kanone vornehm zurückgehalten, und sein Beitrag zum Zuggespann hatte aus einem einzigen unglücklichen Esel bestanden, von dem jeder wußte, daß er mindestens schon sechzehn Jahre alt war. Und doch war er der Wohlhabendste unter ihnen, und sie wußten, daß ihm ein Karren gehörte, der für die vor ihnen liegende Aufgabe wie geschaffen war. Jedes der beiden massiven Radpaare hatte man zusammen mit den dicken Achsen aus einem Stück geschnitzt, die Achsen selbst waren mit den hölzernen Backen durch Eisenklammern verbunden. Alle Holzteile des Karrens bestanden aus solider spanischer Eiche. Die Männer bedrängten Botto, seinen Karren zur Verfügung zu stellen. Er wehrte ab, erhob Einwände. Der Karren sei völlig ungeeignet und im Augenblick kaputt; er habe ihn letzte Woche an einen Mann aus Asturien verliehen; er könne ihn nicht entbehren. Den Rest seiner Einwände schluckte er hinunter, als Diego Cabrera sein Messer zog und damit ein Beispiel gab, dem ein halbes Dutzend anderer Männer folgte, und zog verkniffen vor sich hinstarrend mit ihnen los zu seinem Hof, um den Karren zu holen.

Es war fast dunkel, als sie zurückkamen, und ein paar Witzbolde behaupteten, ihnen klängen immer noch die Beschimpfungen im Ohr, die Großmutter Botto ihnen entgegengeschleudert hatte, als sie sah, daß der vielgeliebte Karren der Familie einfach beschlagnahmt wurde.

Jetzt konnte der Lafettenschwanz hochgehievt und an der Hinterachse des Karrens befestigt werden. Das zusammengewürfelte Gespann wurde davorgeschirrt und die Männer, die Peitschen besaßen, ließen sie freudig knallen. Karren und Kanone machten einen Ruck, zögerten kurz und kamen dann unverkennbar in Fahrt. Die schwierige Kurve wurde umrundet, und sie machten sich an den nächsten Aufstieg. Von überallher näherten sich Laternen, und in ihrem Licht wurden mehrere andere Haarnadelkurven bewältigt. Als der Mond aufging, befanden sie sich auf der Kuppe des Berges, und alle beschlossen, daß sie für einen Tag genug geleistet hatten.

Dem weiteren Vorwärtskommen der Kanone können wir leider nicht derart minutiös folgen. Es muß jedoch noch gesagt werden, daß die Möchtegernkanoniere schon am nächsten Tag einen Umstand entdeckten, die jeder Artillerist sehr schnell lernt – daß nämlich der Weg bergab schwieriger ist als der bergauf. Drei Tonnen Metall, die einen steilen Abhang hinunter sollen, sind ein Moloch, der einen grausamen Tribut in Form von Leben und zerquetschten Knochen fordert. Als die Kanone sich das erste Mal selbständig machte, fand ihre rasante Fahrt erst an einer Wegböschung in einer Kurve ein Ende, wobei die Hälfte der Zugtiere derart schlimm zugerichtet wurde, daß man sie zu nichts mehr gebrauchen konnte. Erst nach beträchtlichen Mühen, bei denen es unter anderem darum ging, Rampen zu errichten und erneut mit Hebelstangen zu arbeiten, gelang es, das Ding wieder auf die Straße zu bekommen. Wenn die Männer die Räder für eine Abfahrt blockierten, gruben sie sich so tief in den Boden ein, daß man sie mühsam wieder ausgraben mußte. Diego Cabrera, Clemente Cagorno und die anderen fingen allmählich an, das gewaltige Ding zu hassen, das einfach so die Herrschaft über ihr Leben angetreten hatte. Isidoro Botto brach das Herz, als er die allmähliche Auflösung seines geliebten Karrens sah, der den Anforderungen, die hier an ihn gestellt wurden, einfach nicht gewachsen war.

Nur in der Tatsache, daß die Reise der Kanone durch die Bergdörfer ein Spektakel war, das alle Aufmerksamkeit auf sich zog, lag eine gewisse Entschädigung für die Mühen. Männer, die bisher gezögert hatten, zu den Waffen zu greifen, wurden mitgerissen und schlossen sich der Gruppe an, die wie ein Schneeball immer größer wurde. Für die schlichten, weltunerfahrenen Bergbewohner waren tausend Bauern, die dazu noch eine achtzehnpfündige Kanone bei sich hatten, eine schier unbesiegbare Armee. Und Pater Prieto merkte mit beträchtlichem Unbehagen, daß er plötzlich an der Spitze der größten Streitmacht der Provinz stand und von daher im Rat der Junta als ein Mann von einigem Gewicht galt, als sie die Sammelstelle erreichten.

Es war eine bittere Ironie des Schicksals, daß keiner der Männer, die so homerisch geschuftet hatten, die Kanone je in Aktion sehen sollte. Die Welle des Krieges war über die Halbinsel geschwappt und zurückgeflutet, Madrid allen Beteuerungen der Regierung zum Trotz den Franzosen in die Hände gefallen. Moore und seine Engländer hatten zum Gegenschlag ausgeholt und waren von einem dreimal so starken Gegner kreuz und quer durch ganz Spanien verfolgt worden. Dabei hatten sie einmal sogar einen Teil der Straße benutzt, auf der die Kanone zurückgelassen worden war. Jetzt hatte Moores Armee sich in La Coruna eingeschifft, während ihr geliebter Anführer tot und begraben zurückblieb, und durch das Land raste wie ein Lauffeuer das Gerücht, daß die enttäuschten französischen Verfolger nun weiter nach Galicien marschieren würden, um die Eroberung des Landes komplett zu machen. Alle verfügbaren Männer mußten auf dem schnellsten Weg losmarschieren, um sich ihnen entgegenzuwerfen, Pater Prietos galicischer Haufen eingeschlossen. Mit etwas Glück gelang es vielleicht, Soult einzukesseln und ihn zur Kapitulation zu zwingen, was Galicien mehr Ruhm einbringen würde, als Andalusien durch die Schlacht von Baylen eingeheimst hatte. Die Kanone konnte sie dabei jedoch nicht begleiten. Der Weg würde die Männer durch die Berge führen, oft über schmale Fußpfade, und aus eigener Erfahrung wußten sie inzwischen, wie langsam man mit einer achtzehnpfündigen Kanone vorwärtskam. Nun, da ein glorreicher Sieg so nahe bevorstand, war jeder Augenblick kostbar. Die Kanone blieb zurück, und die Männer brachen sofort auf.

Zu Pater Prietos Lob muß gesagt werden, daß er die Anweisungen der hitzköpfigen Junta nicht ganz buchstabengetreu befolgte – vielleicht weil er die Katastrophe vorausahnte. Entgegen den Befehlen der Junta wurde die Kanone nicht einfach auf der Straße des kleinen Dorfes stehengelassen, in dem sie sich augenblicklich befanden. Das Geschütz machte vielmehr eine letzte Reise zu einem Steinbruch, der in diesen turbulenten Zeiten nicht mehr in Betrieb war und der sich am Rand der Straße hinter dem Dorf in die Flanke eines Berges hineingefressen hatte. Die Kanone wurde in den Steinbruch geschleppt und mit Steinen überhäuft, bis ein richtiger kleiner Hügel entstanden war, unter dem niemand je eine Kanone vermutet hätte. Wer immer hier vorbeikam, mußte denken, daß es sich um einen Vorrat an Steinen handelte, der noch aus den Zeiten übriggeblieben war, in denen hier gearbeitet wurde.

Nachdem sie dieses Stück Arbeit für Spanien geleistet hatten, marschierten Pater Prieto und seine Männer der versprochenen Umzingelung und Vernichtung des französischen Generals Soult entgegen. Natürlich wurde dieses Versprechen nicht erfüllt. Soult und seine Veteranen der Großen Armee pflügten nur so durch die schwachen Linien der bewaffneten Bauern. Mit diesem leichten Sieg allerdings gaben sie sich noch nicht zufrieden. Nein, sie rieben Salz in die Wunden des Gegners, indem sie jeden Gefangenen, den sie erwischten, erschossen, hängten oder in Abgründe stürzten – wozu sie laut den Regeln des Krieges sogar das Recht hatten, da ihre Gegner nicht uniformiert waren. Der arme Pater Prieto wurde auf dem Marktplatz von Vigo aufgehängt, weil es sich immer gut machte, an Priestern ein Exempel zu statuieren; diejenigen Männer aus seiner Gefolgschaft, die keinen gewaltsamen Tod erlitten, starben an Krankheiten. Nur ein paar wenige krochen zu ihren Höfen und in die Wälder in den Bergen zurück, wo sie mühsam versuchten, ihren Lebensunterhalt aus dem wenigen zusammenzukratzen, was ihnen geblieben war, nachdem die Forderungen der Freischärler und der französischen Armeen erfüllt waren. Die Kanone blieb unter ihrem steinernen Schutzwall verborgen, bis zwei Jahre des endlosen Krieges vergangen waren. Französische Truppen kamen und gingen. Mehr als einmal marschierten sie dicht an der Kanone vorbei, wenn sie wieder einmal eine ihrer Expeditionen in das Bergland unternahmen, um jene Männer zu jagen, die sie als Räuber und Verbrecher bezeichneten, für die die Spanier jedoch den Namen ›Guerilleros‹ benutzten.

3

Nach Ablauf der zwei Jahre stand ein Mann auf dem südlichsten Kamm des Kantabrischen Gebirges und sah hinunter auf die fruchtbare Ebene von Leon. Der Unterschied zwischen der Szenerie um ihn herum und der, die er betrachtete, war verblüffend. Die kantabrische Sierra wird von zahllosen Bergketten gebildet, die in etwa parallel zur Südküste der Bucht von Biskaya verlaufen. Diese Ketten sind felsig, steil, schroff und bis zu einer beträchtlichen Höhe hinauf bewaldet, während die Gipfel als kahle, zerklüftete Spitzen aus nacktem Stein aufragen. Nur wenige Pfade und noch weniger Straßen durchziehen diese Berge, obwohl sie hier und da ungewöhnlich fruchtbare Hochtäler umschließen.

Zu Füßen des Steilhangs, auf dem der Mann stand, begann die Ebene, die *tierra de campos,* das Land der Felder genannt wurde und das fruchtbarste Gebiet in ganz Spanien war. So weit das Auge reichte, erstreckten sich endlos wogende Kornfelder, die nicht einmal von Hecken durchbrochen wurden, und nur hin und wieder bot ein einsamer Baum etwas Abwechslung. Anders als in den Bergen gab es hier reichlich Straßen. Sie zogen sich wie ein Netz gelber Linien über die Ebene und verbanden die Dörfer, die wie hingetupft dalagen. Diese Dörfer waren meist nicht mehr als kleine Ansammlungen niedriger, weißgekalkter Häuser aus luftgetrockneten Lehmziegeln. Flüsse waren nicht zu sehen, aber der Mann, der von der Höhe der Sierra auf die Ebene hinunterblickte, wußte, daß es sie gab, denn im Gegensatz zu den meisten anderen spanischen Plateaus war diese Ebene sehr wasserreich. Bloß hatten die Flüsse sich tief in die Erde hineingeschnitten und zogen am Grund steiler, schmaler Schluchten dahin, so daß nur ein sehr scharfes Auge aus dieser Entfernung das dunklere Grün des Wassers entdecken konnte, das sich durch die Falten der Ebene wand. Leichter war es, den Verlauf der Flüsse anhand der kleinen, weißen Brücken zu verfolgen, die es überall dort gab.

Der Mann, der hoch oben auf der Sierra stand und die Ebene betrachtete, war der Anführer einer Gruppe von Guerilleros, der von seinen Anhängern »El Bilbanito« genannt wurde, der »junge Mann aus Bilbao«. Die spanische Sitte, alles was irgendwie Rang und Namen hatte, mit einem Spitznamen zu belegen, handele es sich nun um einen König oder um einen Stierkämpfer, war gerade in den Reihen der Guerilleros sehr beliebt. Da gab es einen »Empecinado«, den Dunkelhäutigen, es gab den »Cura«, den Priester, es gab einen »Marquesito«, den kleinen Marquis, und hundert andere mehr. Aber wie immer sie auch hießen, sie alle erteilten den napoleonischen Armeen eine neue Lektion in Sachen Kriegsführung, so wie diese dem Rest der Welt so manche Lektion erteilt hatten. Die unabhängigen Kämpfer für Spanien waren unberechenbar, unstet, wechselhaft, unbeständig. Sie ließen sich durch nichts entmutigen, konnten niemals vollständig besiegt werden, und jeden Augenblick mußte man damit rechnen, daß sie einen neuen Überfall auf irgendeine Schwachstelle der französischen Besatzungsarmee unternahmen.

El Bilbanito, der heute wie schon so oft über die Ebene hinaussah, hatte einen ganz besonderen Grund, sich nach einer neuen Gelegenheit zu einem Schlag gegen die Franzosen zu sehnen. Seine Truppe hatte unlängst eine höchst ärgerliche und schmerzliche Niederlage einstecken müssen, und zwar in einer Form, an die sie nicht gewohnt waren: Zwei Kompanien französischer Infanterie hatten das Lager der Guerilleros bei Morgengrauen angegriffen, nachdem sie sich über einen Pfad angeschlichen hatten, von dem El Bilbanito sicher gewesen war, daß kein Franzose ihn kennen konnte. Es hatte Verletzte und sogar Tote gegeben, auch wenn die meisten der Männer mit Leichtigkeit entkommen waren. Sie waren einfach eine steile Felswand hinuntergeklettert oder hatten sich über verschlungene Pfade in den Wald davongemacht, auf denen die Franzosen es nicht wagten, ihnen zu folgen. Der Überfall selbst war gar nicht einmal so schlimm gewesen. Aber daß sie bei diesem Überfall alles, bis auf das wenige, was sie am Leib trugen, verloren hatten, konnte einen schon in Rage bringen. Sechs Maultiere waren den Franzosen in die Hände gefallen – bis auf eines alle, die sie besaßen – und dabei waren Packtiere in dieser Zeit, nachdem der Krieg schon zwei Jahre andauerte, ihr Gewicht in Gold wert. Dazu kamen fünf Zentner Schießpulver, eine nicht unbeträchtliche Anzahl von Patronen, ein Vorrat an Pökelfleisch und Zwieback, und der größte Teil des Schatzes, den sie zusammengetragen hatten, indem sie Franzosen ausraubten, die ihrerseits vorher Spanier ausgeraubt und ausgeplündert hatten. El Bilbanitos Bande war verständlicherweise verbittert, seine Befehlsgewalt seit dem Überfall fraglich geworden. Wenn Pablo, der ehrgeizige stellvertretende Kommandant der Bande, bei der Schießerei im Morgengrauen nicht von einer Kugel getötet worden wäre (die möglicherweise aus El Bilbanitos eigener Muskete stammte), hätten die Männer ihn sicher bereits abgesetzt. Deshalb war es für El Bilbanito so wichtig, Erfolg zu haben. Nur so konnte er seine Männer bei der Stange halten.

Aber abgesehen von diesen Überlegungen war allein der Anblick der reichen Ebene zu El Bilbanitos Füßen genug, um seinen Ehrgeiz anzustacheln. Seit zwei Jahren war diese Ebene nun schon fest in den Händen der Franzosen. Sie beschränkten ihre Plünderungen auf ein vernünftiges Maß, bei dem sie trotzdem dick und fett wurden, so reich war die Auswahl der Produkte, die die Ebene hervorbrachte. Dazu noch konnten sie sich in absoluter Sicherheit wiegen und brauchten keine Gefährdung ihres Herrschaftsbereiches zu befürchten. Es gab keine spanische Streitmacht, die sich den Franzosen auf dieser Ebene hätte entgegenstellen können, denn die Franzosen waren erstens diszipliniert und besaßen zweitens Artillerie und Kavallerie, während bei den Spaniern in all diesen Punkten ein auffälliger Mangel herrschte. Nicht einmal einen schnellen Überfall konnte man wagen, weil es diese verdammten Flüsse gab. An allen strategisch wichtigen Punkten – und das hieß an jeder der vielen Brücken – gab es eine kleine, französische Garnison, die entweder in einem massiven, alleinstehenden Gebäude oder in Feldschanzen untergebracht war, die zu diesem Zweck angelegt worden waren. Ein paar von ihnen konnten Bilbanito mit bloßem Auge erkennen. Das allein wäre noch kein Grund gewesen, von vornherein auf Überfälle zu verzichten, denn eine kleine Gruppe war jederzeit in der Lage, die Flüsse unbeobachtet zu überqueren, wenn nötig eben bei Nacht. Aber früher oder später würde diese Gruppe einem überlegenen Gegner über den Weg laufen und den Rückzug antreten müssen, und was dann? Es war unmöglich, durch die tief eingeschnittenen Cañons zu entkommen, wenn die Verfolger einem dicht auf den Fersen waren, und schon gar nicht, wenn es sich um die gefürchteten Dragoner handelte. Die Männer würden unweigerlich umzingelt, gefangengenommen und gehängt werden. Nein, ehe sie das Risiko eingehen konnten, sich in die Ebene zu wagen, mußten sie ihren Rückzug sichern, und dazu mußten sie die Brücken halten, und dazu wieder mußten sie erst die Befestigungen einnehmen, wozu man Geschütze brauchte, und die hatten sie nicht. Keine der vielen Guerillero-Banden besaß Artillerie – konnte sie gar nicht besitzen in Anbetracht der Tatsache, daß sie in den Bergen ein Leben führten, das ständig bedroht war. El Bilbanito verfolgte diesen Gedankengang bestimmt zum hundersten Mal und kam zum hundertsten Mal zur selben unwirschen Schlußfolgerung. Die Sache war nicht zu machen, obwohl sie so wünschenswert war. El Bilbanito stampfte zornig mit dem Fuß auf, verließ seinen Ausguck und stapfte zurück über das sattgrüne Gras, das die reichlichen kantabrischen Regenfälle hier, etwa auf halber Höhe des Berges, wachsen ließen. Er war eine malerische Gestalt in der weiten, schwarzen Hose, der roten Schärpe um die Taille, in der seine Pistolen und Messer steckten, dem lose fallenden Hemd mit den großen, goldenen Knöpfen und dem fließenden, schwarzen Umhang, der am Hals geschlossen war und bei jedem Schritt hinter ihm herwehte.

Nachdem er etwa eine Viertelstunde gegangen war, kam er an einen schmalen Grat, der den Ausläufer der Berge mit der Hauptmasse der Sierra verband. Zu beiden Seiten des Grats schlängelte sich ein steiler Pfad von der Ebene herauf. Die beiden Pfade vereinigten sich, folgten dem Grat ein Stück und kletterten dann weiter hinauf in die Wälder. Wie nicht anders zu erwarten, stand an dieser Stelle ein Posten, der den Grat und die beiden steil hinabführenden Pfade bewachte. Er trat zwar zur Seite, um El Bilbanito vorbeizulassen, legte dabei jedoch keinen großen Respekt an den Tag, so daß El Bilbanito ihn aus dem Augenwinkel beobachtete, als er an ihm vorbeiging. Während er den Pfad weiter hinaufstieg, sträubten sich seine Nackenhaare in Erwartung des Schusses, der sein Leben jetzt und hier beenden konnte. Es mußte unbedingt etwas geschehen. Er mußte diese meuterischen Hunde unbedingt bei Laune halten.

Der Pfad verschwand immer noch steil ansteigend unter Kiefern, und erst als El Bilbanito eine Kurve umrundet hatte und die Bäume ihn den Bicken entzogen, atmete er wieder freier. Die Situation war knifflig gewesen, aber er war stolz darauf, daß er sich keinmal umgesehen hatte. Nach einer Weile, an einer Stelle, an der der Pfad sich wieder teilte, traf er auf einen zweiten Wachtposten, der mehr Respekt vor El Bilbanito hatte als der erste.

»Jorge ist zurück, Capitano«, informierte er seinen Anführer.

El Bilbanitos Antwort bestand aus einem Knurren, das alles bedeuten konnte. Er beschleunigte seinen Schritt, bis er die Lichtung erreichte, die zur Zeit sein Hauptquartier war. Von den hundert Männern, die zu seiner Truppe gehörten, waren zwei besonders eifrige damit beschäftigt, sich aus Kiefernzweigen eine Art Unterstand zu bauen. Etwa ein halbes Dutzend Männer kümmerten sich um mehrere Feuer; anscheinend hatte Jorge von seinem Zug durch die Bergdörfer etwas zu essen mitgebracht. Fünfzig andere, eingehüllt in ihre Mäntel, lagen kreuz und quer über die Lichtung verteilt und hielten ihre Siesta, und der Rest saß untätig herum und wartete auf seine Rückkehr.

Als er am Rand der Lichtung auftauchte, stand einer dieser Männer auf und kam ihm entgegen. Es war Jorge, der große, immer lächelnde Junge aus Rioja, von dem alle stillschweigend annahmen, daß er den Platz des toten Pablo als zweiter Mann in der Kommandokette übernommen hatte, und den alle ebenfalls stillschweigend im Verdacht hatten, das er ein Auge auf El Bilbanitos Stellung geworfen hatte.

»Wir haben den Verbrecher, Capitano«, sagte Jorge mit dem für ihn typischen Grinsen.

»Welchen Verbrecher?« zischte El Bilbanito.

»Den, der schuld daran ist, daß wir letzte Woche überfallen wurden. Er ist hier.«

El Bilbanito schob Jorge beiseite und ging zu der Gruppe der sitzenden Männer.

»Er hat schon gestanden, Capitano«, rief Jorge und lief hinter ihm her.

»Warum hast du ihn dann nicht gleich aufgehängt?« fragte El Bilbanito.

»Weil –« Weiter kam Jorge nicht mit seiner Erklärung, denn in diesem Augenblick hatte El Bilbanito die Gruppe mit dem Gefangenen erreicht.

Der Gefangene war Isidoro Botto. Der Verlust seines geliebten Karrens war für ihn der erste Schritt auf dem Weg in eine Armut gewesen, die er nicht ertragen konnte. Zwei Jahre Krieg hatten ihm alles genommen, worauf er einst so stolz gewesen war: Eine Abteilung Infanterie, die zu Bonnets Armee gehörte, hatte auf dem Marsch durch die Berge all seine Felder geplündert; Franzosen wie Spanier hatten sein ganzes Vieh mitgenommen; seine Scheune war abgebrannt, und Botto war fast am Verhungern gewesen, wie die meisten seiner Landsleute in diesem umstrittenen Gebiet, das die französischen Armeen zwar eroberten, aber nicht ständig besetzt halten konnten. Seine kurze Erfahrung mit dem Soldatentum – damals, als Soult in Galicien einmarschierte –

hatte ihn zudem ein für allemal davon kuriert, militärische Ambitionen zu entwickeln.

Seine Kleidung aus braunem Wollstoff war zerfetzt, aber daran konnte auch die grobe Behandlung schuld sein, die die Guerilleros ihm hatten zuteil werden lassen. An Händen und Füße gefesselt, war eines seiner Augen zugeschwollen und dunkel verfärbt, was auf einen Faustschlag zurückzuführen war. Als er El Bilbanito kommen sah, rappelte er sich mühsam auf die Beine und versuchte, ihm entgegenzuschlurfen, aber seine Füße waren zu fest gebunden, und so schlug er der Länge nach auf das Gesicht, was die anderen Männer um ihn herum mit lautem Gelächter quittierten. Seine Ellbogen pumpten und seine Beine strampelten hilflos. Irgend jemand packte ihn am Kragen und zog ihn hoch.

»Sie werden mich doch nicht hängen, Exzellenz?« rief er, während die Tränen über seine Wangen liefen. »Sie werden mich doch nicht hängen?«

»Doch, das werde ich«, sagte El Bilbanito.

»Aber das können Sie nicht, das können Sie nicht!« schrie Botto. Sein Verstand weigerte sich, diese grausige Möglichkeit auch nur in Betracht zu ziehen.

»Doch, ich kann«, sagte El Bilbanito.

»Aber Exzellenz –«

»Was für Beweise gibt es gegen den Mann?« Die Frage war an Jorge gerichtet.

»Er war letzte Woche einmal bis spät in die Nacht unterwegs. Dabei muß er zu einem der französischen Vorposten gegangen sein. Er kennt den Pfad, über den die Franzosen gekommen sind, weil er früher seine Schafe über diesen Weg getrieben hat. Und vor zwei Tagen hat seine Mutter versucht, hiermit Lebensmittel zu kaufen.«

Jorge reichte seinem Anführer eine silberne Münze, die dieser ausgiebig betrachtete. Es war ein Saragossa-Taler, eine Münze, die die Franzosen speziell zur Verwendung in den besetzten Gebieten geprägt hatten.

»Und außerdem«, fuhr Jorge fort, »hat er gestanden. Er hat seine Schuld eingestanden, als wir ihn dort drüben aufhängen wollten.«

Mit dem Kopf deutete Jorge dabei auf das Gebiet, in dem unsere Geschichte ihren Anfang nahm.

»Ja, das stimmt«, sagte Botto mit tränenerstickter Stimme. Er war fast hysterisch vor Angst. »Aber hängen Sie mich nicht. Was haben Sie denn davon, wenn Sie mich hängen? Ich könnte es noch einmal machen. Ich würde den Franzosen einen anderen Pfad beschreiben. Aber dieses Mal könnten Sie schon auf sie warten. Exzellenz – Señores –«

Bottos Hände waren gebunden. Die Tatsache, daß er dadurch in seiner Gestik eingeschränkt war, und seine panische Angst ließen ihn schließlich stumm werden.

Einen Augenblick lang war El Bilbanito in Versuchung. Vor seinem inneren Auge sah er schon den Hinterhalt in der Morgendämmerung, bei dem viele der verfluchten französischen Soldaten den Tod finden würden. Was für ein Triumph das sein würde! Aber kein Mann konnte zwei Jahre des Guerillakampfes überleben, ohne auch die Nachteile dieses Plans zu erkennen. Die Verwendung von Doppelverrätern, so verführerisch sie auch im ersten Augenblick sein mochte, war mit zu großen Risiken verbunden. Niemand konnte sicher sein, nach welcher Seite die Waagschale des Verrats schließlich ausschlagen würde. Außerdem stellte sich in diesem Fall eine ganz besondere Schwierigkeit. Der halbe Distrikt wußte, daß dieser Mann gefangengenommen und in das Lager der Guerilleros gebracht worden war. Wenn die Franzosen davon erfuhren, wurde es entweder unmöglich oder wenigstens sehr gefährlich, den Gefangenen zu benutzen. Abgesehen davon war es möglich, daß Botto einfach bei den Franzosen bleiben würde, wenn man ihm die Gelegenheit gab, den Vorposten noch einmal aufzusuchen. Damit aber wäre die Chance vertan, ihn entweder noch einmal einzusetzen oder wenigstens zu hängen. Der Vorschlag des Mannes klang einfach absurd.

»Nein«, sagte El Bilbanito und wandte sich ab.

Botto kreischte vor Entsetzen auf.

»Häng ihn auf«, sagte El Bilbanito zu Jorge.

Willige Hände packten den armen Kerl und schleiften ihn zu einem Baum. Ein Junge kletterte hinauf und schlang ein Seil über einen Ast. Sie legten Botto die Schlinge um den Hals. Er starrte durch sie hindurch zum Himmel auf und sah wie ein Ertrinkender sein ganzes Leben an sich vorbeiziehen – die kleinen Sünden seiner Kindheit, die Schrecken der jüngsten Vergangenheit, die Schlacht bei Vigo, an der er teilgenommen hatte, und die mühsame Plackerei mit der Kanone, die sie durch die Berge geschleift hatten. Mit dieser Erinnerung flackerte eine neue Hoffnung auf.

»Die Kanone!« kreischte er. »Ich weiß, wo die Kanone ist!«

El Bilbanito hörte die Worte und fuhr auf dem Absatz herum. Sie paßten genau zu seinen Gedanken von vor einer halben Stunde, als er sich gefragt hatte, woher er ein Geschütz hernehmen sollte. Er lief hastig zurück – genau in jenem Augenblick, in dem seine Männer Botto hochzogen und sein letzter Schrei: »Die Kanone!« von dem sich straffenden Seil abgeschnitten wurde. Auf El Bilbanitos Zeichen hin ließen sie Botto wieder herunter. Glücklicherweise hatte der Ruck ihm nicht das Genick gebrochen.

»Was hast du eben gesagt?« wollte El Bilbanito wissen.

Botto zerrte mit seinen gefesselten Händen an der Schlinge. Seine Augen traten fast aus ihren Höhlen. Die Männer halfen ihm dabei, die Schlinge zu lösen, aber selbst dann noch dauerte es ein paar Minuten, bis er wieder sprechen konnte.

»Wir haben eine Kanone versteckt«, sagte er schließlich. »Eine große Kanone. Damals, als ich bei Pater Prieto war. Bevor Sie hierhergekommen sind, Exzellenz. Ich bin sicher, daß niemand sie bisher gefunden hat. Und ich bin der letzte von denen, die damals dabei waren.«

»Wo habt ihr die Kanone versteckt?«

»Auf der anderen Seite der Berge, etwa hundert Meilen von hier entfernt. Ich kann Sie hinführen, Exzellenz.«

»Wo genau?«

»An der Straße nach Lugo, zwei Dörfer hinter Monforte. Es ist eine sehr große Kanone, Exzellenz.«

»Und wo genau habt ihr sie versteckt?«

»In einem Steinbruch hinter dem Dorf, Exzellenz.«

»Hm«, machte El Bilbanito. »Gibt es in der Gegend viele Steinbrüche?«

»Ich glaube nicht, Exzellenz. Es dürfte nicht schwer sein –«

Botto unterbrach sich hastig. Erst jetzt sah er die Falle, in die er getappt war, und sofort fing er wieder an, um sein Leben zu betteln.

»Sie werden mich doch jetzt nicht mehr hängen, Exzellenz?« jammerte er. »Sie müssen mich mitnehmen, wenn Sie die Kanone finden wollen! Sie können mich ja aufhängen, wenn meine Geschichte nicht stimmen sollte. Aber sie stimmt. Ich sage die Wahrheit –«

»Was sonst hast du mir noch zu sagen?«

Mit einem kleinen bißchen Geistesgegenwart und Einfallsreichtum hätte Botto in diesem Augenblick sein Leben retten können. Wenn er nur mit einer gewissen Glaubhaftigkeit behauptet hätte, mehr zu wissen, und auf dieser Grundlage eine Begnadigung ausgehandelt hätte, wäre sein erbärmliches Leben wenigstens noch für einen gewissen Zeitraum verlängert worden. Aber Botto war nicht mit Geistesgegenwart und Einfallsreichtum gesegnet. Er mußte innehalten und überlegen, mußte sich mit der Suche nach einem Ausweg quälen, und El Bilbanito, der ihn aus zusammengekniffenen Augen aufmerksam beobachtete, erkannte, daß von diesem Mann keine weiteren nützlichen Enthüllungen zu erwarten waren.

»Pah!« sagte er schließlich und rief den Männern, die das Seil noch hielten, zu: »Rauf mit ihm!«

Botto hatte sein Leben nur um klägliche fünf Minuten verlängern können. Diese fünf Minuten waren nun abgelaufen.

El Bilbanito war mit sich selbst zufrieden, als er sich abwandte und wegging. Er mußte darauf achten, daß der Ruf der Grausamkeit, der ihm anhing, nicht verlorenging, und hoffte, daß sein strenges Durchgreifen bei diesem Gefangenen gebührenden Eindruck auf seine Männer gemacht hatte. Es war sogar ganz amüsant gewesen zu sehen, wie dieser arme Dummkopf alles ausplapperte, was er wußte, und ihn dann trotzdem aufzuhängen. Es konnte nicht schwer sein, die Kanone auch ohne ihn in einem Steinbruch zwei Dörfer hinter Monforte an der Straße nach Lugo zu finden. Außerdem war es sowieso besser, daß sie den Mann gehängt hatten. Dadurch war die Möglichkeit, daß die Franzosen erfuhren, daß die Guerilleros bald mit einem Geschütz bewaffnet sein würden, von vornherein ausgeschlossen. Und wenn jemand wußte, wie wichtig das Überraschungsmoment war, dann ein Guerilleroführer. Sicher, es konnte auch unter seinen eigenen Männern Verräter geben, aber trotzdem – El Bilbanitos nachdenklicher Ausdruck wurde grimmig, und seine Hand kroch zum Lauf seiner Pistole –, die gerade stattgefundene Hinrichtung würde auf jeden Fall dafür sorgen, daß sie sich einen Verrat zweimal überlegten.

El Bilbanitos Gedanken überschlugen sich. Er machte Pläne und überlegte, wie er die mögliche Kanone am besten einsetzen konnte. Er würde damit einen überraschenden, vernichtenden Schlag gegen die Franzosen führen. El Bilbanitos Motive für seine sorgfältige Planung waren nur teilweise von egoistischen Überlegungen bestimmt. Sicher, er wollte und mußte seine Stellung unter seinen Gefolgsleuten festigen, und es gab in ihm den Geist des guten Handwerkers, der seinen Stolz darin setzt, eine ihm gestellte Aufgabe so gut wie möglich zu lösen. Gleichzeitig aber wurde er auch angetrieben von patriotischen Gefühlen, vom Haß auf die französischen Invasoren, vom Wunsch, den König wieder zurückzuholen, den die Franzosen entführt hatten, von einer leidenschaftlichen Abscheu einer Nation gegenüber, die sich so ausgiebig und ungefragt in spanische Angelegenheiten eingemischt hatte und von der Sehnsucht nach Rache an dem Feind, der solches Elend über das Land gebracht hatte.

Spanischer Stolz und spanischer Patriotismus arbeiteten in diesem Fall Hand in Hand mit dem Selbsterhaltungstrieb.

El Bilbanito brauchte nicht lange, um seinen Entschluß zu fassen. Er machte Jorge ein Zeichen.

»Ruf die Männer zusammen«, sagte er kurz angebunden. »Wir marschieren in zehn Minuten ab.«

Mehr war an Befehlen nicht nötig, wenn man eine Guerillerobande unter sich hatte. Die Männer trugen immer alles bei sich, was sie besaßen, und waren nicht daran gewöhnt, von ihren allgewaltigen Anführern Erklärungen zu erwarten.

4

Der Weg, den El Bilbanitos kantabrische Bande nehmen mußte, wurde durch die Tatsache kompliziert, daß die meisten Pässe in Asturien und in einem Teil Galiciens von französischen Garnisonen beherrscht wurden. Dennoch war es für El Bilbanito kein Problem, sie zu umgehen. Er brauchte dazu nicht einmal eine Landkarte, und er mußte auch nicht lange überlegen. Nach zwei Jahren des Guerillakrieges kannte er jeden Weg und jeden Pfad in der ganzen Provinz; und er konnte zu jedem beliebigen Zeitpunkt sagen, welche Pässe aller Wahrscheinlichkeit nach zugeschneit und welche Furten durch Hochwasser unpassierbar waren. Kenntnisse dieser Art waren eine absolute Notwendigkeit, wenn man ein Leben führte, wie El Bilbanito es tat. Nur so gelang es ihm immer wieder (wenigstens meistens), der Verfolgung durch französische Einheiten zu entgehen, die man ihm und seinen Männern gelegentlich auf die Fersen hetzte, wenn die Garnisonen in der Ebene ausnahmsweise einmal genügend Soldaten zusammenkratzen konnten.

Auf dem Marsch durch die Berge gab es Momente, in denen El Bilbanitos Herz Böses ahnte. Wenn diese Expedition sich als Phantomjagd entpuppen sollte, würden seine Männer garantiert meutern. Damit mußte er rechnen. Aber El Bilbanito hatte so seine Erfahrungen im Umgang mit unzufriedenen Gefolgsleuten und machte sich deswegen keine übertriebenen Sorgen. Trotzdem achtete er darauf, daß seine Pistolen jederzeit geladen und schußbereit waren. Wenn er die Kanone finden wollte, blieb ihm nun einmal nur der Weg offen, den er eingeschlagen hatte. Hätte er nur einen kleinen Suchtrupp losgeschickt, um festzustellen, ob die Kanone sich wirklich an der angegebenen Stelle befand, wäre die Sache unweigerlich durchgesickert und irgendeine andere Bande von Guerilleros, oder das ständig verfolgte Grüppchen der Männer, die sich die Galicische Junta nannten, hätte sich die Kanone geholt, bevor El Bilbanito mit seiner gesamten Gefolgschaft zur Stelle war. Wäre er selbst mit dem Suchtrupp mitgegangen, hätte es nicht nur dieselben Schwierigkeiten gegeben, sondern zudem hätte auch die Gefahr bestanden, daß der Rest seiner Männer sich in seiner Abwesenheit einen anderen Führer suchte. Abgesehen davon tat der Eilmarsch durch die Berge seinen Männern nur gut. Sie wurden nämlich langsam faul und träge, und es war höchste Zeit, etwas für die Erhaltung der unglaublichen Marschfähigkeit zu tun, die sie an den Tag legen konnten, wenn sie nur wollten.

Die Bewohner von Molinos Reales fügten sich achselzuckend in das Unvermeidliche, als El Bilbanitos Partisanen über das Dorf hereinbrachen. Sie hatten sich längst an die Heimsuchungen ungebetener Besucher gewöhnt, und außerdem waren ihnen die Guerilleros allemal lieber als die Franzosen. El Bilbanito schlug sein Quartier im Haus des Alkalde, des Bürgermeisters, auf und verteilte den Rest seiner Männer gleichmäßig auf die anderen Häuser aus grauem Stein, die sich um die Kirche scharten. Plötzlich hatte so jede Familie ein bis zwei zusätzliche Mitbewohner, die untergebracht und verpflegt sein wollten, und wenn die Stiefel und Kleider dieser Männer zerschlissen und durchlöchert waren, was bei den meisten der Fall war, durften sie dazu auch noch den kärglichen Inhalt ihrer eigenen Kleiderschränke herausrücken und statt dessen selbst die abgelegten Lumpen der Guerilleros anziehen. Das Unangenehme an diesen Guerilleros war nämlich, daß sie immer ohne jede Vorwarnung auftauchten. Wenn sich reguläre spanische Truppen oder die Franzosen in die Gegend verirrten, blieb fast immer genügend Zeit, um die wenigen Wertgegenstände zu verstecken, die die Bauern noch hatten, die Schafe und die Rinder in die Berge zu treiben und so zu tun, als sei man noch ärmer, als man es in Wirklichkeit war.

El Bilbanito genehmigte seinen Männern den Luxus, sich einen ganzen Tag unter einem richtigen Dach auszuruhen und sich den Bauch mit allem vollzuschlagen, was sie aus ihren unfreiwilligen Gastgebern herausholen konnten. Er selbst, Jorge und zwei weitere Auserwählte machten sich dagegen sofort auf den Weg zu dem Steinbruch, dessen Lage der Alkalde ihnen beschrieben hatte. Die Tatsache, daß es diesen Steinbruch gab, war ein erstes gutes Zeichen und ein Hinweis darauf, daß der Mann, den sie an einem Kiefernast baumelnd an der Grenze des Distrikts Leon zurückgelassen hatten, die Wahrheit gesagt hatte. Dann sahen sie, daß sich die Grundfläche des Steinbruchs auf gleicher Höhe befand wie die Straße, während zu drei Seiten hohe Felswände aufragten – ebenfalls ein Hinweis darauf, daß die Kanonengeschichte der Wahrheit entsprach. Und dort, mitten auf der ebenen Fläche des Steinbruchs, lag tatsächlich ein gewaltiger Steinhaufen, den man schon vor geraumer Zeit aufgeschichtet haben mußte, denn hier und da zwängten sich bereits Grashalme durch die Ritzen.

In seiner Aufregung stürzte sich El Bilbanito auf den Haufen und fing an, die Steine abzutragen. Doch dann erinnerte er sich daran, daß dies mit seiner Würde als Anführer der Bande nicht vereinbar war, und er richtete sich hastig wieder auf.

»Wegräumen!« sagte er kurz angebunden zu seinen Begleitern, wandte sich mit perfekt zur Schau gestellter Gleichgültigkeit von ihnen ab und schlenderte im Steinbruch umher.

Hinter seinem Rücken war das Klappern und Poltern von Steinen zu hören, als Jorge und die beiden anderen sich nun an die Arbeit machten. Als wenig später ein Freudenschrei durch den Steinbruch hallte, hielt es El Bilbanito nicht mehr. Er machte hastig kehrt und lief zu den Männern zurück. Und da war sie, die Kanone, da war sie tatsächlich! Schon ragte das lange Rohr aus dem kleiner werdenden Steinhaufen hervor, und schließlich kam auch die Lafette zum Vorschein, in der die Kanone gelagert war.

El Bilbanito betrachtete das kostbare Stück von allen Seiten. Das Metall des Rohrs hatte im Lauf der Zeit eine stumpfe, grüne Färbung angenommen. Aber das war ein gutes Zeichen, bedeutete es doch, daß die Kanone aus Bronze hergestellt war, und Bronze kann den Elementen jahrhundertelang trotzen, ohne Schaden zu nehmen. Eisen dagegen wäre inzwischen längst vom Rost zerfressen, wie sich an der Lafette deutlich zeigte. Die Schraube, die den Keil unter dem Bodenstück der Kanone bewegte, die eisernen Klammern, die die Lafette zusammenhielten, und die Kränze der Räder – alles war so verrostet und verrottet, daß es einem unter den Fingern zerbröselte. Auch das massive Eichen- und Kastanienholz, aus dem die Lafette hergestellt war, hatte den Elementen nicht standhalten können und war längst morsch geworden. Aber die Kanone selbst, die unersetzliche Kanone, war intakt. El Bilbanitos Finger strichen zärtlich und liebevoll über die Verzierungen des Rohrs, seine Hand tätschelte die wuchtigen Schildzapfen, und mit der goldenen Anstecknadel, die er aus purer Eitelkeit immer trug, stocherte er sorgfältig den Schmutz aus dem Zündloch. Dann hastete er ins Dorf zurück.

Der Alkalde sah sich plötzlich mit der Forderung konfrontiert, unverzüglich einen Schreiner und einen Schmied herbeizuschaffen. Er breitete hilflos und abwehrend die Arme aus und erklärte in seinem barbarisch-galicischen Dialekt, gute Handwerker seien heutzutage rar. Aber El Bilbanito ließ keine Entschuldigung gelten. Der Dorfschreiner wurde herbeizitiert, und eine Stunde später war der Alkalde, eskortiert von Jorge und einem halben Dutzend Männer, auf dem Weg durch die Berge ins nächste Dorf, in dem ein Schmied wohnte, der angeblich etwas von seinem Handwerk verstand. El Bilbanito selbst eilte mit einem Trupp Handlanger und dem Waffenschmied der Bande – einem Büchsenmacher, der ursprünglich aus Aragon stammte und den der Zufall zu den Guerilleros verschlagen hatte – zum Steinbruch zurück.

Der Büchsenmacher hatte genausowenig Ahnung von Artillerie wie El Bilbanito, aber beide besaßen eine gehörige Portion gesunden Menschenverstand, Lebenserfahrung, Einfallsreichtum und erfinderisches Geschick – das notwendige Rüstzeug von Männern eben, die zwei Jahre Krieg in den Bergen unbeschadet überstanden hatten. Männer, die, gehetzt von Verfolgern, tiefe Abgründe überbrücken konnten, die dazu in der Lage waren, schwer bepackte Maultiere an Seilen an einer steilen Felswand herabzulassen und unverletzt unten abzusetzen, ließen sich nun einmal nicht so leicht erschüttern. Auch nicht von einer drei Tonnen schweren Kanone, die es zu bewegen galt. El Bilbanito gab seinem Arbeitstrupp, der teils aus seinen eigenen Männern, teils aus abkommandierten Dorfbewohnern bestand, den Auftrag, über der Kanone ein Hebegestell zu errichten. Der Büchsenmacher fertigte eine Skizze des Richtwerks der Kanone an, an die er sich später halten konnte. Der Schreiner begutachtete die Lafette und notierte sich ihre Ausmessungen. Da er weder lesen noch schreiben konnte, mußte er die verschiedenen Maße in Holzstücke einkerben, aber das machte nichts. Er war daran gewöhnt, auf diese Art und Weise zu arbeiten.

Als Jorge mit dem Schmied und einem weiteren Schreiner zurückkam, die er mit der beruhigenden Versicherung aus ihren Häusern entführt hatte, daß es höchstens ein bis zwei Wochen dauern würde, bis sie zu ihren Familien zurückkehren konnten, waren die ersten Pläne fertig. Der Büchsenmacher war schon dabei, eine Schmiede zu improvisieren, und mehrere Männer, die El Bilbanito für diese Aufgabe abkommandiert hatte, durchsuchten das Dorf Haus für Haus und beschlagnahmten jedes Stück Eisen, das ihnen unter die Finger kam. Bis zum nächsten Morgen hatten die Schmiede und Schreiner gemeinsam eine Art Flaschenzug konstruiert, das Hebegestell wurde über der Kanone aufgerichtet, und El Bilbanito überwachte ängstlich und besorgt das Herausheben der gewaltigen Metallmasse aus ihrer Bettung.

Währenddessen wählte Jorge mit Hilfe des Schreiners die besten Stücke gut abgelagerter Eiche aus dessen Beständen aus. Nicht etwa, daß Jorge gewußt hätte, welches Holz für den Bau einer Lafette am besten geeignet war. Aber er wußte sich zu helfen. Mit dem fröhlichen Grinsen, das immer auf seinem Gesicht lag, erklärte er, er sei absolut sicher, daß er das beste und wertvollste Holz bekommen hätte, weil er nämlich darauf bestanden habe, nur die Stücke zu nehmen, von denen der Schreiner mit größter Zungenfertigkeit behauptet hatte, sie seien absolut nicht geeignet.

An mehreren Schlingen hängend, wurde die Kanone hochgehoben. Da die Zugseile über vier Rollen liefen, genügten ein Dutzend Männer, um das Rohr so weit anzuheben, daß die Schildzapfen aus den tiefen, halbrunden Kerben in den Lafettenwänden glitten, in denen sie lagerten. Die halbvermoderte Lafette wurde unter dem Rohr weggezogen und die Kanone mit allergrößter Sorgfalt – El Bilbanito hätte jeden erschossen, der sich dabei ungeschickt anstellte – auf die Erde hinuntergelassen. Einen Augenblick später fing er an, die Schmiede und Schreiner anzutreiben und ihnen immer wieder zu erzählen, daß sie sich mit dem Bau der neuen Lafette gefälligst beeilen sollten.

Eine fieberhafte Erregung hatte den Mann gepackt, wußte er doch nur zu gut, besser noch als der arme Pater Prieto es vor zwei Jahren gewußt hatte, welches Ansehen der Besitz einer Kanone ihm unter den Guerilleros der Provinz verschaffen würde. Abgesehen davon sah er vor seinem inneren Auge immer wieder die reiche Ebene von Leon mit ihren hilflosen, hingetupften französischen Garnisonen – denn hilflos waren sie, wenn ihnen erst eine achtzehnpfündige Kanone gegenüberstand. El Bilbanito sah bereits jetzt, welche Verheerungen die Kanone entlang der kaum geschützten Verbindungslinien anrichten würde, die sich von den vorgeschobenen französischen Stützpunkten bis weit ins Hinterland erstreckten.

Den ganzen Tag lang, und noch viele weitere Tage, hallte das kleine Dorf wider vom Schlagen der Hämmer auf dem improvisierten Amboß. Eiserne Reifen mußten hergestellt werden, die so genau auf die breiten, hölzernen Räder passen mußten, die die Schreiner anfertigten, daß sie sich nur im erhitzten Zustand über das Holz streifen ließen und nach dem Abkühlen dann unverrückbar festsaßen. Nur so konnten die Räder der Beanspruchung standhalten, der sie ausgesetzt sein würden. Die Schraube, mit der der Richtkeil unter dem Bodenstück der Kanone auf und nieder bewegt werden konnte, mußte mühsam per Hand aus einem Stück Eisen geschmiedet werden. Noch größere Schwierigkeiten bereitete die Herstellung des Gewindes, in dem die Schraube sich drehen sollte. Dagegen waren die Bolzen für die Achsen ein Kinderspiel – der galicische Schmied hatte derartige Arbeiten sein ganzes Leben lang gemacht.

Gelegentlich mußte El Bilbanito den erschöpften Metallarbeitern eine Ruhepause gönnen. Er raufte sich die Haare über die sechs Stunden Schlaf, die sie jede Nacht brauchten, aber er gewährte ihnen diesen Schlaf. Er beschlagnahmte für sie den besten Wein und die beste Verpflegung, und er hetzte seine Leute kreuz und quer durch die ganze Provinz, um ihnen genügend Holzkohle zu besorgen. Nach vier Tagen war es soweit – die neue Lafette für die Kanone war fertig. Vielleicht war sie nicht ganz so eindrucksvoll und perfekt, wie die alte es in ihren besten Zeiten gewesen war, aber sie stellte schon ein herrliches Stück Arbeit dar. Die Seitenwände, in denen die Schildzapfen ruhen würden, bestanden aus vier Zoll dicken Eichenbrettern, und die Schildzapfenlager waren mit bester Buche verstärkt. Auch die Achse, die einen Durchmesser von sechs Zoll hatte, bestand aus Eiche, während die Speichen der Räder aus Esche von allerbester Qualität hergestellt waren. Überhaupt bedeuteten diese Räder ein kleines Wunder in einem Distrikt, in dem man sonst nur ganz einfache, runde Scheiben kannte, die man von dicken Baumstämmen abschnitt. El Bilbanito spendete den Handwerkern ein knurriges Lob, als er das fertige Werk inspizierte, sparte sich sein abschließendes Urteil aber auf, bis ein Probeschuß aus der Kanone ihn endgültig überzeugte.

Die Lafette wurde zum Steinbruch gerollt, das Rohr der Kanone erneut mit Hilfe des Flaschenzuges hochgehoben und die Lafette darunter geschoben. Dann wurde die Kanone ganz langsam herabgelassen, wobei der Büchsenmacher aufgeregt hin und her rannte, um sich zu vergewissern, daß alles seine Richtigkeit hatte.

Langsam glitten die Schildzapfen in ihre Lager und ruhten schließlich auf dem Holz. Das gewaltige Bodenstück der Kanone senkte sich auf seinen Block, und die Seile, an denen die Kanone gehangen hatte, wurden schlaff, als die Lafette das Gewicht des Rohrs übernahm. Einen Augenblick lang knarrte das Holz protestierend, als sich die drei Tonnen herabsenkten, aber die Teile der Lafette hielten. Der Büchsenmacher schlug die eisernen Klammern über den Schildzapfenlagern fest und machte sich daran, das ganze Gebilde noch einmal zu inspizieren. Alles war genau so, wie es sein sollte. Die Null auf der neugeschmiedeten Richtskala stimmte genau mit der Kerbe am Bodenstück der Kanone überein – bis auf eine geringfügige Abweichung von einem Viertelzoll, was für ein Belagerungsgeschütz gut genug war. Die Schildzapfen saßen wie festgewachsen in ihren Lagern, von Schlingern und Rollen keine Spur. Als die Höhenrichtschraube gedreht wurde, glitt der Keil unter dem Bodenstück fließend nach hinten, die Mündung der Kanone hob sich, und die Kerbe am Bodenstück rückte auf der Meßskala stetig weiter nach unten. Die Kanone, erklärte der Büchsenmacher, sei nun einsatzbereit, und El Bilbanito gab den Befehl, sie zum ersten Probeschuß fertigzumachen.

Der Büchsenmacher war selig, denn nun konnte er zeigen, daß er jede Kleinigkeit bedacht und genau vorhergesehen hatte, welche Instruktionen El Bilbanito erteilen würde. Er ließ eines der beiden Pulverfässer, die als letzte Reserve zurückgehalten worden waren, herbeibringen und öffnete es. Dann schaufelte er eine großzügig bemessene Menge Pulver heraus und füllte es in die Mündung der Kanone, drückte es mit einem Ladestock, den er aus einem Bündel Lumpen an einem langen Stock fabriziert hatte, tief in das Rohr hinein, bis in den hintersten Teil des Bodenstücks, und stopfte ein Stück einer Decke hinterher, um das Pulver an Ort und Stelle festzuhalten. Als nächstes brachte er sein Meisterstück zum Vorschein – einen großen, runden Stein, den er in einem Bachbett gefunden und mit Leder umwickelt hatte, bis er völlig rund war und genau dem Kaliber des Rohrs entsprach. Diese selbstfabrizierte Kugel wurde ebenfalls in die Tiefe des Rohrs gestoßen, und damit war die Kanone geladen.

Auf einen Befehl des Büchsenmachers hin packten ein halbes Dutzend Männer den Lafettenschwanz, zwei weitere machten sich mit Hebeln an den Rädern zu schaffen, und die Kanone schwang langsam herum, bis ihre Mündung aus dem Steinbruch heraus und über die Straße hinweg zeigte. Der Büchsenmacher bestieg den Lafettenschwanz und drehte umständlich an der Richtschraube, mit deren Hilfe man das Ziel zur Seite hin korrigieren konnte, was durch reines Verschieben der Lafette nicht so genau zu erreichen war. Ein Auge zugekniffen, spähte er durch die Kimme im Querholz des Klappvisiers, das er gestern angefertigt hatte, und richtete die kleine Vertiefung am Mündungskopf auf einen weißen Felsen aus, der an der Flanke des Berges auf der anderen Seite des Tals durch das Unterholz lugte. Dann drehte er die Höhenrichtschraube, bis die Markierung auf dem Bodenstück mit der Zahl 250 auf der Meßskala übereinstimmte. Der Büchsenmacher hatte noch nie im Leben auf eine derartige Entfernung geschossen, immerhin zweihundertfünfzig *varas* – nicht einmal mit dem langen, Tiroler Gewehr, das seine Lordschaft, der Marquis von Lazan, ihm vor dem Krieg einmal zum Reparieren gebracht hatte. Als nächstes schöpfte er noch etwas Pulver aus dem Faß und füllte es in das Zündloch, und als letztes zog er Feuerstein,

Stahl und Zunder hervor, schlug nach mehreren vergeblichen Versuchen tatsächlich einen Funken und entzündete damit ein Stück langsam brennender Zündschnur. Dann pustete er, bis die Zündschnur richtig glühte, und wollte sie eben an das Zündloch halten, als die rauhe Stimme El Bilbanitos ihn zusammenzucken ließ. Der Büchsenmacher würde auf gar keinen Fall der Mann sein, der den ersten Schuß aus der Kanone abfeuerte.

El Bilbanito ließ sich die Zündschnur geben und achtete keinen Augenblick lang auf die pausenlos auf ihn herunterprasselnden Belehrungen des Büchsenmachers. Er war auch ohne ihn klug genug, um zu wissen, daß er wegen des Rückstoßes Abstand von den Rädern halten mußte und daß man eine Kanone abfeuerte, indem man die Zündschnur an das Zündloch hielt. Er beugte sich weit vor und drückte die brennende Schnur gegen die losen Pulverkörner, die am Rand des Zündlochs zu sehen waren. Ein lautes Zischen war zu hören, das jedoch sofort in einer gewaltigen, brüllenden, ohrenbetäubenden Explosion unterging. El Bilbanito war wie betäubt von dem Krach, der viel lauter war, als er erwartet hatte. Die Kanone flitzte an ihm vorbei und zermalmte die Steine, die ihr unter die Räder kamen, während eine dicke Rauchwolke El Bilbanito einhüllte. Durch den Rauch hörte er den wilden Jubel seiner Männer.

Dann verzog sich der Rauch. El Bilbanito stand wie erstarrt da, die qualmende Zündschnur immer noch in der Hand. Die Kanone war vier Schritt von ihm entfernt. Die anderen Männer gestikulierten wie wild und fuchtelten begeistert mit den Armen, und als El Bilbanito in die Richtung sah, in die sie deuteten, entdeckte auch er die Staubwolke über dem weißen Felsen, auf den der Schuß gezielt gewesen war. Der Büchsenmacher hatte ein wahres Wunder vollbracht.

Die Kanone stand da, riesig, drohend, eindrucksvoll und unbeweglich, bis auf den dünnen Rauchfaden, der sich aus ihrer Mündung kräuselte. Sie sah aus, als habe sie nichts als Verachtung übrig für die kleinen, herumwimmelnden, unbedeutenden menschlichen Püppchen, deren Leben, wenn es hochkam, in Jahrzehnten gemessen werden konnte und die ohne Hilfe nicht dazu in der Lage waren, den Tod über ein fünfhundert Meter breites Tal zu schleudern.

5

Erst als die Kanone ausprobiert und ihre Funktionstüchtigkeit bewiesen war, schickte El Bilbanito die Briefe in Umlauf, die er schon so lange mit sich herumtrug. Es waren arrogante Briefe, einem Mann angemessen, der als einziger in ganz Galicien eine achtzehnpfündige Kanone besaß. Bis auf einen waren diese Briefe an die anderen Guerillero-Führer in diesem heiß umstrittenen Landstrich gerichtet. Sie enthielten die kurze Information, daß El Bilbanito im Besitz eines Belagerungsgeschützes sei und einen Angriff auf Leon plane. Jeder, der sich ihm anschließen und unter seinem Oberbefehl dienen wolle, sei herzlich willkommen. El Bilbanito hatte nicht den geringsten Zweifel daran, daß sein Angebot vorbehaltlos angenommen werden würde. Alle, die als Partisanen kämpften, brannten darauf, in die Ebene vorstoßen zu können. Dieser Wunsch der Partisanenführer war so groß, daß sie ihren Stolz herunterschlucken und sich darauf einlassen würden, El Bilbanito als Anführer zu akzeptieren. Und wenn sie es nicht taten, würden ihre Männer einfach desertieren und sich um den Mann scharen, der ihnen mit so großer Gewißheit Sieg und Plünderungen in einem Ausmaß verheißen konnte, wie es vorher noch nie dagewesen war.

Der letzte Brief war im Ton ebenso selbstbewußt und entschieden, bloß war er an die Junta adressiert, die verfolgte Lokalregierung Galiciens. Auch in diesem Brief hieß es, daß El Bilbanito in den Besitz einer Kanone gelangt sei, und er verlangte von der Junta ausreichend Pulver und Munition für ein achtzehnpfündiges Geschütz, Zugtiere für den Transport und die dazugehörigen Treiber. Außerdem fügte El Bilbanito seinen so schon nicht unbescheidenen Forderungen auch noch die nach Geld, Nahrungsmitteln und Kleidung hinzu. Nicht etwa, daß er damit gerechnet hätte, das alles auch zu bekommen, aber man konnte schließlich nie wissen. Immerhin bestand die wenn auch geringe Chance, daß die Junta ausnahmsweise einmal ein paar Vorräte in Reserve hatte, und El Bilbanito fand, in diesem Fall hätte er ein ebensogroßes Recht auf einen Anteil wie jeder andere.

Während er auf die Antwort auf seine Briefe wartete, nahm er schon einmal die Aufgabe in Angriff, die Kanone über die Berge an den Rand der Ebene zu transportieren. Pater Prieto und seine galicischen Bauern hätten sich die Mühe sparen können, die Kanone so weit ins Hinterland zu schleppen. Sie war nicht nur umsonst gewesen, sondern verursachte jetzt auch noch doppelte Arbeit, denn El Bilbanito wollte die Kanone zum ersten Mal an einem Punkt einsetzen, der nur wenige Meilen von der Stelle entfernt war, an der die spanische Armee sie damals zurückgelassen hatte. Erschwert wurde die Sache noch dadurch, daß die Guerilleros nicht einmal die Straße benutzen konnten, über die Pater Prieto damals gezogen war. Sie wurde inzwischen von französischen Vorposten bewacht. Diese Posten mußten umgangen werden, und das hieß, daß die Kanone auf dem Weg zurückgebracht werden mußte, über den El Bilbanito mit seinen Männern gekommen war – über die Bergkämme, auf schmalen Fußpfaden. Die Alternative wäre gewesen, die französischen Vorposten mit Hilfe der Kanone zu stürmen, aber diese Möglichkeit lehnte El Bilbanito kategorisch ab. Wenn er zuschlug, mußte der Schlag die Franzosen gleich mitten ins Herz treffen. Wenn er sich hingegen mit den Posten in den Bergen abgab, würde er erstens Zeit verlieren, und zweitens wären die Garnisonen in der Ebene dann vorgewarnt und konnten sich auf El Bilbanitos Angriff vorbereiten.

El Bilbanito schickte seine Männer auf die Suche nach Zugtieren, die dieser Tage gar nicht leicht zu beschaffen waren. In einem Dorf, in dem El Bilbanito persönlich erschien und Zugochsen verlangte, führte der Priester ihn vor das Dorf und zeigte ihm ein Feld, das gerade gepflügt wurde. Noch nie hatte El Bilbanito ein so merkwürdiges Gespann gesehen. Es bestand aus einem kleinen weißen Esel, einem Mann und vier Frauen, die unter der Anstrengung fast zusammenbrachen und sich teils mit den Händen auf dem Boden abstützen mußten. Der Pflug selbst wurde von einem zittrigen Greis geführt, der kaum in der Lage war, die Griffe zu halten, geschweige denn, auch noch Druck auszuüben. Aber El Bilbanito lachte nur und nahm den Esel, und die Gesichter der Frauen waren totenbleich, als er und seine Männer mit dem kostbaren Tier abzogen. Der Frühling stand vor der Tür, das Feld war erst zu einem Viertel gepflügt, und sie wußten, daß sie verhungern würden, bevor das Jahr vorbei war.

Die paar Esel, das eine Maultier und die sechs Ochsen, die die Partisanen schließlich zusammentrieben, genügten fürs erste, um die Kanone abzutransportieren. Zwei Räder und eine einfache Achse dienten als Protze, an der der Lafettenschwanz befestigt wurde, und die ersten paar Meilen rollte die Kanone imposant und erhaben über die Straße. Aber dann gelangten sie an einen Fußpfad, der sich in die Berge hinaufschlängelte. Diesen Pfad mußte die Kanone nehmen. El Bilbanito hatte es so befohlen, und er stand mit seinen Pistolen bereit und sorgte dafür, daß dieser Befehl auch befolgt wurde. Erst einmal mußten Unmengen von Steinen herbeigeschleppt werden, um den Straßengraben zu füllen. Das bunt zusammengewürfelte Gespann der Zugtiere trottete los, die Kanone setzte sich holpernd und polternd in Bewegung, und der eigentliche Kampf begann.

Die niedrigeren Hänge des Kantabrischen Gebirges an der Grenze zwischen Galicien und Asturien sind mit einem dichten, dornigen Gestrüpp bewachsen, das man vielleicht am besten unter dem korsischen Namen *Maquis* kennt, das der galicische Bauer jedoch als *monte bajor* bezeichnet. Es handelt sich um ein schier undurchdringliches Gewirr niedriger, immergrüner Bäume der verschiedensten Spezies, die sich halsbrecherisch an die felsigen Hänge klammern. Dazu dann noch die Hänge selbst. Sie steigen nicht stetig und gleichmäßig an, sondern sind zu allem Überfluß auch noch zerklüftet und brechen immer wieder in Rinnen und Schluchten auf, die zwar nicht unbedingt sehr tief sind, dafür aber so steil wie das Dach eines Hauses. Jeder sogenannte »Aufstieg« war also ein ständiges Rauf und Runter.

Zehn Männer mit Äxten gingen voran und schlugen das Unterholz neben dem Pfad, damit die Tiere, die je zu zweit angespannt waren, sich hindurchzwängen konnten. Neben den Gespannen kamen die Treiber mit ihren Peitschen und Stöcken, einer für jedes Tier und ständig auf dem Sprung, die Tiere auf einen Schrei El Bilbanitos hin zu neuen Gewaltleistungen zu zwingen. Vierzig Männer gingen neben Protze und Lafette, gleichmäßig an starken Zugseilen verteilt. Sie waren dazu da, die Kanone vor oder zurück oder um scharfe Kurven herum zu bugsieren, den Schwierigkeiten des Weges entsprechend. Gefolgt wurde das Ganze von einem Dutzend Männer, die zwei dicke Baumstämme schleppten, die sie als Bremsklötze vor oder hinter die Räder zu werfen hatten, wann immer es nötig war.

Es war einzig und allein El Bilbanito und seiner starken Persönlichkeit zu danken, daß die Kanone durch die Berge geschafft wurde. Seine Männer hätten die Aufgabe schon sehr bald als hoffnungslos aufgegeben, obwohl ihr Anführer ihnen jede Hilfe beschaffte, die er bekommen konnte. Jeden Mann und jede Frau, derer er habhaft wurde, zwang er zur Mitarbeit. Trotzdem gab es Tage, an denen eine Stunde härtester Knochenarbeit sie höchstens zehn Meter weiterbrachte. Das waren dann die schroffsten Teile des Aufstiegs. Oftmals mußten sie erst Steine und Felsbrokken suchen, um Bodenrinnen aufzuschütten. An manchen Stellen, an denen sich der Pfad wieder einmal in kleine, aber so steile Abgründe stürzte, daß selbst ein Mann sie nur auf Händen und Knien bewältigen konnte, mußten sie erst Rampen bauen, um den Weg einigermaßen passierbar zu machen. An diesen Stellen hielten Männer und Tiere keuchend inne, um wieder zu Atem zu kommen, während die Kanone von den Bremsklötzen gehalten wurde, bis El Bilbanitos Schrei alles wieder aufscheuchte. Die Männer packten die Seile und die Treiber hielten ihre Stöcke bereit. Und wenn El Bilbanito dann schrie: »Zieht!« zogen die Männer, und die Peitschen knallten, und die Tiere zerrten und zogen und suchten auf dem unsicheren Boden vergeblich nach festem Halt für ihre Hufe. Die Kanone ruckte ein winziges Stückchen vor, einen Meter vielleicht, oder auch zwei. Dann war es auch schon wieder vorbei, die Kräfte waren erschöpft, und die Hemmklötze wurden hastig hinter die Räder geworfen, und die keuchenden Zugtiere auf zwei oder auf vier Beinen durften wieder einen Augenblick ruhen.

Immer wieder stürzten die Tiere auf dem unebenen, felsigen Boden und brachen sich die Beine, aber Gott sei Dank ließen sich ja andere beschaffen. Man brauchte einem Bauern nur mit dem sofortigen Tod zu drohen, und schon verriet er einem für gewöhnlich, wo sich ein Esel oder gar ein Ochse finden ließ. Nur ganz selten einmal mußte man zur Folter greifen. Die Partisanen nahmen übrigens auch Kühe – bis zum heutigen Tag verwenden die galicischen und asturischen Bauern Kühe als Zugtiere – aber mit dem Eigensinn ihres Geschlechts ließen die Kühe es sich nicht nehmen, einfach an Überanstrengung zu sterben, ohne sich wenigstens der Entschuldigung halber ein Bein zu brechen. Die Männer dagegen starben nicht. Sie verfluchten El Bilbanito, sie verfluchten die Kanone, sie verfluchten die Zugtiere, aber sie blieben am Leben. El Bilbanito schlief in dieser Zeit ruhiger als seit langem. Er wußte, daß Meuterei aus Tatenlosigkeit geboren wird, nicht aus Härte und harter Arbeit. Mochten die Männer ruhig fluchen, schimpfen und nörgeln. El Bilbanito wußte, daß sie insgeheim stolz waren auf all ihre Mühen. Es lag eine ungeheure Befriedigung darin, einen steilen Abgrund hinunterzusehen und zu wissen, daß sie die Kanone hier heraufgeschleppt hatten. Selbst zu Zeiten des Friedens hatten diese Bauern nichts anderes gekannt als endlose Mühen und endlose Schufterei. Jetzt, im Krieg, wurde ihnen die Schwerarbeit wenigstens versüßt, denn sie alle trugen jetzt stolz eine Hahnenfeder am Hut und gehörten zur berühmten Bande von El Bilbanito, der mit der Kanone bald über die Ebene von Leon hinwegfegen würde.

In den Bergen bei Bembibre erreichte sie die erste Reaktion auf die Briefe, die El Bilbanito vor ihrem Aufbruch geschrieben hatte. Als sie den Berg hinab- und in ein kleines Dorf gepoltert kamen, strömte ihnen aus den Häusern eine Bande zerlumpter Guerilleros entgegen, um sie willkommen zu heißen. Allen voran zwei Männer, denen man auf den ersten Blick ansah, daß sie nicht aus Galicien stammen konnten. Sie waren beide groß und schlank und hatten schmale, ausdrucksvolle Gesichter. Außerdem hatten sie noch schwarze Haare und blaue Augen – eine sehr ungewöhnliche Kombination. El Bilbanito kannte sie dem Namen nach. Es handelte sich um die Brüder Hugh und Carlos O'Neill, die sich im letzten Jahr, als die Spanier versucht hatten, die Belagerung von Astorga aufzuheben, rühmlich ausgezeichnet hatten. Der Name der beiden lieferte die Erklärung für ihr ungewöhnliches Aussehen. Sie waren Abkömmlinge eines irischen Vorfahren, eines Mannes vielleicht, der sein Land »zum Besten seines Landes« verlassen hatte oder vielleicht vor hundertfünfzig Jahren nach Spanien gekommen war, um der Tyrannei eines Cromwell oder eines William III. zu entgehen. In der spanischen Armee gab es viele Männer mit irischen Namen. Sie waren inzwischen spanischer als die Spanier selbst, und nur die wenigsten von ihnen sprachen noch Englisch.

Die beiden O'Neills verneigten sich formvollendet vor El Bilbanito. Sie wußten sehr gut, was er alles geleistet haben mußte, um die Kanone hierher zu bringen. Noch besser wußten sie, welche Vorteile damit verbunden waren, eine Kanone in den Händen zu haben. Auch El Bilbanito war froh, die beiden zu sehen. Für den Angriff auf Leon brauchte er so viele Kämpfer wie nur möglich, und die Verstärkung war ihm hochwillkommen. Vor allem, da sie das Versprechen weiteren Zulaufs durch andere Partisanengruppen enthielt.

Carlos O'Neill stand die Begeisterung deutlich auf dem Gesicht geschrieben, als er an die Kanone herantrat und sie von allen Seiten begutachtete.

»Mein Bruder war früher bei der Artillerie«, lieferte Hugh O'Neill die Erklärung.

»Tatsächlich?« sagte El Bilbanito hochgradig interessiert. Ein gelernter Artillerist war wirklich eine höchst begrüßenswerte Neuerwerbung.

Sie sahen Carlos zu, der die Kanone eingehend musterte, das Höhen- und Seitenrichtwerk begutachtete, die Lafette abklopfte und sich vergewisserte, daß das Metall des Rohrs solide und unbeschädigt war. Dann kam er zu seinem Bruder und El Bilbanito zurück.

»Nun?« fragte El Bilbanito aufgeregt. Er hätte sich die Zunge abbeißen können, weil es ihm nicht gelang, die Unsicherheit aus seiner Stimme zu verbannen.

»Ich kann Ihnen nur gratulieren, Señor«, sagte Carlos. »Sie haben eine wundervolle Waffe. Und Sie müssen ausgezeichnete Handwerker in ihren Reihen haben, um eine so gute Lafette zustande zu bringen. Handelt es sich um ehemalige Artilleriesoldaten?«

»Nein«, antwortete El Bilbanito. »Leider habe ich keine Artilleristen.«

»Tatsächlich?« sagte nun Carlos, und die beiden Brüder O'Neill sahen sich vielsagend an.

»Dann haben Sie also erwartet, daß wir die Kanoniere stellen, als sie uns einluden, uns Ihnen anzuschließen?« fragte Hugh mit hochmütiger Stimme.

El Bilbanito zuckte nur die Schultern.

»Sie oder die anderen, das spielt doch keine Rolle. Und wenn nicht, hätte ich mir selbst etwas einfallen lassen. Rufen Sie jetzt Ihre Männer zusammen und teilen Sie sie an die Zugseile ein. Meine Männer brauchen unbedingt eine Ruhepause.«

Der unvermeidliche Streit zwischen den Anführern der beiden Banden hätte im Grunde genommen schon hier und jetzt ausbrechen können. Spanier tun sich immer schwer mit der Ausübung von Macht. Sie fühlen sich oft selbst unzulänglich und neigen daher dazu, sich besonders anmaßend zu verhalten, wenn sie plötzlich Führungspositionen innehaben. Aber für den Augenblick wurde die Situation durch die schnelle Verbrüderung der beiden Banden entschärft. Die Männer der O'Neills hatten El Bilbanitos

Befehl vorweggenommen, waren aus den Häusern und Hütten herbeigestürmt und hatten die Neuankömmlinge freiwillig von der Arbeit mit der Kanone abgelöst. Da es hinter dem Dorf erst ein Stück leicht bergab ging und der Pfad ausnahmsweise einmal in einem so guten Zustand war, daß man ihn der Breite nach fast als Straße bezeichnen konnte, brachte diese Ablösung auch keine nennenswerten Schwierigkeiten mit sich. Den beiden O'Neills blieb nicht einmal die Zeit, sich zu streiten. Sie mußten die Unterhaltung mit El Bilbanito überstürzt abbrechen und ihre Sachen in ihrem Quartier zusammensuchen, wenn sie nicht einfach zurückgelassen werden wollten. Es sei entwürdigend, fanden beide.

Sie fühlten sich jedoch schon etwas besser, als sie den langsamen Zug wieder einholten, denn sie waren zu Pferde, während El Bilbanito genau wie der Rest seiner Männer zu Fuß ging. Er war eben ein echter Sohn der Berge. Vor allem Carlos O'Neill sah verächtlich auf den hinter der Kanone hertrottenden El Bilbanito hinab, denn er ritt ein wahrhaft riesiges Pferd, einen kraftvoll gebauten Grauschimmel, wie man ihn in diesem Land der Maultiere und der kleingebauten Pferdchen nicht alle Tage zu sehen bekam.

»Oh, Pferde!« sagte El Bilbanito. »Die werden uns sehr gelegen kommen, wenn wir wieder von der Straße abbiegen. Sie sehen ja selbst, daß unser Gespann nicht unbedingt das kräftigste ist.«

»Das kommt überhaupt nicht in Frage«, entrüstete sich Carlos O'Neill. »Mein Gil wird vor keine Kanone gespannt. Dazu schätze ich ihn viel zu sehr.«

»Wenn ich denke, daß ich ihn brauche, nehme ich ihn auch«, entgegnete El Bilbanito scharf.

»Niemals!« rief Carlos. »Nehmen Sie sofort die Hand von der Pistole!«

El Bilbanito war entschlossen, seine Autorität um jeden Preis zu verteidigen und jeden Funken der Rebellion schon im Keim zu ersticken. Aber als er seine Pistole zog und abdrückte, traf Hugh O'Neills Reitpeitsche sein Handgelenk, und die Waffe explodierte harmlos ins Blaue. Außer sich vor Wut schleuderte er daraufhin die leergeschossene Pistole nach Carlos und traf ihn ins Gesicht.

Beim Krachen des Schusses waren die Guerilleros vorne stehengeblieben. Nun kamen sie aufgeregt zurückgelaufen, um zu sehen, was los war. Die Kanone ließen sie unbeaufsichtigt stehen. Die Tiere freuten sich über die unverhoffte Ruhepause und fingen sofort an, am Wegrand zu grasen. Carlos O'Neill war inzwischen abgestiegen. Das große graue Pferd stand hinter ihm und sah ihm über die Schulter, wie ein weiser Ratgeber, der ihm etwas ins Ohr flüsterte.

»Dafür werden Sie sterben«, sagte Carlos O'Neill und wischte sich das Blut von der Wange. Hugh O'Neill trat neben seinen Bruder. Das wirre Durcheinander der Guerilleros löste sich auf, bis die beiden Banden sich rechts und links des Weges gegenüberstanden. Musketen wurden gespannt. Alle Anzeichen deuteten darauf hin, daß es auf der Stelle zu einem blutigen kleinen Kampf kommen würde.

»Wie Sie wollen«, sagte El Bilbanito. »Tragen wir die Sache aus. Hier und jetzt.«

Jorge stand neben ihm. Carlos zog seinen Säbel.

»Heilige Maria Muttergottes!« rief er dann. »Der Mann hat ja nicht einmal einen Säbel!«

»Nein, habe ich nicht!« antwortete El Bilbanito aufgebracht. »Wir Männer aus den Bergen regeln unsere Streitigkeiten mit dem Messer.«

»Sie erwarten doch nicht etwa, daß ich, der ich königliches Blut in den Adern habe, wie ein Straßenräuber mit dem Messer kämpfe, oder?« herrschte Carlos ihn an.

»Wenn Sie Angst haben, Señor –«, sagte El Bilbanito gedehnt.

Carlos sah sich um, aber ausnahmsweise zeigten seine zerlumpten asturischen Mitstreiter dieses Mal keinerlei Verständnis und Unterstützung. Sie wußten nichts von richtigen Duellen und ihrer Etikette. Für sie war es selbstverständlich, daß der Kampf mit dem Messer ausgetragen werden mußte. Das Messer war schließlich die Nationalwaffe Spaniens, oder etwa nicht? El Bilbanito war sich seiner Sache sehr sicher.

»Also gut, mir soll es recht sein!« gab Carlos nach, um endlich mit dem Kampf anfangen zu können. »Du da, gib mir dein Messer!«

Sein Bruder erhob keine Einwände. Ein O'Neill nahm jede Herausforderung zum Kampf an, egal mit welcher Waffe, egal zu welchem Zeitpunkt, egal gegen welchen Gegner. Das einzige, was Hugh O'Neill tun konnte, war, dafür zu sorgen, daß El Bilbanito sich keine unfairen Vorteile verschaffte, und sich bereithalten, El Bilbanito selbst herauszufordern, sollte sein Bruder wider jede Erwartung besiegt werden.

Der Himmel war winterlich grau. Ein kalter Wind blies von den schneebedeckten Berggipfeln, die den Horizont zu allen Seiten einengten. Die Kanone stand am Straßenrand, riesig und gleichgültig, vor ihr in langen Zweierreihen die erschöpften Tiere. Die Guerilleros bildeten ein unregelmäßiges Viereck um den Kampfplatz herum. Hugh O'Neill stand in einer Ecke des Vierecks, die Zügel der beiden Pferde locker über den Unterarm geschlungen. Ab und zu tätschelte er Gils Hals, wie um ihn zu beruhigen, daß seinem Herrn nichts passieren würde. In der Mitte des Vierecks vollführten die beiden Männer einen merkwürdigen, formalen Tanz. Jeder von ihnen hielt den Mantel so über dem linken Arm, daß die Zipfel lose flatterten. In der rechten Hand hatten sie das Messer, die lange, leicht gebogene Waffe des Spaniers. Die Schneide war nach oben gerichtet, der Daumen berührte sie fast. So und nicht anders mußte man ein Messer halten. Beide hielten sich in Knien und Hüften leicht gebeugt, beide waren angespannt wie eine Feder. So tänzelten sie im Kreis umeinander herum, mit schmalen Augen, die jede Bewegung des Gegners beobachteten. Finten und Ausweichmanöver folgten einander wie die Schritte eines Tanzes, für den ein unbeteiligter Beobachter ihre Bewegungen halten mochte. Ab und zu hüstelte einer der Zuschauer nervös. Bei einem Kampf mit dem Messer war es unumgänglich, daß ein Mann starb, sobald die Gegner auf Armeslänge aneinander herangekommen waren.

El Bilbanito machte sich keine Sorgen über den Ausgang des Kampfes. Er hatte schon zu viele solcher Zweikämpfe ausgetragen und sagte immer, man könne ja selbst sehen, daß er noch am Leben sei. Sein jetziger Gegner, dieser O'Neill, ging mit Mantel und Messer um wie ein blutiger Anfänger, und El Bilbanito sah sich nur deshalb zur Vorsicht gezwungen, weil sein Gegner so scharfe Augen und eine so große Reichweite hatte. Doch sie würden O'Neill nicht retten, nicht wenn El Bilbanito ihm gegenüberstand. Wenn es ihm nicht gelang, ihn mit einer Finte abzulenken, würde er diesen blutigen Anfänger eben dazu bringen, übereilt zum Angriff überzugehen und seine Deckung aufzugeben, woraufhin er den tödlichen Stich ausführen würde. El Bilbanito tänzelte nach rechts, und O'Neill mußte sich mit ihm drehen. Aber noch in der Drehung zuckte El Bilbanito plötzlich nach links zurück und unterlief O'Neills Deckung. Nur durch ein Wunder gelang es O'Neill im letzten Augenblick, das Messer mit dem Mantel abzufangen. Die Klinge drang durch den Stoff und bohrte sich in den Arm. El Bilbanito fühlte, wie sie am Knochen abglitt. Im gleichen Augenblick umfaßte er das rechte Handgelenk seines Gegners mit der linken Hand, ging etwas in die Knie und spannte seinen kräftigen Körper für den Wurf an, der nun folgen würde. Er glaubte den Kampf schon gewonnen.

Vielleicht war sein Griff nicht fest genug. Vielleicht war Carlos O'Neill doch stärker, als er erwartet hatte. Jedenfalls entschlüpfte O'Neills Handgelenk seinem Griff. El Bilbanito spürte noch den gewaltigen Schlag gegen seine Seite, der ihm den Atem nahm. Dann war da ein stechender Schmerz in seiner Brust, aber er dauerte nicht lange. El Bilbanito wußte nicht, daß er diesen Kampf verloren hatte. Er wußte nicht, daß er starb. Er empfand nur eine seltsame, dumpfe Verblüffung darüber, daß seine Knie unter ihm nachgaben, und er spürte, wie er ohne ersichtlichen Grund ganz langsam auf die steinige Straße sank. Das helle Licht schmerzte in seinen Augen. Er drehte sich langsam um und blieb reglos liegen. Und über ihm stand Carlos O'Neill, das bis zum Heft blutige Messer in der rechten Hand. In seinem linken Arm, aus dem das Blut in Stößen sprudelte und über sein Handgelenk und seine Finger tropfte, steckte immer noch das Messer, mit dem El Bilbanito gekämpft hatte.

6

In dem Bergdorf am Rand der Ebene gab es noch einen Rest von regulärer spanischer Infanterie – das Regiment Princesa. Doch die derzeitigen Soldaten ließen sich nicht mit der alten Armee vergleichen und erinnerten in nichts an die Männer, die noch die weiße Bourbonenuniform mit Dreispitz, engen Kniehosen und schwarzen Gamaschen getragen hatten. Die Soldaten von heute trugen das grobe, braune, handgewebte Tuch der Region. Die Uniformröcke liefen hinten in zwei Schößen aus, und die Hosen wurden unter dem Fuß von einem Steg gehalten. Dazu trugen sie Tschakos, so daß sie aussahen wie eine böse Karikatur englischer Soldaten.

Leider war es nicht nur die Bekleidung der Männer, die einem das Gefühl gab, eine Karikatur vor sich zu haben. Sie waren gerade beim Exerzieren, und was man dabei zu sehen bekam, wirkte wie eine Farce. Anstelle von geraden Reihen gab es Schlangenlinien. Von gleichem Schritt und Tritt nirgends auch nur die geringste Spur, und als der Oberst den Befehl gab, sich zum Karree zu formieren, entstand nach längerem Zögern ein wildes Durcheinander, bis das Regiment zum Schluß zu einer riesigen, gallertartigen Masse zusammenfloß, aus der die Bajonette in allen Richtungen herausstarrten. Der Oberst und sein Adjutant brüllten sich fast heiser. In der verzweifelten Erkenntnis, daß es ihm nie gelingen würde, dieses Durcheinander nach den Regeln des Exerzierbuchs zu sortieren, ließ der Oberst erst die Flügelmänner der einzelnen Kompanien vor- und dann die restlichen Männer hinter ihnen antreten, und während die Soldaten an ihre Plätze stolperten, formulierte er im Geist bereits die Rede, die er diesem Sauhaufen gleich halten würde. Er würde das Schicksal des Princesa Regiments in den schrecklichsten Farben ausmalen, sollte es je versuchen, sich auf diese Weise zum Karree zu formieren, wenn Kellermanns Dragoner zum Angriff bliesen.

Es war ausgesprochenes Pech, daß ausgerechnet in jenem Augenblick, in dem der Oberst seine Ansprache begann, von den Bergen her Abwechslung in Form einer kleinen Prozession in Sicht kam, die sich über eine der Hügelkuppen ins Blickfeld der Soldaten wand. Die Männer und die Tiere der Prozession waren auf die Entfernung zwar nur als winzige Figürchen zu erkennen, in der klaren Bergluft aber trotzdem deutlich zu sehen. Man konnte sie sogar hören! Vor allem die Schreie der Treiber drangen als dünnes, hohes Piepsen bis hierher. Das alles war natürlich bedeutend interessanter als die hysterischen Vorhaltungen des Oberst über die Taktiken der Kriegsführung. Erst waren es nur die Augen der Soldaten, die zum Berg hinüberlinsten. Dann wurden auch die Köpfe in diese Richtung gedreht, und schließlich löste sich das ganze Regiment sang- und klanglos auf und schlenderte über den Exerzierplatz davon, um das Spektakel besser verfolgen zu können. Der Oberst war den Tränen nahe.

Es war schon aufregend zu sehen, wie die riesige Kanone den Berg herunter gebracht wurde. Vier lange Halteseile spannten sich hinter ihr. An jedem der Seile hingen dreißig Männer, weit zurückgelehnt, die Füße gegen den Boden gestemmt, so daß die Kanone nur Stückchen für Stückchen nach unten rollte. Das

Ganze wurde untermalt von gebrüllten Anweisungen und Warnschreien. Weiter vorne wurde ein bunt zusammengewürfeltes Gespann von Zugtieren den Berg hinuntergeführt, während rund um die Kanone herum ein gutes Dutzend wild gestikulierender Männer hin und her rannte. Sie räumten Steinbrocken aus dem Weg und machten sich mit Stangen und Hebeln zu schaffen, wenn die Unebenheiten der Straße drohten, die Kanone zur Seite wegkippen zu lassen. Wenn sie merkten, daß die Kraft der Männer an den Halteseilen nachließ, warfen sie dicke Balken vor die Räder der Kanone, um zu verhindern, daß sie sich losriß und von allein den Berg hinunterpolterte. Sobald vorauszusehen war, daß der Neigungswinkel der Straße sich veränderte und die Kanone wieder einmal ein kurzes Stück bergauf mußte, verdoppelte sich die allgemeine Aufregung. Die Tiere wurden in aller Hast vor die Protze gespannt und zum Galopp angetrieben, und die Kanone auf dem letzten Stückchen bergab unter lautem Geschrei in Schwung gebracht. Die Männer an den Halteseilen mußten von hinten nach vorn rennen, um nun beim Ziehen helfen zu können, damit die Kanone die Steigung so weit wie möglich hinaufkam, bevor das letzte bißchen Schwung verbraucht war. Und dann fing die knochenbrechende Plackerei wieder an, und die Kanone mußte erneut mühsam Schritt für Schritt, Meter für Meter hinaufgezogen werden, bis die nächste Anhöhe erreicht war. Es war wirklich höchst unterhaltsam, das alles zu beobachten.

Als die Kanone das Dorf erreichte, wurde sie und ihre Eskorte von den Soldaten des Regiments neugierig beäugt. Die Kanone war riesig, gewaltig, enorm – wenigstens in ihren Augen, die nur an die kleinen sechspfündigen Feldgeschütze gewöhnt waren, die das einzige an Artillerie waren, was die spanische Armee noch hatte. Sie rumpelte und polterte mit eindrucksvollem Getöse auf ihren gewaltigen Rädern über die Straße. Das seltsame Gespann, von dem sie gezogen wurde – drei Maultiere, sechs Esel und ein paar Kühe –, kam den Soldaten dagegen nicht besonders seltsam vor. Die Gespanne der Armee waren heutzutage ganz ähnlich bunt zusammengewürfelt, da es nichts anderes mehr gab. Auch die Männer, die die Kanone begleiteten, stellten nichts Besonderes dar. Sie waren nicht die ersten Guerilleros, die die Soldaten zu Gesicht bekamen, denn fast die Hälfte von ihnen waren selbst Guerilleros gewesen, bevor sie eingefangen und in die Reihen der Armee gepreßt wurden. Aber die Kanone, die Kanone –

An der Spitze des Zuges ritt ein hochgewachsener junger Mann in Hauptmannsuniform auf einem kleinen, braunen Pferd. Neben ihm ritt ein zweiter Mann im blauen Rock der Artillerie. Dieser Rock war zerschlissen und sichtlich schon mehrmals geflickt worden; die Tatsache, daß der junge Mann den linken Arm in einer Schlinge trug, erklärte, weshalb er vorhin, am Anfang der Dorfstraße, sein Pferd von der falschen Seite bestiegen hatte. Überhaupt, dieses Pferd. Es schien als Gegenstück zu der Kanone ausgesucht worden zu sein, ein wahrhaft riesiges Tier, ein gewaltiger, muskulöser Grauschimmel, der aus einer abenteuerlichen anderen Zeit stammte.

Das Princesa Regiment wurde Zeuge der ersten Begegnung zwischen dem Oberst und den beiden jungen Offizieren und sah, daß sie mit ausgesuchter Höflichkeit zum Hauptquartier des Regiments gleich neben der Dorfkirche geführt wurden, wo der Bursche des Oberst sofort anfing, sich um die beiden Pferde zu kümmern. Und dann auf einmal hatte das Regiment – wie so oft – nichts mehr zu tun. Die Soldaten freundeten sich mit den Guerilleros an, begafften und bestaunten die Kanone oder lungerten einfach herum und faulenzten mit einer Hingabe, wie nur richtige Spanier sie aufbringen. Aber dann wurden sie aus ihrer Ruhe aufgeschreckt. Plötzlich stand der Hauptmann der Guerilleros auf dem kleinen Platz vor der Kirche. Er kletterte auf die Kanone und ließ seine Stimme durch das ganze Dorf schallen. »Princesa!« rief er. »Princesa!« Und alle kamen sie herbeigerannt, um zu hören, was er ihnen zu sagen hatte.

7

»Ich bin Oberst de Casariego y Castagnola, Infanterieregiment Princesa«, stellte sich der Oberst vor. »Und das hier ist mein Adjutant, Hauptmann Elizalde.«

»Hauptmann Hugh O'Neill, vormals Regiment Ultonia«, nannte O'Neill seinerseits seinen Namen und fügte mit einer Handbewegung hinzu: »Mein Bruder, Don Carlos O'Neill. Er war bei der Artillerie.«

Die Vorstellung verlief in aller Form, und erst als die vier Männer im Hauptquartier des Regiments Platz genommen hatten, kam der Oberst auf das eigentliche Thema dieser Begegnung zu sprechen.

»Meinen Informationen zufolge sollte ein gewisser El Bilbanito die Kanone bringen«, eröffnete er die Unterhaltung mit einer halben Frage.

»Richtig«, erwiderte Hugh O'Neill. »Und El Bilbanitos Männer sind bei uns. Bloß er selbst hat die Strapazen der anstrengenden Reise leider nicht überlebt.«

»Wie bedauerlich«, sagte der Oberst. »Woran ist er denn gestorben, wenn ich fragen darf?«

»An einer plötzlichen Verdauungsstörung«, antwortete Carlos O'Neill, und sein Bruder fügte hinzu:

»Es ging alles sehr schnell.«

Der Oberst seufzte verständnisvoll. »Ja, das kenne ich. War es Stahl oder Blei, was er nicht verdauen konnte? Oder litt er vielleicht unter plötzlichen Atembeklemmungen?«

»Etwas in der Art«, nickte Hugh ganz gelassen.

»Ich verstehe«, sagte der Oberst mit einem Blick auf Carlos O'Neills bandagierten Arm. »Kommen wir jetzt zur Sache.«

Doch entgegen dieser Äußerung schien er es nicht besonders eilig zu haben. Er zog lange an seiner Zigarre und betrachtete dann den Aschenkegel, der sich an der Spitze gebildet hatte, bevor er sich dazu überwinden konnte zu sagen, was er zu sagen hatte.

»In Anbetracht des bedauerlichen Ablebens von El Bilbanito«, fing er umständlich an, »muß ich meine Befehle an Sie weitergeben, Señores. Diese Befehle lauten –«

»Ja?« drängte Hugh O'Neill, dem die Pause zu lang wurde.

»Ich habe den Befehl, mir die Kanone von Ihnen übergeben zu lassen. Die Junta hat entschieden, daß sie zu wertvoll ist, um sie auf der Ebene aufs Spiel zu setzen. Statt dessen soll sie zur Verstärkung der Festungsanlagen von Ferrol eingesetzt werden, wohin ich sie unverzüglich zu bringen habe.«

Einen Augenblick lang herrschte lähmende Stille. Dann explodierte Hugh O'Neill.

»Was?« rief er. »Sie wollen die Kanone den ganzen Weg zurückbringen? Sie wollen uns die Kanone abnehmen? Niemals!«

»So lauten nun einmal die Befehle der Junta«, sagte der Oberst mit fester Stimme. »Und es ist meine Pflicht, diesen Befehlen Folge zu leisten. Übrigens ist es auch die Pflicht eines jeden Guerilleros, den Anweisungen der gesetzmäßigen Regierung zu gehorchen. Daran brauche ich Sie ja wohl nicht zu erinnern.«

»Aber es ist eine haarsträubende Dummheit!« rief Hugh.

»Ich wüßte eine treffendere Bezeichnung«, sagte Carlos.

»Ich unter Umständen auch«, sagte der Oberst. »Aber ich würde mich hüten, sie in Gegenwart eines vorgesetzten Offiziers zu gebrauchen.«

»Heißt das, die Junta hat keine Munition geschickt?« forderte Hugh zu wissen.

»Natürlich nicht. Wieso sollten sie erst Munition von Ferrol hierher schicken, wenn die Kanone in Ferrol eingesetzt werden soll?«

»Aber El Bilbanito hat alles für den Einsatz der Kanone in der Ebene vorbereitet!« rief Hugh.

»Ich weiß«, sagte der Oberst. »El Platero und zweihundert seiner Männer erwarten ihn bereits zwischen hier und La Merced. Cesar Urquiola ist mit seiner Kavallerie gekommen, und Mina hat ein Bataillon seiner Navarreser zum vereinbarten Treffpunkt geschickt.«

»Mit tausend Mann und der Kanone könnten wir bis zur Großen Straße vorstoßen!« stöhnte Carlos O'Neill.

»Durchaus möglich, oder sogar sehr wahrscheinlich«, nickte der Oberst. »Sie könnten ganz Leon in Aufruhr versetzen. Die Garnison in La Merced besteht nur aus zweihundert Mann, die nur zwei Sechspfünder haben.«

»Im Ernst?« fragte Hugh nun erst recht interessiert. »Ich hätte sie für bedeutend stärker gehalten. Aber so dürfte es ja erst recht kein Problem sein, La Merced zu nehmen.«

»Eigentlich nicht – wenn Sie eine Kanone hätten. Aber leider, Señores – und ich bin der erste, der zugibt, daß dies ein höchst bedauerlicher Umstand ist – leider haben Sie keine Kanone.«

»Aber Sie können uns die Kanone nicht wegnehmen! Es wäre ein Verbrechen, so eine Chance zu vergeuden!«

Es fiel dem Oberst schwer, fest zu bleiben, denn er fand es selbst bedauerlich, daß er diese beiden jungen Männer so enttäuschen mußte. Noch bedauerlicher war, daß hier wirklich eine Chance vertan wurde, die selbst der nicht besonders ausgeprägte militärische Instinkt des Oberst als ideal erkannte. Aber er hatte nun einmal seine Befehle, und an diese Befehle mußte er sich halten.

»Ich wiederhole noch einmal, meine Herren«, sagte er nun langsam, »daß ich morgen mit der Kanone nach Ferrol aufbrechen werde.«

Carlos O'Neill sprang so unvermittelt auf, daß sein Stuhl polternd umkippte.

»Das werden Sie nicht!« rief er. »Sie bekommen unsere Kanone nicht!«

»Das klingt aber sehr nach Insubordination«, sagte der Oberst.

»Das ist es auch! Die Kanone gehört uns, und sie bleibt auch bei uns!«

»Spricht man so vielleicht mit einem vorgesetzten Offizier, Don Carlos? Sie wissen doch, daß ich Sie dafür streng bestrafen könnte. Aber ich will Ihnen Ihren jugendlichen Überschwung zugute halten.«

»Sie bekommen die Kanone *nicht!* Und wenn es mich das Leben kostet.«

»Beschwören Sie das Unglück nicht herauf, Don Carlos. Und vergessen Sie nicht – es tut mir übrigens leid, das sagen zu müssen, aber Sie zwingen mich ja geradezu dazu –, daß dort draußen ein ganzes Regiment mit drei Bataillonen steht, also insgesamt fünfzehnhundert Mann. Und was haben Sie? Zweihundert? Vielleicht dreihundert? Sie sehen also, daß ich durchaus in der Lage wäre, hart durchzugreifen, wenn Sie mich dazu zwingen sollten. Wenn Sie sich meinen Befehlen auch außerhalb der vier Wände dieses Büros widersetzen sollten, wäre ich dazu gezwungen, dies offiziell zur Kenntnis zu nehmen. Sie wissen, was das heißt. Ich müßte Sie wegen Meuterei vor ein Kriegsgericht bringen, und für Meuterer gibt es nur eine Strafe, meine Herren. Mehr brauche ich dazu wohl nicht zu sagen.«

Einen Augenblick lang glaubte der Oberst, in diesem Punkt gewonnen zu haben, denn keiner der beiden jungen Männer sagte ein Wort. Carlos O'Neill schob sogar den Arm in die Schlinge zurück, aus der er ihn vor lauter Aufregung herausgezogen hatte. Aber dann stand Hugh O'Neill von dem Stuhl auf, auf dem er während der ganzen Unterhaltung ruhig gesessen hatte, und ging ohne etwas zu sagen langsam zur Tür. Der Oberst und sein Adjutant folgten ihm mit Blicken. O'Neills Bewegungen wirkten so ruhig und unauffällig, daß keiner der beiden auf die Idee gekommen wäre, er verfolge einen Plan. Er öffnete die Tür, ging hindurch und schloß sie hinter sich. Fast tat er dem Oberst sogar leid. Er dachte, der junge Mann sei über den Verlust der Kanone so bekümmert, daß er nun Trost im Alkohol suchen oder – die Mischung aus spanischem und irischem Blut führte manchmal zu den merkwürdigsten Verschrobenheiten – seine Verzweiflung auf dem Exerzierplatz abreagieren würde. Wie sehr er sich damit irrte, merkte er erst, als er Hugh O'Neills Stimme wie eine Trompete durch das Dorf gellen hörte. »Princesa!« rief die Stimme. »Princesa! Oh, Princesa, kommt her und hört vom neuesten Verrat der hohen Herren!«

Und die Männer kamen herbeigelaufen, um ihm zuzuhören. Dicht gedrängt standen sie um die Kanone herum, auf die er geklettert war. Die irische Beredsamkeit verlieh den spanischen Worten Flügel. Hugh O'Neill sprach von den Bergen, durch die sie die Kanone so mühsam geschleppt hatten. Er sprach von den anderen Partisanengruppen, die sich bereits am vereinbarten Treffpunkt sammelten, von El Platero und von Mina. Er sprach von den hilflosen französischen Garnisonen der Ebene, von den Gefangenen, die sie machen würden, von der reichen Beute, nach der sie nur die Hände auszustrecken brauchten, von dem Jubel, der sie begrüßen würde, wenn sie die Städte und Dörfer von der gehaßten Herrschaft der Franzosen befreiten. Er erntete beifälliges Gelächter der Männer, die aus der Ebene stammten, als er sagte, er hätte es jetzt satt, vom scharfen Apfelwein der Berge ständig Bauchkneifen zu bekommen, und wolle endlich einmal wieder richtigen Wein trinken. Damit hatte er den richtigen Ton getroffen. Dieses Argument überzeugte sowohl die Männer, für die Wein eine Selbstverständlichkeit des täglichen Lebens war, wie auch diejenigen unter ihnen, für die er ein seltener Luxus war.

Oberst Casariego versuchte, sich zu Hugh O'Neill durchzudrängen, als dieser dem Höhepunkt seiner Rede zustrebte. Dummheit und Unverstand im Hauptquartier der Junta, rief er den Männern zu, seien schuld daran, daß all diese wunderbaren Gelegenheiten nun sinnlos vertan werden sollten. Das Regiment Princesa habe den Befehl, nach Ferrol zurückzukehren, wo es tatenlos verrotten könne. Und die Kanone müßten sie den ganzen weiten Weg zurücktransportieren. Als Oberst Casariego sich der aufgeregten Gruppe seiner Offiziere näherte, tauchte plötzlich Carlos O'Neill neben ihm auf, und ehe der Oberst wußte, was ihm geschah, spürte er, wie sich etwas Hartes in seine Rippen bohrte. Es war der Lauf einer Pistole.

»Ich glaube, es ist besser, wenn wir in Ihr Büro zurückgehen, Oberst Casariego«, sagte Carlos O'Neill, hinter dem etwa ein Dutzend seiner Männer standen, mit ausgesuchter Höflichkeit.

Das einzige, was Oberst Casariego einigermaßen tröstete, als er niedergeschlagen in seinem Hauptquartier saß, vor dessen Tür ein bewaffneter Guerillero Wache stand, und dem aufgeregten Stimmengewirr von draußen lauschte, war die Tatsache, daß die Tür in unregelmäßigen Abständen immer wieder geöffnet wurde, um andere Offiziere der höheren Dienstgrade einzulassen, die Carlos O'Neill einen nach dem anderen herführte. Die drei Majore, denen die drei Bataillone des Regiments unterstanden, die älteren Kompaniechefs, der Adjutant und der Quartiermeister – sie alle kamen, um die Gefangenschaft des Oberst zu teilen. Es war jedoch bezeichnend, daß die jüngeren Offiziere allesamt fehlten, und der Oberst war auch nicht sonderlich überrascht, als Hugh O'Neill nach einer Weile ins Zimmer kam und sich an die wartenden Offiziere wandte. »Meine Herren«, verkündete er, »das Regiment Princesa hat beschlossen, mir in die Ebene zu folgen. Jeder von Ihnen, der sich uns anschließen und unter Beibehaltung seines derzeitigen Dienstgrades unter meinem Oberbefehl kämpfen möchte, ist mir herzlich willkommen. Das einzige, was ich von Ihnen verlange, ist Ihr Ehrenwort, mit dem Sie versichern, daß Sie mir und der Sache Spaniens treu dienen werden.«

Nach einem kurzen Augenblick des Zögerns stand Hauptmann Albano auf.

»Ich mache mit«, sagte er.

Einer nach dem anderen liefen die Majore, die Kompaniechefs, der Adjutant und der Quartiermeister zu O'Neill über, und schließlich saß nur noch Oberst Casariego ganz allein am Tisch. Es blieb ihm nur eines übrig – sich zur Junta durchzuschlagen und einzugestehen, daß er versagt hatte, daß sein ganzes Regiment desertiert war! Es war zuviel für ihn. Vom Kummer überwältigt schlug er die Hände vors Gesicht und weinte. Hugh O'Neill schloß leise die Tür und überließ den alten Mann seinem Schmerz.

8

Captain Luke Brett, Kapitän der königlich-britischen Fregatte HMS PARNASSUS, die mit vierzig Kanonen bestückt war, saß in seiner Kabine und las die Bibel, denn er war ein gläubiger Mann, als ein Leutnant zur See an die Tür klopfte.

»Herein«, rief Kapitän Brett.

»Entschuldigen Sie, Sir«, sagte der Leutnant, »aber Mr. Hampton läßt ausrichten, daß ein Fischerboot auf uns zuläuft und uns allem Anschein nach signalisiert.«

Einer Gewohnheit folgend warf Kapitän Brett einen schnellen Blick auf den Kompaß über seinem Kopf.

»Sagen Sie Mr. Hampton, daß ich sofort komme«, sagte er.

Dann legte er ein Lesezeichen zwischen die Seiten der Bibel, klappte sie zu und folgte dem Leutnant auf das Quarterdeck. Der Sturm, der letzte Nacht gewütet hatte, war inzwischen ein gutes Stück abgeflaut, aber die HMS PARNASSUS stampfte und schlingerte immer noch unter dichtgeholten Segeln auf der kabbeligen See. Gelegentlich sprühten Gischtfahnen über den Bug. Kapitän Bretts scharfe Augen umfaßten das ganze Schiff mit einem Blick und nahmen dabei jede Kleinigkeit der Routine an Deck wahr, wie seine Offiziere sehr wohl wußten. Die Trimmung der Segel, die blitzendweißen Planken, die Ordnung der Kanonenkugeln in ihren Gestellen, die Hängematten, den Kurs, den das Schiff hielt, und die Matrosen, die auf der Back Taue spleißten. Hart backbord waren die braunen Felsen Spaniens und weiter in der Ferne das Kap de las Peñas zu sehen.

Der Erste Offizier hielt das Glas vor das Auge. Kapitän Brett folgte seiner Blickrichtung und entdeckte einen winzigen Fleck, der wie eine Nußschale auf den Wellen tanzte. Es war ein offenes Fischerboot unter einem braunen Luggersegel, das mit hartem Vor-dem-Wind-Kurs versuchte, sie einzuholen. Als der Kapitän durch das Glas sah, das der erste Offizier ihm nun reichte, erkannte er einen weißen Fetzen, der unermüdlich am Mast aufgezogen und wieder niedergeholt wurde.

»Sie signalisieren tatsächlich«, sagte er. »Ruder zwei Strich backbord, Mr. Hampton, und lassen Sie beidrehen, damit sie längsseits kommen können.«

»Soll ich die Rettungsboje fertigmachen lassen, Sir? Sie wissen ja, diese Südländer –«

Der Vorschlag des Ersten Offiziers hatte seine Berechtigung, wie sich wenig später zeigte, denn der junge Mann, der kurz darauf von der Rahnock auf das Deck der PARNASSUS geschwenkt wurde, wäre niemals in der Lage gewesen, aus eigener Kraft an Bord zu klettern. Erstens trug er einen Arm in einer Schlinge, aber das war beileibe nicht sein größtes Dilemma. Mehr noch wurde er durch die Seekrankheit behindert, die ihn in ihren Fängen hielt. Er war völlig grün im Gesicht, und kaum daß er die Decksplanken unter seinen Füßen spürte, beugte er sich vor und übergab sich, mit einer Hand immer noch an das Tau der Rettungsboje geklammert. Mr. Hampton schüttelte angewidert den Kopf.

»Zur Hölle mit diesen verdammten Spaniern«, murmelte er vor sich hin.

Aber schließlich hörte der Mann auf zu würgen, hob den Kopf und sah sich um. Er war groß und schlank und trug eine Art Uniform – einen vielgeflickten blauen Rock, an dem hier und da noch Reste von goldenen Litzen zu sehen waren, eine weiße Kniehose und dazu Stiefel und Sporen. Es war das erste Mal, daß an Deck der HMS PARNASSUS Sporen klirrten.

»El capitan?« erkundigte er sich mit einem fragenden Blick.

»Ich bin der Kapitän dieses Schiffes«, sagte Kapitän Brett.

Sofort war klar, daß der Mann kein Englisch verstand. Die Worte bedeuteten ihm nichts, wohl aber Kapitän Bretts Uniform, so schäbig sie auch sein mochte, und die Autorität, die von ihm ausstrahlte. Der Fremde kam zu dem Schluß, daß Kapitän Brett der Mann war, den er suchte, zog eine lederne Brieftasche hervor, entnahm ihr umständlich ein Schreiben, das er sehr behutsam handhabte, und hielt es Kapitän Brett hin. Auf den ersten Blick sah dieses Schreiben ganz unschuldig aus, aber es hätte das Todesurteil des Mannes bedeutet, wäre er den Franzosen damit in die Hände gefallen. Der Kapitän las es, prüfte die Unterschrift mit ganz besonderer Sorgfalt und reichte es an seinen Ersten Offizier weiter.

KÖNIGLICH-BRITISCHE EINSATZSTELLE ASTURIEN
GIJON, 10. Juni 1810

An alle Offiziere Seiner Majestät
zu Lande und zur See

Hiermit bestätige ich, daß der Überbringer dieses Schreibens, Mr. Carlos O'Neill, Hauptmann der Artillerie, der spanischen Partisanenstreitmacht angehört. Alle angesprochenen Offiziere werden gebeten, Hauptmann O'Neill in jeder Hinsicht behilflich zu sein, soweit es sich mit ihren Dienstverpflichtungen vereinbaren läßt und sie es zur Förderung der gemeinsamen Sache als sinnvoll erachten.

Major Henry Berkely
Bevollmächtigter Seiner Majestät in Asturien
2. Garderegiment zu Fuß

»Die Unterschrift ist echt«, sagte Kapitän Brett. »Ich habe so ein Schreiben schon gesehen. Aber was will der Mensch uns zeigen?«

Hauptmann O'Neill versuchte, ein weiteres Papier aus seiner Brieftasche zu ziehen, aber es saß so fest, daß er mit der einen Hand nicht zurechtkam.

»Erlauben Sie, Hauptmann?« sagte Kapitän Brett, auf den die ständigen Verbeugungen des anderen so langsam abfärbten, zuvorkommend.

Er nahm das Papier, das schon lange in der Brieftasche gesteckt haben mußte, denn es war an den Faltstellen brüchig und morsch geworden, aus dem Fach heraus und faltete es auseinander.

»Es ist sein Offizierspatent«, sagte er, und das war es auch – ein eindrucksvolles Dokument mit dem goldgehämmerten Wappen Spaniens am Kopf und drei wichtig aussehenden Siegeln unter dem Text. Der Text selbst war in Lettern gedruckt, die an eine schönfließende Handschrift erinnerten, blieb Kapitän Brett jedoch völlig unverständlich, da er in spanischer Sprache abgefaßt war. Aber er sah, daß in den Lücken, die an verschiedenen Stellen absichtlich freigelassen worden waren, per Hand die Worte ›Don Carlos O'Neill‹ eingefügt waren. Das Dokument war ganz offensichtlich echt und die Identität des Überbringers des Briefes damit bewiesen.

»Wenn er schon O'Neill heißt, wieso spricht er dann kein Englisch?« fragte Mr. Hampton.

»Wahrscheinlich ist er Spanier irischer Abstammung. Die gibt es hierzulande recht häufig«, erklärte Kapitän Brett. »Aber ich denke, wir sollten ihm erst einmal etwas zu trinken anbieten, bevor wir versuchen, aus ihm herauszubekommen, was er eigentlich will.«

Jemandem in Zeichensprache ein Getränk zu offerieren ist eine relativ simple Sache, der selbst ein steifer, hölzerner Kapitän der Marine gewachsen ist. Als Kapitän Brett die dementsprechende Geste machte, konnte der Leutnant der Wache, der neben ihm stand, ein Kichern nicht verkneifen, so wenig schien die simple Handbewegung zu ihm zu passen. Aber Mr. Hampton, dieser resolute Verfechter der Disziplin, sorgte dafür, daß die Würde seines Kapitäns nicht angetastet wurde.

»Hinauf in den Masttopp mit Ihnen, Mr. Norman«, sagte er streng. »Und da bleiben Sie freundlicherweise bis Sonnenuntergang.«

Der junge Leutnant zur See stapfte am Boden zerstört davon, während Kapitän Brett Hauptmann O'Neill zur Kajütentreppe führte. Aber kaum waren sie unter Deck, wo alles knarrte und schwankte und schlingerte, wurde O'Neill erneut von einem Schwächeanfall heimgesucht. Er machte unzeremoniell kehrt, stolperte die Treppe hinauf und beugte sich über die Reling, wo Kapitän Brett und Mr. Hampton ihn wenig später immer noch vorfanden.

»Armer Kerl«, sagte Kapitän Brett mitfühlend. »Was meinen Sie? Ob ein Glas von meinem alten Port ihm guttun würde?«

Auf einen Wink hin brachte ein Stewart drei Stühle, eine Flasche und drei Gläser und baute alles an Deck auf, und als O'Neill schließlich saß und das erste Glas Port in sich hatte (wo es wunderbarerweise auch blieb), schien es ihm etwas besserzugehen.

»Und nun sagen Sie mir bitte, was ich für Sie tun kann«, sagte Kapitän Brett.

Die Worte waren dem Spanier unverständlich, aber er erriet aus ihrem Tonfall, was sie bedeuteten. Er stand auf und sah sich an Deck um. Die Zwölfpfünder auf dem Hauptdeck waren offensichtlich nicht das, was er suchte, wie man aus seiner ganzen Haltung erkennen konnte. Doch dann entdeckte er die große, achtzehnpfündige Schiffskanone auf dem Quarterdeck. Er ging zu ihr hin, betrachtete sie ausgiebig, zog den Mündungspropfen heraus, sah in das Rohr hinein, versetzte der Kanone dann einen freundlichen Klaps und deutete erst auf sich selbst und anschließend auf die ferne Küste.

»Er will sie mitnehmen!« rief Mr. Hampton.

»Ich halte zwar nicht viel vom Fluchen«, sagte Kapitän Brett, »aber eher soll ihn der Teufel holen.«

Beide Offiziere schüttelten energisch den Kopf, und O'Neill machte ein langes Gesicht, bis ihm schließlich aufging, daß sie ihn mißverstanden hatten.

»Was sucht er denn jetzt?« fragte der erste Offizier.

»Er hat es schon gefunden«, sagte der Kapitän.

O'Neill hatte sich aufgeregt umgesehen und neben dem Steuer die Schiefertafel mit dem dazugehörigen Griffel entdeckt, auf der die Wache alle Vorfälle verzeichnete. Nun ging er hin, nahm die Tafel und fing an, in aller Hast etwas zu kritzeln. Nach etwa drei Minuten zeigte er ihnen das Ergebnis seiner Arbeit – eine recht ordentliche Zeichnung einer großen Kanone auf einer Lafette. Er deutete auf das Bild, beschrieb mit der Hand einen Kreis um die Mündung der Schiffskanone, zeigte dann auf die fernen Berge und schließlich wieder auf sich selbst.

»Er hat an Land eine achtzehnpfündige Kanone«, sagte Kapitän Brett, lächelte und nickte und versuchte, dabei nicht ganz so dumm auszusehen, wie er sich vorkam.

Derart ermutigt fing O'Neill wieder an zu zeichnen.

»Was in Gottes Namen soll denn das schon wieder sein?« fragte Hampton, der die Fortschritte des für ihn auf dem Kopf stehenden Bildes neugierig verfolgte. »Eine Weintraube?«

»Nein, Munition natürlich«, sagte Kapitän Brett, der sofort erkannte, daß das Bild eine Pyramide aus aufgeschichteten Kanonenkugeln darstellte.

Er ging zu dem Munitionsgestell neben der großen Schiffskanone, öffnete es, nahm eine der Kugeln heraus und hielt sie O'Neill mit einem fragenden Blick hin.

»Si, si, si!« rief dieser mit einem begeisterten Kopfnicken.

»Endlich«, sagte Brett.

Aber O'Neill zeichnete schon wieder.

Jetzt, wo sie wußten, worum es ging, genügte schon ein flüchtiger Blick, um in der neuen Zeichnung ein Pulverfaß zu erkennen.

»Er will Pulver und Munition für eine achtzehnpfündige Belagerungskanone an Land«, entschied Captain Brett. »Kann er haben.«

In Kapitän Bretts Order hieß es ausdrücklich, daß den spanischen Streitkräften an Land unbedingt Hilfestellung zu leisten sei und jede Möglichkeit der Kooperation wahrgenommen werden solle. Einzig und allein die englische Seemacht, die ihre Hand über Hunderte von Meilen über das Meer ausstreckte, war den

Spaniern eine Stütze in ihrem unermüdlichen Kampf gegen das französische Kaiserreich. Ohne die Hilfe der Engländer wäre der spanische Widerstand schon längst blutig zerschlagen worden, wie zuvor die Aufstände in Tirol und in der Lombardei.

»Aber wie will er die Sachen an Land bekommen, Sir?« sagte Hampton zweifelnd. »Die Franzosen halten doch jeden Hafen zwischen hier und Ferrol besetzt.«

»Ganz bestimmt kennt er irgendeine abgelegene, ruhige Bucht, nur keine Bange«, erwiderte Brett. »Sehen Sie, er zeichnet schon wieder.«

Die neue Zeichnung stellte unverkennbar ein Maultier dar – keinen Esel und auch kein Pferd, denn die Spitze von O'Neills Griffel wies mehrmals auf die Ohren und den Schwanz des Tieres hin. Dann spreizte O'Neill zehnmal die Finger seiner gesunden Hand und deutete die Küste entlang.

»Irgendwo warten fünfzig Maultiere auf ihn«, sagte Hampton. »Bloß wo?«

Es war Kapitän Brett, der das Problem der genauen Ortsbestimmung löste, nachdem es O'Neill trotz unermüdlicher Deuterei und Gestikuliererei nicht gelungen war, den beiden Seeleuten klarzumachen, wo die Maultiere warteten.

»Die Karte, Mr. Hampton«, schlug Kapitän Brett vor.

Nachdem eine Karte der Küste vor O'Neill ausgebreitet war, machte es ihm keine Schwierigkeiten, die Bucht zu identifizieren, die er meinte. Diesmal nickten und lächelten alle, erfreut über die Fortschritte, die sie ungeachtet aller Widrigkeiten machten.

»Er zeichnet schon wieder«, sagte Hampton.

O'Neill war dabei, seine Zeichnung des Maultiers zu vervollständigen, und als er sie umdrehte, sahen sie, daß das Maultier nun einen Sack mit fünf Kanonenkugeln trug, der über seine Flanke hing.

»Das bedeutet also zehn Kugeln pro Maultier«, kommentierte Brett. »Immer laden sie den armen Biestern zuviel auf.«

Als nächstes wischte O'Neill mit einem angefeuchteten Finger die Kanonenkugeln weg und ersetzte sie durch ein Pulverfaß. Er deutete auf das derart ausgestattete Maultier und spreizte einmal die Finger der einen Hand.

»Er sagt, daß er fünf Ladungen Pulver und fünfundvierzig Ladungen Munition will – also vierhundertfünfzig Kugeln. Lassen Sie mich überlegen.«

Kapitän Brett war nicht unbedingt der schnellste Denker der Welt, aber er zeigte sich dem arithmetischen Problem durchaus gewachsen.

»Die Menge müßte ungefähr hinkommen«, sagte er schließlich. »Das Pulver hat er zwar ein bißchen knapp kalkuliert, aber wahrscheinlich ist es für ihn einfacher, an Pulver zu kommen als an Munition.«

»Das wären vier Tonnen Munition, und dazu noch das Pulver, Sir«, führte Hampton aus, der ebenfalls im Kopf mitgerechnet hatte. »Und das bedeutet, daß wir das Beiboot schicken müssen. Sein Boot ist ja nicht annähernd groß genug, um den ganzen Ramsch zu transportieren.«

»Sehr richtig«, sagte Brett.

Die beiden Offiziere sahen sich an und warfen O'Neill dann einen verlegenen Blick zu, fast als hätten sie Angst, er könne ihre Gedanken lesen, auch wenn er ihre Sprache nicht verstand.

»Es könnte eine Falle sein, Sir.«

»Sehr richtig, Mr. Hampton. Sie werden natürlich alle erforderlichen Vorsichtsmaßnahmen ergreifen. Lassen Sie den Vierpfünder im Beiboot montieren und mit Kartätschen laden. Wir nehmen sein Boot in Schlepptau, und wenn es dunkel ist, segeln wir landeinwärts. Sie legen hier ab –« Bretts dicker Zeigefinger deutete auf die Öffnung der kleinen Bucht. »Ich warte dort auf Sie.«

»Ja, Sir.«

»Rufen Sie den Kanonier und lassen Sie die Munition und das Pulver für den Spanier bereitmachen. Bieten Sie ihm auch ein paar Kartätschen und Schrapnelle an. Vielleicht kann er sie irgendwann mal brauchen.«

»Aye, aye, Sir.«

»Und, Mr. Hampton, denken Sie daran, daß *sein* Boot immer vor Ihnen sein muß. Falls sich herausstellen sollte, daß es eine Falle ist, schießen Sie sofort und bringen diesen Herrn zurück an Bord. Dann werden wir sehen, wie er sich an einer Rah macht.«

»Aye, aye, Sir.«

Wir können es uns sparen, Kapitän Brett und Mr. Hampton bei der komplizierten Aufgabe zu folgen, Carlos O'Neill in Taubstummensprache klarzumachen, daß er ihr Gefangener war, bis das Beiboot von der nächtlichen Landung in der kleinen Bucht zurückkam. Der aufgehende Mond beleuchtete die PARNASSUS, die wie der schimmernde, weiße Geist eines Schiffes in der Nähe der kleinen Bucht vor Anker lag. Kapitän Brett lehnte an der Reling des Quarterdecks und sah zum Land hinüber, aber im Grunde genommen war er von Carlos O'Neills Ehrlichkeit so überzeugt, daß er nicht im geringsten überrascht oder erleichtert war, als er das Platschen der Ruder im Wasser hörte und wußte, daß alles gutgegangen war. Wenig später kletterte Mr. Hampton an Bord, um Bericht zu erstatten.

»Ja, Mr. Hampton?«

»Es war genau so, wie er gesagt hat, Sir. Die Maultiere standen am Strand bereit. Ich habe gewartet, bis sie beladen waren und über einen schmalen Pfad die Klippen hinaufgeführt wurden.«

»Sehr gut, Mr. Hampton. Lassen Sie das Beiboot hochziehen.«

Fünf Tage später, als Kapitän Brett an Bord der PARNASSUS zurückkam, nachdem er sich in Ferrol neue Order hatte geben lassen, sah die Geschichte etwas anders aus.

»Übrigens, Mr. Hampton«, sagte er. »Erinnern Sie sich noch an diesen O'Neill, den wir vor dem Kap de las Peñas an Bord genommen haben? Falls wir ihn je wiedersehen sollten, sollen wir ihn sofort in Eisen legen und hierher bringen, damit er vor Gericht gestellt werden kann.«

»Weswegen?«

»Wegen Verrat, Meuterei und – ach, was soll ich lange reden. Seine Verbrechen nehmen einfach kein Ende. Berkely hat sich aufgeplustert wie ein Pfau, als ich auf das Empfehlungsschreiben mit seiner Unterschrift zu sprechen kam.«

»War das Schreiben etwa doch eine Fälschung, Sir?« wollte Mr. Hampton wissen.

»Nein, das nicht, aber es war ein Jahr alt. Das haben wir zwar gesehen, uns aber nichts weiter dabei gedacht. Leider. Denn seit Berkely es ihm gab – das heißt, kurz bevor er zu uns kam, um genau zu sein –, hat er die halbe spanische Armee zur Meuterei überredet und sie auf einen völlig anderen Kurs geführt als den, den Berkely befohlen hat. Die Junta spuckt Gift und Galle vor Wut.«

»Wozu brauchte der Bursche die Munition, Sir?«

»Für eine achtzehnpfündige Kanone, genau wie er gesagt hat. Wie es aussieht, ist das gute Stück das einzige Belagerungsgeschütz in ganz Galicien. Die Junta wollte es natürlich für sich haben, aber anscheinend war O'Neill anderer Meinung.«

»Ich finde, er machte durchaus den Eindruck eines Mannes, der weiß, was er will, Sir.«

Kapitän Brett antwortete nicht darauf und enthielt sich strikt jeder noch so versteckten Kritik an der Regierung der spanischen Verbündeten Seiner Majestät.

9

Während Hugh O'Neill auf die Rückkehr seines Bruders wartete, kam er sich allmählich vor wie ein Mann, der in einem Pulvermagazin saß, während um ihn herum das Gebäude in Flammen stand. Der idiotische Beschluß der Junta, die Munition, die El Bilbanito verlangt hatte, nicht zu schicken, verzögerte den Marsch nach Leon, und jede Verzögerung konnte gefährlich werden. Sicher, von den Franzosen drohte keine Gefahr; seit Wellington im Süden des Landes wieder auf dem Vormarsch war und die Franzosen all ihre Reserven mobilisieren mußten, um ihn in Schach zu halten, waren sie schon zufrieden, wenn sie wenigstens im Norden still und unauffällig in ihren Garnisonen sitzen konnten, ohne angegriffen zu werden. Jede verfügbare, marschbereite Einheit aus Leon war unterwegs in Richtung auf den Tejo, wie O'Neill sehr wohl wußte, und von daher brauchte er nicht zu befürchten, daß die Nachricht vom Zusammenschluß der Guerilleros in den Bergen zu den Franzosen durchsickern würde. Auch von der Junta drohte im Augenblick keine Gefahr. Die Junta saß zweihundert Meilen entfernt in Ferrol, und es würde noch eine Weile dauern, bis die Nachricht von der Desertion des ganzen Regiments Princesa sie erreichte. Und dann würde es noch mal eine ganze Weile dauern, bis die Junta genügend Soldaten aufbieten konnte – falls sie überhaupt welche übrig hatte –, um gegen ihn vorzugehen.

Nein, die eigentliche Gefahr lag viel näher, in seiner unmittelbaren Umgebung. Ein Regiment, das schon einmal gemeutert hatte, konnte dies jederzeit wieder tun, wie Hugh O'Neill sehr gut wußte. Er hatte die Soldaten mit dem Versprechen einer Invasion nach Leon dazu gebracht, ihr Treuebündnis zu brechen und sich ihm anzuschließen. Mit jedem Tag, der verging, ohne daß diese

Invasion näherrückte, wurden die Soldaten unruhiger. Nicht mehr lange, und sie würden die Tatsache, daß es keine Munition für die Kanone gab, seiner Nachlässigkeit zuschreiben. Und wenn der Pöbel erst einmal in Rage ist, läßt er sich durch Argumente und Entschuldigungen nicht mehr bremsen. Vor einem oder zwei Jahren, als er selbst noch bei der Armee diente, hatte O'Neill mit eigenen Augen gesehen, wie ein General von seinen meuternden Truppen an einem Baum aufgehängt und als Zielscheibe benutzt wurde. Ein ähnliches Schicksal stand auch ihm bevor, wenn er diese undisziplinierte Horde noch lange in Schach halten mußte.

Es war ein Segen, daß Carlos wenigstens sofort hatte aufbrechen können, um die benötigte Munition zu beschaffen. Er hatte die Packtiere des Princesa mitnehmen können, und glücklicherweise hatte er auch noch das Empfehlungsschreiben an die Engländer, das Oberst Berkely ihm vor fast einem Jahr gegeben hatte. Das Meer war nur dreißig Meilen entfernt, nur durch drei Bergketten von ihnen getrennt. Hugh O'Neill versuchte, so pessimistisch wie möglich zu bleiben, als er wieder einmal nachrechnete, wie lange es wohl noch dauern würde, bis Carlos zurückkam. Er setzte sich eine Frist von einer Woche, überlegte, was er tun konnte, um die Männer so lange bei der Stange zu halten, rief das Princesa zu einem Manöver zusammen und ließ die Soldaten exerzieren, bis sie dem Umfallen nahe waren. Er entsandte die Guerilleros aus seiner eigenen Gruppe und aus der des verstorbenen El Bilbanito auf Expeditionen kreuz und quer durch die Umgebung und gab ihnen den Auftrag, aus den ausgehungerten Dörfern noch mehr Nahrungsmittel herauszupressen. Immerhin hatte er fast zweitausend Mann zu verpflegen, und das in einem Distrikt, der schon seit Jahren immer wieder geplündert worden war. Er schickte Boten mit der dringenden Bitte zu El Platero, dem Silberschmied, zu Joaquin Alvarez, dem Stellvertreter von Mina, und zu Don Cesar Urquiola, noch etwas Geduld zu haben und am vereinbarten Treffpunkt auf ihn zu warten. Trotzdem war es eine große Erleichterung für ihn, als ein Junge auf einem Pony eine Nachricht von Carlos brachte. Carlos hatte die Munition bekommen, war bereits auf dem Rückweg und würde in Kürze wieder zu ihnen stoßen. O'Neill rief den Segen des Herrn auf die britische Kriegsmarine herab und gab seiner buntscheckigen Truppe den Befehl, sich marschbereit zu halten. Die Tiere wurden vor die Kanone gespannt, und wenig später brachen sie zum letzten Teil der beschwerlichen Reise durch die Berge auf.

Die Kanone, dieses große, schwerfällige Ding, hatte schon vieles bewirkt. Sie war der Grund dafür, daß sich hier, am Rand der Berge, die größte Konzentration irregulärer Truppen versammelt hatte, die es in diesem Krieg bisher gegeben hatte. Außer dem Regiment Princesa waren die Partisanengruppen von O'Neill und El Bilbanito da. Alvarez war mit seinen Navarresern da, die Mina aus ihren Jagdgründen in den Pyrenäen geschickt hatte. El Platero mit seinen Biskayanern und Urquiola mit seinen kastilianischen Reitern, die es bisher als einzige gewagt hatten, den Krieg in die Ebene zu tragen. Die Reiter unterschieden sich auf den ersten Blick von den Kämpfern aus den Bergen. Es waren große, schlanke, eindrucksvolle Männer, die ihre Kleider und ihre Bärte mit Würde trugen. Standarten flatterten von den Spitzen ihrer Lanzen, als sie im langsamen Trab heranritten, um den Zug zu begrüßen, der mit der Kanone aus den Bergen kam. Das Klirren ihrer Sporen und Steigbügel war ein Geräusch, das alle mit Stolz erfüllte. Und doch verneigten Urquiola, El Platero und Joaquin Alvarez sich voller Ehrerbietung vor O'Neill, der neben der Kanone ritt. Nicht die zweitausend Mann, die seinem Befehl unterstanden, waren der Grund für diese Hochachtung. Der Grund dafür war die Kanone. Die Länge ihres Rohrs, die gewaltigen Räder der Lafette, das wuchtige Bodenstück, all das war Beweis für die ungeheure Macht, die der Kanone innewohnte. Die Anführer der verschiedenen Partisanenbanden hatten einer wie der andere darunter gelitten, daß die kleinen Festungen in der Ebene ihnen derart unüberwindliche Hindernisse in den Weg stellten. Die Kanone würde diese Festungen nun endlich in Stücke hauen.

Am Abend, als die Streitkräfte sich alle versammelt hatten, gingen O'Neill und sein Bruder gemeinsam zu der Stelle, an der die Berge endgültig aufhörten. Nebeneinander schlenderten sie einen schmalen Pfad entlang, der über den Grat eines langgestreckten, grünbewachsenen Ausläufers der Berge verlief, der in die Ebene hineinragte. Hier, wo der Boden zu ihren Füßen steil abfiel, hatten sie einen weiten Blick über die Ebene mit ihren sich dahinschlängelnden Flüssen, ihren weit verstreuten Dörfern, ihren reichen Feldern und dem Netz der Straßen. Genau an dieser Stelle hatte El Bilbanito vor langer Zeit gestanden, genau wie sie auf die Ebene geblickt und sich ein Geschütz herbeigewünscht, mit dem er diese Ebene erobern konnte. Das wußten die beiden jungen Männer natürlich nicht, und selbst wenn sie es gewußt hätten, hätten sie es wahrscheinlich nicht als böses Omen betrachtet. Sie waren voller Zuversicht und lachten, als sie über ihre Pläne sprachen. Carlos O'Neill war inzwischen sogar über das peinliche Zwischenspiel auf der HMS PARNASSUS hinweggekommen und fand, es hätte sich gelohnt. Alles hatte sich gelohnt, angefangen bei der Seekrankheit, bis hin zu den kindischen Kritzeleien auf der Schiefertafel und dem hilflosen Gefuchtel mit den Händen, das seiner Meinung nach nur schwer mit der Würde eines spanischen Edelmanns zu vereinbaren war, in dessen Adern königliches Blut floß.

10

Major Jonquier war Holländer. Er war fett, klein, blond und hellhäutig und hatte leicht vorstehende blaue Augen. Er war kein großer Denker. So zum Beispiel wunderte er sich niemals über die merkwürdige Fügung des Schicksals, die Holland zu einem Teil Frankreichs gemacht und ihn selbst aus dem Land der Deiche und Windmühlen entführt hatte, um auf den sonnenbeschienenen Ebenen Spaniens das Kommando über zweihundert französische Rekruten zu übernehmen. Es kam ihm auch nicht merkwürdig vor, daß er den hochtrabenden Titel eines »Gouverneur von La Merced« führte und damit verbunden den Auftrag hatte, die spanische Bevölkerung im Joch eines Korsen zu halten, der als Kaiser der Franzosen bekannt war.

Er war ein Mann von eher phlegmatischem Temperament, aber er ärgerte sich, als er ausgerechnet beim Essen durch die Mitteilung gestört wurde, der Feind sei im Anmarsch. Mit einem Seufzer erhob er sich vom Tisch, knöpfte seinen Waffenrock zu, zog die lederne Halsbinde stramm und band sich das Säbelgehenk um den mächtigen Bauch. Er leerte sein Weinglas, nahm das Fernrohr von seinem Haken an der Wand, seufzte noch einmal und begab sich über eine steile Treppe in den ersten Stock. Als er die Leiter erklomm, die von dort zum Dach hinaufführte, keuchte er bereits vor Atemlosigkeit. Wenn sich herausstellen sollte, daß dem Beobachtungsposten nur die Phantasie durchgegangen war und er ihn für nichts und wieder nichts zur geheiligtsten Stunde des

Tages gestört hatte, beim Abendessen nämlich, konnte er sich auf was gefaßt machen. Eine ganze Woche *salle de police* war das wenigste, was er ihm dafür aufbrummen würde.

Nur bestrebt, die Sache schnell und ohne weitere Verzögerungen hinter sich zu bringen, hielt er sich auf dem Dach nicht lange auf, sondern ging geradenwegs zum Glockenturm, zog den Kopf ein, um ihn sich an der niedrigen Tür nicht anzustoßen, und kletterte schwerfällig die kurze Leiter zu der kleinen, quadratischen Plattform hinauf, wo die französische Flagge im sanften Abendwind schlaff an ihrem Fahnenmast flatterte. Außer dem Wachtposten war auch der Sergeant der Wache zugegen, und als Major Jonquier seine Leibesfülle durch die Bodenklappe gezwängt hatte, wurde es auf der Plattform ungemütlich eng.

Er hob sein Fernrohr vor die Augen und sah sich um. Der Sergeant deutete aufgeregt auf die Berge.

»Hm«, machte der Major. Und dann noch einmal: »Hm.«

Aus der Richtung der Berge kommend, über denen die Sonne in scharlachroter Pracht unterging, wand sich etwas über die Straße, das wie eine endlos lange Schlange aussah. Ihrer Größe nach zu urteilen mußte es sich tatsächlich um eine kleine Armee handeln, aber das Ganze war in eine so dichte Staubwolke gehüllt, daß man es nicht mit Sicherheit sagen konnte. Tatsache war jedoch, daß durch den Staub gelegentlich Waffen aufblinkten, und ein Stück vor dem Hauptteil des Zuges konnte der Major einen Teil der feindlichen Streitmacht deutlicher sehen. Es waren Reiter, die geschlossen über die Straße trabten, während rechts und links von ihnen kleinere Gruppen der Kavallerie die Feldwege abritten, die sich neben der Straße herwanden.

Kein Zweifel, was da näherkam waren feindliche Truppen, die sich in bester militärischer Manier durch eine Kavallerievorhut absicherten und unverkennbar einen Angriff auf die Festung planten. Der Major schwenkte sein Glas über die Linien und hielt plötzlich inne, als er die Kavallerie erneut streifte. Da flatterten doch Standarten von den Lanzenspitzen! Also mußte es sich um Urquiola mit seinen berittenen Räubern und Banditen handeln, die aus Kastilien gekommen waren. Sie hatten sich schon einmal bis La Merced vorgewagt, aber dieses Mal sah es so aus, als hätten die Guerilleros ihre Kräfte zusammengeschlossen, ein Ereignis, mit dem die Franzosen zwar oft gerechnet hatten, das bisher aber noch nie dagewesen war.

Einen Augenblick später erteilte Major Jonquier den ersten Befehl. Ein Bote mußte sofort mit der Nachricht von dem bevorstehenden Angriff nach Leon reiten, auch wenn Major Jonquier davon überzeugt war, daß er sich diese Meldung eigentlich sparen konnte. Er wußte ja, daß es in der ganzen Provinz keine Truppen gab, die man ihm zur Verstärkung schicken konnte. Das einzige, womit er rechnen konnte, war der monatliche Nachschub an Lebensmitteln für die Garnison, der immer von einer starken Eskorte begleitet wurde. Aber der war erst in drei Wochen wieder fällig. Trotzdem würden die Soldaten der Garnison – ein absolut unzuverlässiger, unerfahrener Haufen – sich wohler fühlen, wenn sie wußten, daß der Bote losgeritten war.

Wie auch immer, Major Jonquier machte sich jedenfalls keine Sorgen. Er wußte, daß er die Festung jederzeit drei Wochen lang gegen jeden Angriff undisziplinierter Partisanen verteidigen konnte, die selbstverständlich keine ausreichende Bewaffnung hatten. Er stieg die Leiter hinunter und machte sich der Ordnung halber an eine Inspektion der Verteidigungsanlagen.

La Merced war ursprünglich ein Kloster gewesen, ein großes, viereckiges Gebäude aus grauem Stein, das um einen zentralen Innenhof herum gebaut war. Seine Lage war ideal für die Verteidigung der Brücke, denn es lag auf einem sanft gerundeten Hügel in der Nähe des Flusses, gerade einmal hundert Meter von der Stelle entfernt, an der die Straße auf die Brücke stieß. Früher war der Klostergarten von einer hohen Steinmauer umschlossen gewesen, aber diese war abgerissen worden, weil sie einem möglichen Angreifer Schutz geboten hätte. An ihrer Stelle hatte man eine hohe Palisade aus Holz errichtet, deren Pfähle so dicht beisammenstanden, daß ein menschliches Wesen sich nicht zwischen ihnen hindurchzwängen konnte. An dieser Palisade mußte sich jeder feindliche Ansturm brechen, und da sie bequem innerhalb der Reichweite der Musketen lag, war sie ein entscheidender Faktor bei der Verteidigung der Festung. Das Gebäude selbst hatte wie viele spanische Klöster nur zum Innenhof hin Fenster. Die vier Außenwände waren völlig kahl, bis auf die Schießscharten, die die Franzosen in regelmäßigen Abständen durch die Mauern gebrochen hatten. Die Steine der ehemaligen Klostergartenmauern waren zum Gebäude geschafft worden, und man hatte aus ihnen an zwei gegenüberliegenden Ecken zwei kleine Bastionen errichtet, in denen je ein sechspfündiges Geschütz montiert war. Eines der beiden Geschütze sicherte die Brücke, das andere die Straße, und beide konnten so geschwenkt werden, daß sie je zwei Seiten des Gebäudes abdeckten. Selbst wenn es einem Angreifer also gelang, die Palisade zu stürmen, stand er erst am Fuß einer massiven Mauer, aus deren Schießscharten er mit Musketenfeuer eingedeckt werden konnte, während die Kanonen ihn mit Kartätschen überschütteten. Kein Wunder, daß Major Jonquiers innerliche Ruhe nicht gestört war, als er durch die Korridore ging, um sich zu vergewissern, daß alles seine Ordnung hatte.

Eine seiner beiden Kompanien hatte Dienst. Die Männer dieser Kompanie standen an den Schießscharten und beobachteten das Gelände. Die zweite Kompanie hätte die freie Zeit eigentlich dazu nutzen müssen, sich auszuruhen und zu erholen, aber statt dessen standen sie in kleinen Gruppen in den Gängen herum oder drängten sich ebenfalls um die Schießscharten und diskutierten die neuesten Ereignisse. Major Jonquier schüttelte den Kopf. Wie konnte man nur so unvernünftig sein. Aber schließlich waren sie alle nur unerfahrene Rekruten, keine Veteranen.

Nacheinander inspizierte Major Jonquier die beiden Bastionen. Zu jedem der Geschütze gehörten fünf Kanoniere. Nachdem Major Jonquier sich vergewissert hatte, daß die Kanonen mit Kartätschen geladen waren, watschelte er mit einem zufriedenen Grunzen in das eigentliche Klostergebäude zurück und warf einen schnellen Blick in den Hof. Seine sechs Kühe standen brav in ihren improvisierten hölzernen Ställen – Major Jonquier bestand nämlich auf Milch in seinem Kaffee und Butter auf seinem Brot – und der Keller, in dem die Vorräte gelagert waren, wurde von einem Posten bewacht. Dann gab der Major den Befehl, ausreichend Brandgranaten herzustellen – Bündel aus Lumpen, die in Öl getränkt und brennend über die Brustwehre geworfen wurden, so daß man im Falle eines nächtlichen Angriffs wenigstens sehen konnte, wo der Feind stand. Es wurde nämlich allmählich dunkel, und bis die gegnerische Armee das Kloster erreicht hatte, war es sicher völlig dunkel.

Nachdem all dies erledigt war, ging Major Jonquier in sein Zimmer zurück und schrie nach seinem Essen. Der Bursche, der es brachte, mußte ein absoluter Hohlkopf sein, denn er entblödete sich nicht, dem Major das Omelett aufzutischen, das schon vor dem Alarm servierfertig gewesen war. Inzwischen hatte es sich in einen Alptraum verwandelt, der, wie der Major dem Burschen fluchend mitteilte, die Farbe, die Form, die Konsistenz und die Zähigkeit einer alten Schuhsohle besaß. Und so jagte er den Mann zwecks Zubereitung eines neuen Omeletts in die Küche zurück.

Für eine solche Entgleisung gab es einfach keine Entschuldigung, dachte der Major, nicht einmal die, daß der Mann Spanier war und mit absoluter Sicherheit aufgehängt werden würde, sollte die Festung den Guerilleros in die Hände fallen. Aber sie würde nicht fallen, und abgesehen davon war ein Omelett allemal wichtiger als der Hals eines Spaniers. Trotzdem war auch das zweite Omelett nur geringfügig besser als das erste, und Major Jonquier stöhnte laut, bevor er es verzehrte. Der Mann mußte außer sich vor Angst sein. Gott sei Dank würde wenigstens der Rinderschmorbraten mit Paprika besser ausfallen – den hatte Major Jonquier nämlich mit eigener Hand zubereitet, bevor der Ärger mit den Guerilleros losging. Er aß den Braten mit gutem Appetit, quittierte die Nachricht, daß es keinen Weichkäse gab, um das Mahl abzuschließen, mit einem genervten Stirnrunzeln und begnügte sich notgedrungen mit einem Stück Hartkäse. Er leerte sein Weinglas und schrie nach seinem Kaffee und seinem Brandy. Dann streckte er die Beine weit von sich und versuchte, sich wie ein Mann zu fühlen, der gerade gut gegessen hat. Es war vergeblich. Eine Mahlzeit, bei der man mittendrin gestört wird, kann niemals wirklich gut sein. Außerdem war das Zimmer mit seinen kahlen, grauen Steinwänden viel zu spartanisch für seinen Geschmack, und dazu noch war es so infernalisch kalt, daß er trotz des mickrigen Feuers in dem winzigen Kohlenbecken den Mantel um seine Beine wickeln mußte. Die billigen Talgkerzen spendeten nur die Ahnung von Licht. Der Kaffee war kein richtiger Kaffee, sondern ein entsetzlicher Zichorienersatz, den zu trinken ihn die Kontinentalsperre zwang. Die Zigarre war schlicht und einfach widerlich. Major Jonquier dachte an sein heimatliches Holland, an weiße Kachelöfen und Öllampen und guten Kaffee und schwarze Zigarren mit einem Strohhalm in der Mitte. Das einzige, was einigermaßen vertretbar war, war der Brandy, und selbst da empfahl es sich nicht, nach den zwei Litern Wein mehr als drei Gläser zu trinken. Die Schrecken des Krieges waren ganz entschieden mit Unannehmlichkeiten verbunden.

Nicht einmal den Brandy konnte er in Ruhe trinken, weil dieser junge Dummkopf, Hauptmann Dupont, darauf bestand, ihm zu melden, daß die Guerilleros inzwischen in Hörweite waren. Der

Major brummte wie ein wütender Bär, kletterte noch einmal auf das Dach hinauf und spähte über die Brustwehr in die Dunkelheit hinaus. Kein Zweifel, dort draußen tat sich etwas. Der Major und der Hauptmann hörten Stimmen, Rufen und Lachen. Dazwischen wieherte ein Pferd. Dann drang ein neues Geräusch an ihre Ohren – das Scheppern von Spaten und Pickeln. Bei den Guerilleros wurde wie wild gegraben! Major Jonquier kam zu dem Schluß, daß die Arbeiten an dem Erdwall längs der Straße stattfanden, etwa eine Viertelmeile von der Festung entfernt. Er hatte keine Ahnung, was die Guerilleros ausgruben – wahrscheinlich warfen sie eine Barrikade quer über die Straße auf, als Verteidigung gegen einen eventuellen Ausfall der Kavallerie. Jedenfalls wußte er aus Erfahrung, daß diese Guerilleros aus den Bergen, von denen die meisten in den Tagen ehrlicher Arbeit Bergleute gewesen waren, beim geringsten Anlaß wie die Dachse zu graben anfingen, und was dabei herauskam, waren meistens riesige, nutzlose Befestigungen an den völlig falschen Stellen.

Er war versucht, sich in die Bastion zu begeben und einen Schuß oder auch zwei in die Richtung abfeuern zu lassen, aus der die Geräusche drangen, entschied sich jedoch dagegen, weil es zu dunkel für ein einigermaßen genaues Richten der Kanone war. Er schärfte Dupont noch einmal ein, dafür zu sorgen, daß die Wachtposten nicht einschliefen, damit sie auch ja hörten, wenn jemand versuchen sollte, im Schutz der Dunkelheit einen Teil der Palisaden umzuhauen. Dann wiederholte er seine Inspektionsrunde von vorhin und befahl den jungen Männern der dienstfreien Kompanie, gefälligst ins Bett zu gehen und zu schlafen. Die ganze Garnison hatte eine Stunde vor Morgendämmerung auf den Beinen zu sein, denn Major Jonquier war sicher, daß die Guerilleros es mit ihrer üblichen Taktik versuchen würden – einem wilden Ansturm auf die Festung im grauen Licht des frühen Morgens.

Sollten Sie ruhig kommen, wenn sie unbedingt wollten. Er wußte schon jetzt, wie die Sache ausgehen würde, hatte er doch oft genug gegen Guerilleros gekämpft. Viele der Männer würden an den Palisaden sterben. Ein paar besonders eifrige würden es vielleicht schaffen, ein paar der Pfähle umzuhauen. Ein paar andere würden mit schweren Sturmleitern die Böschung heraufklettern, aber sie würden nicht einmal bis zur Mauer kommen, sondern schon vorher abgeschossen werden. Schließlich würde das ganze Pack die Beine in die Hand nehmen und die Flucht ergreifen und wahrscheinlich erst wieder stehenbleiben, wenn die Sicherheit der Berge erreicht war. Das würde ihnen eine heilsame Lehre sein, und er würde wieder ein paar Wochen lang ungestört essen und schlafen können. So jedoch legte er sich völlig angezogen auf sein Bett – sogar den Säbel behielt er umgeschnallt – und gab seinem Burschen den strikten Befehl, ihn vor Anbruch der Morgendämmerung zu wecken.

Es war noch dunkel, als der Bursche ihn rief. Er sprang sofort aus dem Bett, zog den Mantel an, um sich vor der beißenden Kälte zu schützen, und trat in den dunklen Gang hinaus. Die Korridore hallten wider vom Geräusch schwerer Stiefel, als Scharen von Männern sich aufmachten, um ihre Posten an den Schießscharten einzunehmen. Alle zitterten vor Kälte. Jonquier wandte sich an den Sergeant, der neben ihm ging.

»Lassen Sie die Suppe aufwärmen und den Männern auf ihre Posten bringen«, befahl er.

Er kletterte hinauf auf das flache Dach, wo Dupont nervös auf und ab lief. Der junge Dummkopf war überhaupt nicht im Bett gewesen, wie man ihm deutlich ansah, und der Major wollte ihn gerade streng tadeln, als eine Serie neuer Geräusche von der Straße her seine Aufmerksamkeit auf sich zog. Man hörte das Knallen von Peitschen und das Klirren von Ketten, und in der Nähe des Erdwalls war ein flackernder Lichtschein zu sehen.

»Was zum Teufel –«, fing Jonquier an und versuchte vergeblich, in der Dunkelheit auszumachen, was dort drüben vor sich ging. Lichter tanzten hin und her. Eine rauhe Stimme schrie etwas.

Es herrschte hektisches Getriebe.

»Ach was, wir werden bald genug erfahren, was das zu bedeuten hat«, sagte Jonquier dann mit philosophischer Ruhe.

Im Osten färbte sich der Himmel bereits heller, und man konnte sehen, daß es ein nebliger Morgen werden würde.

»Sorgen Sie dafür, daß die Männer hier oben wach bleiben, Dupont«, sagte Major Jonquier. »Und denken Sie daran, daß keine Seite der Festung unbewacht bleiben darf, egal wie zahlreich die Burschen auch auf der anderen Seite angreifen mögen.«

Er kletterte die Leiter hinunter und erreichte den ersten Stock. Die Männer standen wachsam auf ihren Posten, und als Jonquier näher kam, hastete auch schon ein einfacher Soldat herbei, der einen scheppernden Eimer mit Suppe trug. Hinter ihm kam ein zweiter Mann mit einem Brotkorb.

»Guten Appetit«, sagte Major Jonquier zu einer Gruppe von Männern, die in seiner Nähe standen. »Aber paßt auf, daß ihr euch nicht vertut, wenn der Angriff kommt. Nicht daß ihr eure Musketen trinkt und die Suppe aus den Schießscharten feuert.«

Die Männer lachten. Sie mochten den dicken Jonquier mit seinem komischen französischen Akzent.

»Und zielt tief«, fuhr er ernster fort. »Zielt auf die Beine, damit ihnen die Lust am Tanzen vergeht.«

Dann watschelte er die Treppen ins Erdgeschoß hinunter. Die Männer, die hier eingeteilt waren, hatten ihr Frühstück schon hinter sich.

»Na, fühlt ihr euch besser, wo ihr etwas Warmes im Bauch habt, Männer?« erkundigte er sich. »Gut so. Wenigstens könnt ihr euch jetzt nicht mehr vertun, wenn –« Und er machte denselben Witz wie im ersten Stock und erntete dafür ebenfalls dankbares Gelächter.

»Und zielt tief«, fuhr er genau wie oben fort. »Zielt –«

Jonquier tat seine Pflicht. Er munterte die Soldaten auf und verabreichte ihnen die Pille der Ermahnung im Pudding jovialen Geplauders.

Dann trat er an eine der Schießscharten und sah hinaus. Inzwischen war es fast völlig hell geworden, und der Nebel löste sich so langsam auf. Wenn die Guerilleros wirklich angreifen wollten, vertrödelten sie ihre beste Chance. Die mächtigen Mauern der Festung waren doch jetzt schon deutlich zu erkennen. Merkwürdig, daß sie so lange zögerten. Er ging weiter in den großen, grauen, steinernen Raum, der früher das Refektorium gewesen war und der die ganze Längswand des Gebäudes einnahm. Von hier aus hatte man den Erdwall an der Straße genau im Blick.

»Na, Männer, fühlt ihr euch besser, wo ihr etwas Warmes im Bauch habt?« fragte er. »Gut so –«

Ein fürchterliches Getöse unterbrach ihn. Das ganze Gebäude bebte, die ganze Halle war plötzlich voller Staub und herumfliegender Steinsplitter. Jemand schrie. Etwas fiel klappernd auf den Steinboden und rollte auf Jonquier zu. Es war eine große Kanonenkugel – der erste, aber untrügerische Beweis dafür, daß La Merced dem Untergang geweiht war. Jonquier sah sie an, als sei das, was da auf ihn zugerollt kam, der personifizierte Tod – und das war es auch. Die zwei Fuß dicke Wand war glatt durchschlagen worden und hatte nun ein fast kreisrundes Loch von zwei Fuß Durchmesser genau zwischen zwei Schießscharten. Die Feldsteine, aus denen die Mauer erbaut war, waren in tausend Splitter zersprungen, die quer durch den ganzen Raum flogen. Ein Mann hatte ein blutiges, zerfetztes Handgelenk. Er schrie vor Schmerz, aber auch vor Schreck.

»Hör sofort damit auf«, fuhr Jonquier ihn an, nachdem er sich selbst vom ersten Schreck erholt hatte. »Geh runter und laß dir den Arm verbinden. Und ihr anderen geht sofort zurück auf eure Posten.«

Dann marschierte er mit perfekt geschauspielerter Ruhe zu dem Loch, das die Kanonenkugel in die Wand geschlagen hatte, und sah hinaus. Immer noch hing ein leichter Nebel über der Ebene, aber die durstige Sonne würde ihn in weniger als fünf Minuten restlos aufgesogen haben. Nur drüben am Erdwall schien der Nebel noch dichter zu sein. Nein, es war eine Rauchwolke, die sich langsam auflöste. Darunter sah Jonquier das dunkle Braun der frisch aufgeworfenen Erde, und fünf Sekunden später, als der Rauch sich völlig verzogen hatte, entdeckte er, daß die Guerilleros in der Nacht eine Art Schanze aufgeschüttet hatten. Und in einer Öffnung, die sie ausgespart hatten, sah er die Mündung einer großen Kanone. Im gleichen Augenblick verschwand sie in einer neuerlichen Wolke aus weißem Rauch, das Gebäude erbebte erneut unter einem ohrenbetäubenden Krach, und der Schuß traf die Wand etwa zwanzig Fuß von der Stelle entfernt, an der Jonquier stand. Die Erschütterung war so stark, daß sie ihn umwarf.

Die Männer in der großen Halle gerieten in Panik, aber schon war Jonquier wieder auf den Beinen und rief sie zur Ordnung.

»Zurück auf eure Posten, ihr Feiglinge!« donnerte er sie an. »Sergeant, der nächste, der auch nur mit der Wimper zuckt, wird sofort erschossen!«

Die Männer zögerten, aber Jonquier stand da wie ein Fels in der Brandung. Sie gehorchten seinem Befehl.

»Legt euch hinter den Schießscharten flach auf den Boden«, riet er ihnen dann. »Und wenn sie angreifen, springt ihr auf und schießt, was das Zeug hält. Bis dahin werden wir ihnen mit unseren eigenen Kanonen zusetzen. Wir lassen uns nicht beschießen, ohne zurückzuschlagen.«

Im ersten Stock traf er auf den jungen Leutnant Lecamus, der den Griff seines Säbels fest umklammert hielt und sich nervös auf die Unterlippe biß. Sie standen sich kaum gegenüber, da erschütterte der nächste Treffer das ganze Gebäude.

»Gehen Sie runter ins Refektorium und sorgen Sie dafür, daß die Männer auf ihren Posten bleiben«, befahl Jonquier. »Aber reißen Sie sich zuerst zusammen, Mann!«

Damit klopfte er sich nonchalant den Staub von seinem mächtigen Bauch und hastete kurzatmig zur Bastion. Die Kanoniere standen untätig neben ihrem Geschütz.

»Wieso in Dreiteufels Namen schießt ihr nicht zurück?« herrschte er sie an.

»Wir hatten keinen Befehl«, antwortete ein Sergeant.

»Befehl? Befehl? Wie kann man in so einer Situation nur auf einen Befehl warten? Sie sind für Ihren Posten nicht geeignet, Mann. Na los, schwenken Sie endlich um und decken Sie die Schanze da drüben mit Kanonenkugeln ein. Nein, Sie brauchen die Kartätschenladung nicht erst herauszuholen. Ballern Sie sie rüber. Das geht schneller.«

Die sechspfündige Kanone bellte ihre Herausforderung, aber ihr Ruf war weit weniger eindrucksvoll als das tiefkehlige Brüllen der großen Belagerungskanone, die die Guerilleros sich von Gott weiß woher beschafft hatten. Noch ehe sich der Rauch des Schusses verzogen hatte, wischten die Kanoniere schon das Rohr aus, rammten Treibladung und Kugel hinein, und der Sergeant beugte sich über das Bodenstück, um Ziel zu nehmen. Dann trat er zur Seite und zog am Abzug. Jonquier sah die Erde vom Rand der Schanze wegspritzen.

»Höher und weiter rechts«, sagte er. »Nachladen.«

Aber erst einmal feuerte die große Kanone an der Straße zurück, und dieses Mal traf der Schuß die solide Masse der Bastion sechs Fuß unter ihnen.

»Ha!« machte Jonquier. »Haben wir ihnen also gezeigt, daß es gescheiter ist, die Mauer da unten in Ruhe zu lassen.«

Der Sergeant gab den nächsten Schuß ab, bloß ging er soweit daneben, daß niemand sah, wo die Kugel einschlug.

»Nachladen«, sagte Jonquier. »Dieses Mal übernehme ich das Richten.«

Er hatte kaum ausgesprochen, da donnerte die große Kanone an der Straßenböschung auch schon ihre Antwort herüber. Die Kugel zischte dicht über ihren Köpfen durch die Luft.

»Verteufelt gute Kanoniere«, murmelte Jonquier anerkennend vor sich hin. »Und eine verteufelt gute Kanone.«

Er beugte sich über das Bodenstück und sah durch die Kimme des Stangenvisiers und die Kerbe am Mündungskopf. Hinter der Öffnung der Schanze mit der Mündung der Kanone waren mehrere Gestalten mit nackten Armen zu erkennen, die sich an dem großen Belagerungsgeschütz zu schaffen machten. Er zielte sorgfältig und gab dem Sergeant das Zeichen, den Abzug zu betätigen, während er selbst einen Schritt zur Seite trat, um das Resultat des Schusses zu beobachten. Dieses Mal spritzte die Erde der Schanze ganz in der Nähe der Schießscharte auf.

»Der nächste Schuß wird ein Volltreffer«, sagte Jonquier überzeugt. Die Kanone wurde ausgewischt, die Treibladung eingefüllt, und einer der Kanoniere war gerade dabei, die Kugel in die Mündung zu rammen, als die Antwort kam. Achtzehn Pfund massives Eisen, die mit einer Geschwindigkeit von dreihundert Metern in der Sekunde angeflogen kamen, trafen die kleine sechspfündige Kanone mitten ins Gesicht. Plötzlich war die Luft voller herumfliegender Metallsplitter. Das Rohr der Kanone barst bis zur Hälfte auf, einer ihrer Schildzapfen brach, und die Lafette bestand nur noch aus einem Haufen Bretter. Der Kanonier mit der Kugel in der Hand stürzte tot zu Boden. Ein Metallsplitter hatte seinen Hals durchbohrt.

Jonquier besah sich das Werk der Zerstörung. Er gehörte zu den Menschen, die eine Niederlage nicht verzweifelt, sondern nur wütend macht. Das Blut schoß ihm ins Gesicht. Er ballte die Hände zu Fäusten und stampfte mit den Füßen. Nur mit Mühe gelang es ihm, den Impuls zu unterdrücken, in ohnmächtigem Zorn die Fäuste zu schütteln. Statt dessen zwang er sich dazu, die aufgeregten Männer mit ruhiger und scheinbar gleichmütiger Stimme anzusprechen.

»Unsere Kanone wird in allen Ehren aus dem Dienst entlassen«, sagte er. »Nehmt eure Musketen und legt euch auf den Boden, Männer. Aber vergeudet eure Munition nicht sinnlos. Wenn die Burschen da drüben angreifen, laßt sie erst bis an die Mauer rankommen, bevor ihr schießt.«

Dann verließ er die Bastion und ging über das Dach zur zweiten. Die Festung unter seinen Füßen erzitterte erneut, als der nächste Schuß die Wand des Erdgeschosses traf. Die Spanier nahmen den Beschuß des Hauptgebäudes wieder auf. Gnadenlos und unermüdlich setzten sie ihren Versuch fort, eine Bresche in die Außenmauer zu schlagen.

Die zweite Kanone hatte aus einem sehr einleuchtenden Grund noch keinen einzigen Schuß abgegeben – die Festung selbst lag zwischen ihr und dem Belagerungsgeschütz, das sie bedrohte, und es gab nichts, worauf sie hätte schießen können. Einen Augenblick lang spielte Jonquier mit dem Gedanken, die Kanone auf das Dach zu hieven und sie auf der anderen Seite wieder herunterzulassen, damit sie den Platz der zerstörten Kanone einnehmen konnte. Aber er gab diesen Gedanken schnell wieder auf. Erstens ist es nicht so einfach, eine Kanone durch die Gegend zu bewegen, auch wenn es sich nur um einen kleinen Sechspfünder handelt; zudem war es gut möglich, daß die Bresche geschlagen und der Angriff gestartet wurde, bevor die Kanone einsatzbereit war. Abgesehen davon stand die Kanone hier an dieser Stelle, um die Brücke zu bewachen. La Merced existierte nur, weil es diese Brücke gab. Wenn er die Kanone nun abzog, konnten die Spanier den Fluß ungehindert passieren, und genau das durfte auf keinen Fall geschehen.

Noch während er dies dachte, sah er zum Fluß und zur Brücke hinüber und hielt den Atem an. Der Feind war bereits auf der anderen Seite des Flusses! Am anderen Ufer war eine kleine Gruppe von Männern zu sehen. Wahrscheinlich hatten sie den Fluß im Schutz der Nacht ein Stück weiter unten mit kleinen Booten überquert. Jetzt liefen mehrere der Männer auf die Brücke zu. Ein paar von ihnen winkten zu ihnen herüber. Jonquier wünschte sich, er hätte sein Fernrohr bei sich, um genauer sehen zu können, was dort drüben vor sich ging, aber auf die kurze Entfernung reichte auch das bloße Auge aus. Ein Mitglied der Gruppe, das war deutlich zu erkennen, schien nicht so recht zu wollen und wurde von den anderen mehr oder weniger mitgeschleift. Ein anderer Mann war vorgelaufen und beugte sich jetzt über das Geländer der Brücke, wie um etwas festzubinden. Dann wurde der widerstrebende Mann von mehreren Händen gepackt, hochgehoben und über das Geländer geworfen. Die Kanoniere, die neben Jonquier standen, atmeten plötzlich schwer. Der Sturz des widerstrebenden Mannes fand abrupt ein Ende. Plötzlich ging ein Ruck durch seinen Körper, der ihn so schüttelte, daß seine Arme und Beine eine Weile grotesk zappelten wie die Glieder einer Puppe. Dann pendelte er nur noch im Kreis um sich selbst und drehte der Festung erst den Rücken und dann das Gesicht zu. Sein kahler Schädel glänzte im Licht der aufgehenden Sonne. Erst jetzt erkannte Jonquier ihn. Es war Julio Coppola, der spanische Überläufer, den er gestern nacht nach Leon geschickt hatte, um die Meldung zu überbringen, daß La Merced angegriffen wurde. Jonquier zuckte die Schultern. Er hatte sowieso nicht damit gerechnet, Verstärkung zu bekommen, selbst wenn der Melder durchgekommen wäre. Trotzdem war es ärgerlich, daß die Spanier ihn in aller Öffentlichkeit aufgehängt hatten. Anderenfalls hätte er seinen Männern erzählen können, die Verstärkung müsse jeden Augenblick eintreffen, und sie hätten dem bevorstehenden Angriff mit mehr Zuversicht entgegen gesehen.

»Glotzt nicht so dumm!« fuhr er sie nun an. »Fegt diesen Abschaum gefälligst von der Brücke!«

Die Männer schienen wie aus einem bösen Traum zu erwachen und machten sich schuldbewußt an der Kanone zu schaffen. Die Episode auf der Brücke hatte nur wenige Sekunden gedauert, und die Spanier liefen bereits ans gegenüberliegende Ufer zurück, wie kleine Jungen, die man bei irgendeinem Unsinn ertappt hat. Als die Kanone endlich feuerbereit war, war es fast zu spät. Die Kartätschenladung pflügte über den hinteren Teil der Brücke, wühlte die Erde auf und riß Splitter aus dem hölzernen Geländer. Aber nur eine einzige Kugel fand ihr Ziel und erwischte einen der Männer am Bein. Er stürzte, blieb einen Augenblick liegen und kroch dann auf allen vieren zu seinen Kumpanen, die bereits im dichten Gebüsch am anderen Ufer untergetaucht waren.

»Nachladen!« bellte Jonquier. »Und sorgt mir gefälligst dafür, daß die Brücke von jetzt an frei bleibt.«

Damit marschierte er zurück über das Dach und hinunter ins Refektorium. Der Staub hing in dicken Schwaden in der Luft, aber durch die klaffenden Löcher in der Wand fiel jetzt soviel Licht, daß man den angerichteten Schaden deutlich sehen konnte. In der ganzen Wand taten sich breite Risse auf. Der Boden war von Steinen und Mörtel übersät. Noch während Jonquier sich umsah, kam die nächste Kanonenkugel. Sie jagte einen dicken Stein, der aus einem der Löcher vorragte, quer durch das ganze Zimmer, krachte selbst in einen Tisch, der unter dem Gewicht zusammenbrach, und durchschlug dann noch die innere Wand zur Küche. Die Männer drückten sich flach auf den Boden und regten sich nicht. Nur Leutnant Lecamus bildete eine Ausnahme. Er ging hoch aufgerichtet im Zimmer auf und ab und versuchte, mutig auszusehen.

»Kann ich die Männer nicht abziehen?« fragte er mit einem kläglichen Flüstern. »Im Keller wären sie wenigstens einigermaßen sicher, und wir könnten sie wieder hochholen, wenn der eigentliche Angriff kommt.«

»Wenn sie erst einmal im Keller sind, bekommen wir sie nie wieder hoch«, antwortete Jonquier. »Das wissen Sie doch genauso gut wie ich. Außerdem schadet es ihnen nichts, zur Abwechslung mal ein bißchen beschossen zu werden.« Am liebsten hätte er ein »Ihnen übrigens auch nicht« hinzugefügt, sparte sich die Bemerkung jedoch.

Das gnadenlose Hämmern ging weiter. Mit schöner Monotonie erschien alle paar Minuten ein neues Loch in der Wand. Die Spanier durchsiebten sie von einem Ende zum anderen, und sie mußten eine gute Kanone haben, und zuverlässiges Pulver, denn die Kugeln schlugen allesamt auf ungefähr gleicher Höhe ein – etwa drei Fuß über dem Boden. Und dann stürzte ein Teil der Wand ein, dem von unten jeder Halt weggeschossen worden war, und krachte halb ins Zimmer. Jonquier machte einen Satz nach vorn, fest davon überzeugt, daß der Anblick der einstürzenden Wand die Spanier endlich zum Angriff verlocken würde. Wenn dieser Angriff unter schweren Verlusten zurückgeschlagen wurde, würde den Spaniern die Lust an weiteren Mätzchen vergehen, und seine eigenen Männer könnten neuen Mut schöpfen. Aber der Angriff blieb aus. Durch die breite Bresche in der Wand konnte Jonquier keine Spur des Feindes entdecken. Ein sanfter Wind wehte eine langgezogene Rauchfahne von der Batterie des Feindes in seine Richtung, aber das war auch schon alles. Die Sonne beleuchtete ein menschenleeres Gelände, ohne auch nur die geringste Spur einer Truppe, die sich zum Angriff formierte. Der Feind zog es vor, in der Sicherheit des Erdwalls, der Wassergräben und der Straßenböschung zu bleiben.

»Wieviel Munition haben die Schweine denn noch?« murmelte Jonquier vor sich hin. »Wollen Sie denn das ganze Gebäude in Schutt und Asche legen, bevor sie endlich angreifen?«

Die Antwort auf diese Frage bestand in einem weiteren Schuß, der die Wand an ihrem äußersten Ende traf und ein weiteres, großes Stück herunterpoltern ließ. Und dann kam der nächste Schuß, und der nächste, und der nächste.

Dann endlich herrschte Stille. Jonquier hörte den hohen Ruf einer Trompete, der zweimal wiederholt wurde. Zwei Männer erschienen auf dem Erdwall und kamen langsam auf die Festung zu. Erst die Böschung des Walls hinunter, und dann den sanften Anstieg hinauf zur Palisade. Der eine hatte einen Stock in der Hand, an dem ein Stück weißes Tuch befestigt war. Der andere blies die Trompete.

»Das ganze Zeremoniell des Krieges«, spöttelte Jonquier innerlich. »Komplett mit Waffenstillstandsfahne und Trompete, wie es sich für die Begegnung von zwei Herren gehört.«

Er wollte gerade durch die Bresche in der Wand treten, um den beiden entgegenzugehen, als ihm einfiel, daß dies nicht sonderlich geschickt war. Er mußte ja nicht allzu augenscheinlich demonstrieren, wie praktisch diese Bresche war. Also drehte er sich um, ging durch die Küche, durch einen langen Korridor, verließ das Gebäude durch den Haupteingang, bog um die Ecke und marschierte zur Palisade, wo der Trompeter und der Mann mit der weißen Flagge warteten.

Der Trompeter war Baske, nach seiner runden Mütze zu urteilen. Ganz bestimmt einer dieser Schmuggler aus den Pyrenäen. Der andere Mann trug die zerfetzte blaue Uniform der ehemaligen Söldnerregimenter des ehemaligen spanischen Königs. Jonquier blieb fünf Meter von ihnen entfernt stehen und wartete. Der Offizier sagte etwas zu dem Trompeter, woraufhin dieser sich Jonquier zuwandte und in fürchterlichem Französisch sagte:

»Sie müssen sich ergeben.«

»Ich denke nicht daran«, antwortete Jonquier.

Der Trompeter und der Offizier berieten sich, dann wandte der Trompeter sich erneut an Jonquier.

»Wenn Sie sich ergeben«, sagte er, »garantieren wir Ihnen das Leben. Wenn Sie sich nicht ergeben, sterben Sie alle. So besagen es die Gesetze des Krieges.«

»Ich diskutiere nicht mit Straßenräubern über das Kriegsrecht«, sagte Jonquier. »Ich bin Offizier des Kaisers. Und wenn General Kellermann heute nachmittag mit seinen Dragonern eintrifft, werde ich zweifellos das Vergnügen haben, euch alle am Ende eines Seils baumeln zu sehen.«

Es war das einzige, was ihm einfiel, um die Belagerer zu einem vorschnellen Angriff zu verleiten. Dann drehte er sich um und marschierte ohne ein weiteres Wort zurück, wobei er sich Mühe gab, in den Augen seiner Männer, die die Begegnung von den Brustwehren und Schießscharten beobachteten, so würdevoll wie nur irgend möglich zu erscheinen. Er rückte seinen Säbel zurecht, streckte die Brust heraus und gab seinem Tschako einen kecken Schwung.

»Es ist Ihre letzte Chance«, rief der Trompeter ihm mit rauher Stimme nach, als er um die Ecke verschwand.

Jonquier tat, als hätte er ihn nicht gehört, und den beiden blieb nichts anderes übrig, als unverrichteter Dinge kehrtzumachen. Jonquier war stolz darauf, daß er sie stehengelassen hatte wie zwei dumme Jungen, denn selbst derartige Kleinigkeiten können für den Kampfgeist einer Truppe Wunder wirken.

Es ist schwer zu erklären, weshalb Jonquier angesichts des sicheren Todes so störrisch reagierte. Bestimmt nicht aus Selbstüberschätzung oder im Vertrauen darauf, daß seine Truppe den bevorstehenden Angriff abschlagen würde. Er hatte auch nicht die Hoffnung, Verstärkung zu bekommen, und die Sache, für die er kämpfte, lag ihm nicht sehr am Herzen. Möglicherweise hatte er nur einen Grund für sein Verhalten – die trotzige Halsstarrigkeit eines Mannes, der sich vor eine bestimmte Aufgabe gestellt sieht und um keinen Preis aufgeben will, nicht einmal, wenn es den sicheren Tod bedeutet. Oder vielleicht war es die Lust am Kämpfen, die ihn bewegte, oder ihr neuzeitliches Äquivalent, der Berufsstolz. Möglich wäre es, auch wenn es schwerfiel, diese Qualitäten mit dem kleinen, fetten Mann in Verbindung zu bringen, dessen blauer Waffenrock sich in vielen Querfalten über seinem Bauch spannte, auch wenn die roten Epauletten und die blitzenden Knöpfe ihm einen gewissen militärischen Pomp verliehen.

Leutnant Lecamus erwartete ihn im Refektorium, und die Männer waren gespannt auf das, was er zu sagen hatte.

»Ich denke, ihr legt euch besser wieder hin, Männer«, sagte er knapp. »Sie werden das Feuer bald wieder eröffnen.«

Als sie enttäuscht gehorcht hatten, fuhr er fort:

»Ihr werdet euch bald genug dafür rächen können, daß ihr beschossen worden seid. Jeder einzelne von euch kann sechs von ihnen töten, wenn sie die Böschung stürmen. Aber es reicht schon, wenn jeder von euch nur einen oder zwei erledigt, damit sie die Beine in die Hand nehmen.«

Seine Worte wurden vom Bellen der großen Belagerungskanone untermalt, aber der Schuß schlug nicht in die Festung ein.

Seltsam, daß sie auf einmal daneben treffen, dachter Jonquier. Dann kam das nächste Donnern der Kanone, und auch dieses Mal blieb der Einschlag aus. Wirklich seltsam, dachte er noch einmal und stieg aufs Dach, wo Hauptmann Dupont mit seiner Kompanie hinter den Brustwehren lag. Und hier fand er die Erklärung. Der Feind beschoß die Palisaden mit Kartätschen, und sie machten ihre Sache ausgezeichnet. Jonquier sah mit eigenen Augen, wie eine Ladung etwa sechs Fuß vor der Palisade in den Boden einschlug, ihn aufwühlte, weiterraste und fast ein ganzes Dutzend der dicken Pfähle abrasierte. Nach fünf Kartätschenladungen war die Lücke in der Palisade so groß, daß fünfzig Mann auf einmal hindurchstürmen konnten.

Aber nicht einmal dadurch ließ Jonquier sich erschüttern. Vom Dach, der Bastion, den Schießscharten und der Bresche, die die Guerilleros in die Mauer geschossen hatten, konnte er hundert Musketen gegen die Angreifer richten, wenn sie die Böschung hinaufstürmten. Solange seine Männer nur einigermaßen gezielt in den Feind hineinschossen, konnte er nicht durchbrechen. Dann hatte Jonquier eine Idee. Er schickte Hauptmann Duponts Trommler hinunter in den Keller, wo die Dienstboten – alles Spanier, die zu den Franzosen übergelaufen waren – sich ängstlich zusammendrängten. Sie sollten alle verfügbaren Ersatzmusketen und die ganze restliche Munition aufs Dach bringen. Auf diese Weise konnten die Männer hier oben nacheinander mit zwei Musketen schießen, und die Dienstboten konnten beim Nachladen helfen.

Jonquier bebte vor Ungeduld, denn er fürchtete, daß der Angriff kommen würde, bevor seine neue Anweisung ausgeführt war, aber er machte sich umsonst Sorgen. Erst einmal eröffnete die Kanone auf dem Erdwall erneut das Feuer und nahm den pausenlosen, monotonen Beschuß der Mauer wieder auf.

Jonquier überließ es Dupont, die zitternden Zivilisten in den Griff zu bekommen, und ging wieder hinunter zur Bresche. In der Zwischenzeit war die ganze Seitenwand weggepustet worden und bestand nur noch aus einem Haufen Steinen, die sich an ihrer Stelle türmten. Die Sonne fiel in das langgestreckte Zimmer und beleuchtete das Chaos aus zersplitterten Möbelstücken, herumliegenden Toten und Bergen von Steinen und Mörtel.

Das Feuer konzentrierte sich jetzt auf die Ecke des Gebäudes. Hier waren die Wände dreimal so dick wie sonst und bildeten einen massiven Pfeiler, auf dem das ganze Gewicht der darüberliegenden Bauten ruhte. Bei jedem Einschlag zitterte das ganze Gebäude, und sie hörten, wie sich draußen kleinere Steinlawinen lösten und herunterpolterten. Jonquier fragte sich ingrimmig, was passieren würde, wenn dieser Pfeiler nachgab, und schickte einen haßerfüllten Blick hinüber zu der Kanone, die gnadenlos alle vier Minuten eine weitere Kugel ausspuckte. Wenn das so weiterging, stand ihnen allen der Tod oder die Gefangenschaft bevor. Und doch gab es nichts, womit er die Kanone zum Schweigen bringen konnte. Einen Augenblick lang spielte er mit dem Gedanken, einen Ausfall zu wagen. Er konnte den größten Teil der Garnison zusammentrommeln und versuchen, die Kanone zu nehmen oder zumindest zu beschädigen. Aber im gleichen Augenblick verwarf er den Plan als hoffnungslos. Der Versuch konnte nicht gelingen. Zweihundert Mann konnten nicht über vierhundert Meter freies, offenes Gelände gegen einen zweitausend Mann starken Gegner vorgehen. Ein solcher Ausfall würde das Ende nur beschleunigen. Nein, er konnte nur eines tun. An Ort und Stelle ausharren und kämpfen bis zum letzten – ein Entschluß, der voll und ganz seinem Temperament entsprach. Sein Gesicht nahm einen trotzigherausfordernden Ausdruck an.

Er mußte nicht lange warten. Ein letzter Schuß aus der Kanone riß ein so großes Stück des Stützpfeilers weg, daß er polternd in sich zusammenstürzte. Plötzlich war das ganze Gebäude erfüllt vom Knarren berstender Balken. Steine und Mörtel regneten auf die Soldaten hinab, als die Ecke des Gebäudes langsam absackte. Der Staub hüllte die Festung ein wie ein Schleier, und einen Augenblick lang sah es so aus, als würde das ganze Gebilde wie ein Kartenhaus in sich zusammenfallen. Die Männer an den Schießscharten im ersten Stock und auf dem Dach stürzten in die Tiefe, als der Boden unter ihren Füßen sich aufbäumte. Dann knickte der Glockenturm weg, der über dieser Ecke des Gebäudes aufragte. Mit einem fürchterlichen Geräusch, bei dem es einem kalt den Rücken herunterlief, durchbrach er das Dach und warf den Beobachtungsposten ab, der auf ihm stationiert war. Der Mann flog im hohen Bogen durch die Luft und schlug hundert Fuß tiefer auf der Erde auf.

Jonquier, den ein Steinsplitter an der Stirn getroffen hatte, wischte sich das Blut ab und blinzelte durch den Staub.

»An die Waffen, Männer!« schrie er im gleichen Augenblick. »Sie kommen!«

Die Spanier hatten die Deckung des Erdwalls, der Wassergräben und der Straßenböschung verlassen und stürmten auf die Festung zu. Ihr wildes Kampfgeschrei drang als schrilles Quietschen an Jonquiers Ohren – die Wut und die Aufregung hatten seinen Blutdruck derart in die Höhe getrieben, daß sein Gehör ihm Streiche spielte. Auch seine eigene Stentorstimme und das Krachen der Musketen kamen ihm nicht lauter vor als das Geschrei spielender Kinder.

»Schießt erst, wenn ihr ihre Knöpfe erkennen könnt!« schrie er. »Zielt tief!«

Aber die Hälfte seiner Männer war so benommen und verwirrt, daß sie gar nicht mehr schießen konnten. Andere schossen wie wild los, bevor der Feind in Reichweite war. Dichtgedrängt erreichten die Angreifer die Palisade und stürmten durch die Lücke. Ein oder zwei von ihnen wurden von den Kugeln der Franzosen getroffen, aber die anderen stürmten ungehindert weiter auf die Bresche in der Wand zu.

»Mir nach!« schrie Jonquier.

Das Blut brannte in seinen Adern, als er in die Bresche sprang. Irgendwann hatte er sein Tschako verloren, und sein schütteres, blondes Haar glänzte hell im Sonnenlicht. Den Säbel in der hocherhobenen Hand, stürmte er dem Feind entgegen, aber niemand folgte ihm. Er streckte einen Spanier nieder und merkte plötzlich, daß er auf allen Seiten von Feinden umgeben war. In meterdicken Reihen strömten die Spanier an ihm vorbei zur Bresche. Ein paar von ihnen drängten sich um ihn, und er schlug ohnmächtig mit dem Säbel auf sie ein. Er gab eine seltsame, nicht sehr vorteilhafte Figur ab, wie er dick und fett zwischen den Steinen herumsprang und mit dem Säbel fuchtelte. Die Klinge ratschte klirrend über den Lauf einer Muskete. Und dann ging ihm auf, daß irgend jemand auf ihn einschrie, immer wieder dasselbe, immer wieder dasselbe. Die Spanier riefen ihm zu, er solle sich ergeben!

»Niemals!« schrie er zurück und schwang den Säbel ein letztes Mal.

Zehn Meter von ihm entfernt ließ ein Spanier sich auf ein Knie nieder und zielte. Ein Schuß krachte. Jonquier kippte um und schlug der Länge nach hin. Seine Beine zuckten nur noch einen winzigen Augenblick.

Die Bresche wurde gestürmt und La Merced eingenommen. Die Spanier tobten durch die Korridore, die Hallen und die Kapelle. Sie waren so gnadenlos, wie es nur Männer sein können, die eine Festung im Sturm erobert haben, so gnadenlos, wie man es nur von Männern erwarten kann, die unzählige Niederlagen zu rächen haben, die Genugtuung für ungezählte, beschämende Momente der Unterdrückung fordern. Gelegentlich stießen sie auf Gruppen von Soldaten, die zu kämpfen versuchten. Andere hätten sich gern ergeben. Aber weder das eine noch das andere gelang. Die unglückseligen französischen Bürschchen starben unter den Bajonetten oder wurden aus solcher Nähe abgeknallt, daß das Mündungsfeuer ihnen die Kleider versengte. Sie wurden in den Kellern aufgestöbert und gejagt wie die Ratten. Sie wurden getötet, als sie sich schutzsuchend um den Altar der Kapelle drängten. Sie wurden vom Dach geworfen und endgültig hingemacht, wenn sie mit zerschmetterten Gliedmaßen am Fuß der Mauer zuckten wie Fische auf dem Trockenen.

11

Und so wurde La Merced genommen und der Übergang über den Orbigo erkämpft. Die Beute war großartig! Die Keller waren voll von Nahrungsmitteln, genug, um die ausgehungerten Spanier eine ganze Woche zu verpflegen. Da waren Truhen voller Silbermünzen, Tributzahlungen, die man den unglücklichen Bewohnern Leons abgepreßt hatte. Es gab Kleider für die Nackten und Waffen für die Waffenlosen. Es gab ein sechspfündiges Feldgeschütz, mit dem die Artillerie der Belagerer vergrößert werden konnte, und es gab Vorräte an Pulver, die den Partisanen hochwillkommen waren. Und unter den Ruinen von La Merced, ganz leicht zu finden, lagen die Kanonenkugeln, mit denen sie die Festung beschossen hatten. Einige davon waren zerborsten und nicht mehr zu gebrauchen, aber etwa die Hälfte war noch rund genug, um noch einmal verwendet werden zu können. Neunzig Kugeln hatten ausgereicht, um die Mauern von La Merced in einen Haufen Steine zu verwandeln, und immer noch waren vierhundert übrig, die man wieder auf die Packtiere laden konnte.

Und dann war da der Wein, große Fässer mit der Ernte des letzten Jahres, ein Fest für die Männer, die viele Monate lang ein Leben voller Entbehrungen geführt hatten. Nicht lange, und in jeder Ecke und in jedem Winkel von La Merced fanden sich krakeelende, aufgekratzte Männer, die sich betranken, sich stritten und schlugen, einschliefen und aufwachten und sich weiter betranken. Die angeborene Genügsamkeit des Spaniers, vor allem des spanischen Bauern, geriet im Rausch des Sieges in Vergessenheit. Um Mitternacht waren Dreiviertel der siegreichen Armee sturzbetrunken. Die winzigste Abteilung französischer Soldaten hätte in diesem Augenblick ausgereicht, um einen glorreichen Sieg über sie zu erringen, aber es gab keine Franzosen in der Nähe. Nur eine Handvoll Spanier behielten in all dem Trubel ihre fünf Sinne zusammen. Es waren vor allem diejenigen, die als erste an den Schatztruhen gewesen waren. Ihnen war der Schlachtruf der irregulären Truppen von Beginn des Krieges anscheinend noch frisch im Gedächtnis: »Viva Fernando y vamos robando« – »Lang lebe König Ferdinand und reiche Beute im ganzen Land« – denn im Verlauf der Nacht schlichen sich mehrere kleine Grüppchen aus der Festung, beladen mit schweren Brotbeuteln, die das musikalische Klingeln silberner Münzen von sich gegeben hätten, wären sie nicht so sorgfältig gepackt gewesen. So machte die zersetzende Wirkung des Sieges auf undisziplinierte Truppen sich schon sehr früh bemerkbar.

Als der Morgen kam und die Sonne aufging, stand nur noch die wichtigste Einheit der Guerilleros auf ihrem Posten – die Kanone. Sie stand hinter ihrer Schanze und sah unbewegt über ihren schützenden Erdwall hinweg. Die schweren Holzbalken, die man unter ihre Räder gelegt hatte, waren unter der Wucht des Rückpralls der neunzig Schüsse zersplittert und zerborsten. Neben ihr häuften sich die Kugeln in teils abgeräumten Pyramiden, lagen offene Pulverfässer und eine Menge Beiwerk, die die Bedienungsmannschaften einfach liegengelassen hatten, weil sie es nicht abwarten konnten, sich auch an der Plünderung der Festung zu beteiligen. Nicht einmal die Kommandanten der irregulären Armee waren da. Sie hielten sich in einer Bauernkate auf, etwa eine Meile von der Festung entfernt.

Der Schuß, den Major Jonquier persönlich abgefeuert und der so dicht an der Mündung der Kanone in den Erdwall eingeschlagen hatte, hatte den Tod mit sich gebracht. Hugh O'Neill, der in der Redoute stand und den Beschuß der Festung leitete, hatte eine Ladung Sand und Steine, die mit unglaublicher Geschwindigkeit wegspritzten, voll ins Gesicht bekommen. Man hatte ihn bewußtlos wegtragen müssen, und da sein Gesicht sofort blutüberströmt gewesen war, hatte Carlos O'Neill nicht gewußt, wie schwer die Verletzungen seines Bruders waren. Denn er hatte natürlich bleiben müssen, um den Beschuß der Festung fortzusetzen, das Gespräch mit dem französischen Kommandanten zu führen und seine blutrünstigen Horden auf die Festung loszulassen, als der Eckpfeiler schließlich brach. So erfuhr er erst am Nachmittag, als er sein großes Pferd bestieg und zu der Bauernhütte ritt, um nach Hugh zu sehen und ihn mit der Neuigkeit des Sieges aufzumuntern, wie schwer Hugh verwundet worden war.

Hugh war nicht in der Stimmung, sich von Neuigkeiten aufmuntern zu lassen, egal welcher Art sie sein mochten. Er hatte zwar das Bewußtsein wiedererlangt, aber das einzige, was für ihn zählte, war der Schmerz in seinem Gesicht und in seinen Augen. Diese Augen waren blinde Pfützen der Qual, unrettbar zerstört durch den Sand, der sie mit solch unglaublicher Wucht getroffen hatte. Es gab keine Medizin und keine Möglichkeit, Hughs Wunden zu behandeln. Die Männer, die bei ihm waren, konnten sein zerfetztes Gesicht nur mit Wasser kühlen und seine Hände mit Gewalt festhalten, wenn er in seinem Wahn versuchte, den angerichteten Schaden noch schlimmer zu machen. Dabei schrie und stöhnte er vor Schmerzen und formte mit der Zunge und durch die Wangen, die die Steine wie ein Sieb durchlöchert hatten, fürchterliche, formlose, unverständliche Laute. Durch die aufgerissenen Lippen und die Löcher in den Wangen konnte man die abgebrochenen Zahnstümpfe sehen.

Bestimmt hätte Hugh sie angefleht, ihn zu töten und seinen Qualen ein Ende zu machen, dachte Carlos, wenn er nur in der Lage gewesen wäre, die Worte zu artikulieren, und mehr als einmal war er versucht, die Pistole in seinem Gürtel zu ziehen und seine brüderliche Pflicht zu tun. Aber er brachte es nicht über sich. Er konnte nur neben Hugh sitzen und dem entsetzlichen Stöhnen zuhören, bis der Schmerz selbst die Erleichterung brachte und Hugh wieder das Bewußtsein verlor. Vielleicht bewahrten zu guter Letzt Wundbrand und Blutvergiftung ihn vor dem Schicksal, blind und mit einem Gesicht weiterleben zu müssen, das niemand ansehen konnte, ohne sich schaudernd abzuwenden. Ein blinder Offizier, der bis ans Ende seiner Tage auf Almosen angewiesen sein würde.

Aber die Kanone rief nach Carlos und verlangte alles, was er geben konnte. Der nächste Angriff mußte schnell und mit aller Härte erfolgen, jetzt, wo der Weg bereitet war. Sie durften keine Zeit verlieren. Die Herrschaft der Franzosen über die Ebene mußte zerschlagen werden, bevor sie ihre Kräfte zusammenziehen und den Angriff abwehren konnten. Carlos war nie etwas anderes gewesen als Soldat. Er hatte seine Kindheit in den Kasernen und seine Jugend in den Reihen der Mannschaften und Unteroffiziere verbracht. Sein Vater, sein Großvater und sein Urgroßvater waren Soldaten gewesen. Die Tradition der Familie und der Stolz eines Mannes, der von Kindesbeinen an ein Soldatenleben geführt hatte, verboten es ihm, an ein Aufgeben auch nur zu denken. Die Möglichkeit kam ihm nicht einmal in den Sinn. Sein Bruder mochte an Krankheit oder Hunger sterben, er selbst mußte weiterziehen. Die Regierung, der er diente, war für ihre Unfähigkeit und ihre Undankbarkeit bekannt, aber das spielte für einen Soldaten keine Rolle. Carlos wußte nichts, oder so gut wie nichts, über die Bauern, die er befreien wollte – die klösterliche Abgeschiedenheit einer Kaserne bot einem Soldaten nun einmal nicht oft die Gelegenheit, die Menschen kennenzulernen, die das Geld für seinen Unterhalt und seine Kleidung aufbrachten –, aber auch das spielte keine Rolle. Es war genauso unerheblich wie die Tatsache, daß er nichts über die Männer wußte, die er töten würde. Seine Aufgabe bestand einzig und allein darin, weiterzukämpfen. Natürlich war er froh, daß das Kriegsglück ihm sein derzeitiges, wichtiges Kommando eingetragen hatte und nicht nur ein anonymes Dasein als ein Hauptmann der Artillerie unter vielen, so wie er früher froh gewesen war, daß das Schicksal ihm die ehrenhafte Beschäftigung eines Menschentöters zugewiesen hatte, statt ihn auf die niedrigen Ränge der Bauern, Krämer oder Ärzte zu verweisen. Aber auch das hatte keinen Einfluß darauf, daß er seine Pflicht erfüllen mußte. Vererbung und Umwelt hatten ihn schlicht und einfach unfähig gemacht, etwas anderes auch nur in Erwägung zu ziehen. Er mußte genauso weiterkämpfen, wie ein Fluß bergab fließen muß.

Und so wurden die Soldaten und die Partisanen, die in und um La Merced ihren Rausch ausschliefen, am nächsten Morgen mit harten Worten aus dem Schlaf gescheucht. Die Worte ihres Kommandanten trafen die Männer wie Peitschenschläge, jagten sie kreuz und quer durcheinander, bis eine Art Marschordnung hergestellt war, hetzten die Fuhrleute zu den Zugtieren, die in aller Hast vor die Kanone gespannt wurden, und die Treiber zu den Packtieren, die in aller Hast mit Kanonenkugeln und Pulverfässern beladen wurden. Die Kolonne formierte sich. Vorneweg ritten die kastilianischen Ulanen. Dahinter folgte die Infanterie wie eine Herde blökender Schafe. Dann endlich waren sie auf der anderen Seite des Flusss und ergossen sich lachend, redend und singend in die reiche Ebene, während O'Neill auf seinem riesigen Pferd mitten unter ihnen ritt. Seine Augen waren trocken, und sein Mund blieb stumm, aber er sah oft zurück zu der Hütte, in der sein Bruder mit ein paar Leichtverletzten lag und auf den Tod wartete. Dann kam die Kanone. Klappernd und polternd rumpelte sie über die steinige Straße, gezogen von einem Gespann, das fünfzig Meter lang war, und neben ihr gingen die Kanoniere, und hinter ihr trotteten die fünfzig Packtiere des Munitionstrains mit den Netzen voller Kanonenkugeln oder Pulverfässern, die ihnen die sowieso schon wunden Rücken noch mehr aufscheuerten.

Es war ein typischer spanischer Frühlingstag. Der Winter lag endgültig hinter ihnen. Der Himmel leuchtete in einem grellen Blau, nirgends war auch nur eine Wolke zu sehen, und die Sonne, die auf die Ebene herabstrahlte, enthielt bereits mehr als nur ein Versprechen ihrer hochsommerlichen Tyrannei. Soweit das Auge reichte, erstreckte sich die Ebene nach allen Seiten hin in sanften Wellen, grün und angenehm anzusehen mit den ersten Spitzen des jungen Korns, nur gelegentlich durchbrochen von kleinen Dörfern aus graubraunen Ziegeln.

Die Invasion ergoß sich über die Ebene und in die Dörfer wie eine Flutwelle. Urquiola und seine Ulanen schreckten die Dörfer mit klappernden Hufen und klirrendem Geschirr auf. Hochmütig stellten sie ihre Forderungen. Wer von ihnen hatte sich der französischen Herrschaft allzu bereitwillig gebeugt? Die Dörfler deuteten auf den einen oder anderen, dessen Schicksal besiegelt war. Wie viele Karren und wie viele Zugtiere gab es? Jedes Dorf mußte seiner Größe entsprechend Nahrungsmittel stellen. Zwanzig Brote pro Haus, ein Schaf auf je drei Häuser, unverzüglich mit den Karren abzuliefern. Geld? Altarsilber? Pulver und Munition? Alles wurde eingesammelt. Junge Männer in wehrfähigem Alter? Hatten sofort anzutreten. Die Befreiung der Ebene machte zufriedenstellende Fortschritte.

Am nächsten Fluß gab es eine feindliche Stellung mit einer halben Kompanie, nur hundert Mann. Sie hatten keine Festung, die die Brücke bewachte, sondern nur eine Art von Schützengraben längs der Straße, in den die Garnison sich zurückziehen konnte, wenn der Feind nahte. Ansonsten waren die Männer in Quartieren im Dorf untergebracht. Gestern hatte die Garnison sich in diesen Schützengraben geflüchtet, als sie den Lärm hörten, der mit der Bombardierung von La Merced einherging, gleichmäßig wie das Ticken einer Uhr, die das Ende der französischen Herrschaft über die Provinz Leon ankündigte.

Sie besaßen keine Artillerie und kaum Lebensmittelvorräte, und sie wußten, daß der Melder, den sie nach Leon geschickt hatten, keine Hilfe bringen würde. Sie hatten die ganze Nacht im Schützengraben gesessen und gefroren, und als sie die dreitausend Mann auf sich zuströmen sahen, verloren sie vollends den Mut. Jonquier war lieber gestorben als sich zu ergeben. Der ältliche Leutnant, der hier das Kommando führte, zog es vor, sich zu ergeben statt zu sterben. Er konnte sich denken, was mit La Merced geschehen war, und als er sah, wie die große Kanone vorgezogen und alle Vorbereitungen getroffen wurden, seinen lächerlichen Schutzwall dem Erdboden gleichzumachen, ließ er zum Zeichen der Kapitulation eines seiner weißen Hemden an einer Stange hissen. Seine Lage war nicht einmal so schlecht, denn er hielt einen Trumpf in den Händen: die Brücke hinter seinem Rükken war aus Holz, und er würde sie abbrennen, wenn ihnen nicht das Leben garantiert wurde.

O'Neill ritt auf seinem großen, grauen Pferd zur Schanze der Franzosen, während sein Dolmetscher sich an seinem Steigbügel festhielt und neben ihm herlief, und gewährte ohne weiteres Palaver die Erfüllung der Forderung, die ihm gestellt wurde, denn die Zeit war knapp. Einen Augenblick später marschierten die französischen Soldaten aus ihren Stellungen und kamen sich ein bißchen lächerlich vor, als sie ihre Waffen niederlegten und von den Spaniern umzingelt wurden. O'Neill hatte ihnen das Leben garantiert, sonst nichts. Und das Leben war so ziemlich alles, was sie behalten durften. Alles andere nahm man ihnen weg. Die Kleider, die unbezahlbaren Schuhe, die Brotbeutel und die Börsen. Und schließlich wurden sie barfuß und halbnackt einem Sergeant übergeben, der sie nach hinten bringen sollte.

Die Zukunft, die ihnen bevorstand, sollte weitaus unangenehmer werden, als der ältliche Leutnant es je erwartet hatte. Der nächste Ort, an dem die Spanier Gefangene unterbringen konnten, war Ferrol, und Ferrol lag zweihundert Meilen weit entfernt, auf der anderen Seite der kantabrischen Berge. Französische Gefangene, vor allem, wenn sie halbnackt, barfuß und Männern ausgeliefert waren, die nicht das geringste Interesse daran hatten, sie am Leben zu halten, hatten keine große Überlebenschance auf einem zweihundert Meilen weiten Marsch durch die Berge und durch eine feindliche Bevölkerung. Aber schließlich waren sie selbst schuld. Wie hatten sie nur so dumm sein können, je etwas anderes zu erwarten.

Und schon drängte die Kolonne weiter über die hölzerne Brücke. Die Männer aus Asturien und Galicien und die Navarreser, die Mina geschickt hatte, waren ausdauernde Marschierer. Die regulären Soldaten – was immer diese Bezeichnung auch wert sein mochte – des Regiments Princesa hatten ihre liebe Not, mit ihnen Schritt zu halten. Die Sonne überstieg ihren Höhepunkt und senkte sich hinter ihnen allmählich nach Westen, und immer noch marschierten sie sanfte, langgezogene Wellenrücken hinunter und den nächsten wieder hinauf. Jede niedrige Kuppe, die sie erreichten, zeigte ihnen nur die gleiche, endlose Landschaft, in der die Dörfer eine zwar willkommene, aber nur kurzfristige Abwechslung boten. Und immer noch stapften sie über die schmale Straße, die einmal sandig, einmal steinig war, und die Sonne brannte auf ihre Rücken, und der Staub dörrte ihnen die Kehlen aus, und O'Neill ritt schweigend mitten unter ihnen.

Erst am späten Nachmittag geschah etwas. Erregung machte sich unter den Männern breit. Einer von Urquiolas Ulanen kam nach hinten geritten und überbrachte eine Meldung, woraufhin O'Neill seinem Pferd die Sporen gab und an die Spitze des Zuges galoppierte. Urquiola hatte Kavallerie gesichtet! Vielleicht handelte es sich um Kellermanns gefürchtete Dragoner, die aus Estremadura kamen, um sich ihnen in den Weg zu stellen. Das Gerücht, daß es in ganz Leon nur noch die Garnisonen gab, keine weiteren Truppen, mochte sich als falsch erweisen. Eintausend Dragoner unter der Leitung des Mannes, der die Schlacht von Marengo gewonnen hatte, würden die schwache Partisanenarmee einfach hinwegfegen, die Kanone im Handumdrehen einnehmen und die ganze Expedition zu einem lächerlichen Ende bringen.

Aber O'Neill hatte sich voreilig Sorgen gemacht. Was ihnen

entgegen kam, war nur eine einzige Schwadron französischer Kavallerie. Wahrscheinlich die Rekruten mit den Remontepferden, von denen es in den Berichten hieß, sie seien auf dem Weg nach Süden in Leon aufgehalten worden. Urquiolas zweihundert Ulanen lungerten in einiger Entfernung um sie herum, aber keine der beiden Seiten wagte es, es auf einen Kräftevergleich ankommen zu lassen. O'Neill sah den französischen Kommandanten an der Spitze seiner Männer. Er hatte die Hand über die Augen gelegt, um gegen die Strahlen der untergehenden Sonne erkennen zu können, was für eine seltsame, unerwartete Armee sich da in die Provinz ergoß.

Als die marschierende Infanterie die Franzosen sah, stieg sofort ein wilder Schrei auf. Die Spanier schüttelten die Fäuste und fuchtelten mit ihren Musketen und forderten die Kavalleristen auf, doch zu kommen. O'Neills Gesicht verzog sich verächtlich, aber er achtete darauf, daß seine Männer seinen Ausdruck nicht sahen. Dreimal schon war er mit einer spanischen Armee marschiert, die beim Anblick des Feindes ein herausforderndes Kampfgeschrei angestimmt hatte und genauso eifrig darauf bedacht gewesen war, sich in die Schlacht zu stürzen. Und jede einzelne dieser drei Armeen hatte sich beim ersten Ansturm der französischen Kavallerie in zitternde Einzelwesen aufgelöst. Nichts blieb übrig von den tapferen Worten und der heldenhaften Entschlossenheit. Die Waffen wurden weggeworfen und alles rannte in panischem Entsetzen in alle Richtungen auseinander. O'Neill machte sich keine Illusionen über die Qualitäten seiner vierten Armee. Minas disziplinierte Navarreser würden vielleicht standhalten, aber der ganze Rest würde die Beine in die Hand nehmen und laufen. Carlos O'Neill wußte, daß er mit diesem Mob nur dann etwas erreichen konnte, wenn er sich an die wenig ruhmreiche Methode hielt, allen Auseinandersetzungen auf offenem Gelände aus dem Weg zu gehen, die Garnisonen anzugreifen, solange es ihm möglich war, und sich beim ersten Nahen einer richtigen Feldarmee sofort in die Sicherheit der Berge zu flüchten.

Der Kommandant der französischen Kavallerieabteilung, der inzwischen die Länge der Kolonne und die Existenz der Kanone festgestellt, die Karren und Lasttiere in der Nachhut gezählt, die allgemeine Verfassung der Truppe abgeschätzt und alles sonst vermerkt hatte, worüber er seinen Vorgesetzten Meldung machen mußte, ließ seine Männer abdrehen und ritt davon. Urquiola und seine Ulanen setzten sich in sicherem Abstand ebenfalls in Trab. Im gleichen Augenblick tauchten plötzlich die milchweißen Türme der Kathedrale von Leon am Horizont auf, rosig überhaucht vom Licht der untergehenden Sonne. Zwei lange Kriegsjahre lang hatte kein spanischer Soldat – mit Ausnahme der Gefangenen, die nach Frankreich geschafft wurden – diese Türme zu Gesicht bekommen. O'Neill wußte, daß er etwas Großes erreicht hatte, und gab sich für heute zufrieden. Er ließ Feldwachen an der Straße aufstellen und gab den Männern die Erlaubnis, sich auf Quartiersuche zu begeben oder ihr Lager im Freien aufzuschlagen, wenn sie mit der Suche kein Glück hatten. Die Kanone ließ er auf den Hof des Gasthauses schaffen, in dem er für die Nacht sein Hauptquartier aufschlagen wollte, damit er sie ständig im Auge behalten konnte.

12

An diesem Abend speiste O'Neill in der Gesellschaft seiner Offiziere. El Platero saß am Fußende des Tisches, ungeschlacht und ungepflegt wie immer mit seinen schwarzen Bartstoppeln. Er sah immer so aus, als hätte er sich seit genau vier Tagen nicht mehr rasiert. Außerdem waren die drei Majore anwesend, die die drei Bataillone des Princesa kommandierten, dazu noch Don Cesar Urquiola und Alvarez, der Chef der Navarreser. Sie alle wirkten fröhlich und unbeschwert. Sie aßen die zähen Hähnchen mit sichtlichem Genuß und tranken den besten Wein, den der sorgenzerfurchte Wirt ihnen auftischen konnte.

Eben dieser Wirt flatterte ängstlich um sie herum. Es war nun einmal keine leichtzunehmende Aufgabe, für die neuen Eroberer sorgen zu müssen. Dabei war die Tatsache, daß niemand für das Essen bezahlen würde – und auch nicht für die Unterbringung der zweihundert Männer, die ihr Quartier in seinen Scheunen und Schuppen aufgeschlagen hatten, noch die geringste seiner Sorgen. Sein Gasthof war ein beliebter Treffpunkt für junge französische Offiziere aus Leon gewesen, die sogar für ihre Mahlzeiten *bezahlt* hatten, und nun hatte er Angst, daß man ihn deswegen für einen »Josefino« halten könnte, einen Mann, der sich mit der Herrschaft Joseph Bonapartes über Spanien ausgesöhnt hatte. Und wenn man ihn für »so einen« hielt, würde sein Leben sehr abrupt in einer Schlinge enden.

Kein Wunder also, daß er sein Bestes tat, um es seinen Besuchern behaglich zu machen, und daß er wachsende Befürchtungen hegte beim Anblick der steinernen Melancholie O'Neills, der ungeachtet der fröhlichen Stimmung der anderen still und stumm am Tisch saß und ein Glas nach dem anderen leerte, ohne daß der Wein auch nur die geringste Wirkung zeigte. Im schwachen Schein der Kerzen sah man einen Ausdruck tiefer Trauer auf seinem Gesicht. Sein Blick ging über die Köpfe seiner Offiziere hinweg und allem Anschein nach durch die fleckige, weißgekalkte Wand hindurch, um sich in der Dunkelheit draußen zu verlieren. Erst heute morgen hatte er seinen Bruder blind und mit einem völlig zerstörten Gesicht zurücklassen müssen, und das irische Blut in seinen Adern – auch wenn sein Anteil noch so gering sein mochte – machte ihn besonders anfällig für melancholische Grübeleien.

Aber es gab auch befriedigende Momente in diesem Alptraum der Verzweiflung. Er erlebte sie immer dann, wenn sein Blick durch das Fenster in den Hof fiel, der von den Laternen der Hauptquartierswachen erhellt wurde. Denn dort stand mächtig und unbeweglich die gewaltige Masse der Kanone. Ihr Anblick spendete O'Neill einen gewissen Trost. Er hatte das riesige, achtzehnpfündige Geschütz richtig in sein Herz geschlossen.

Dann wurden plötzlich draußen vor der Tür Stimmen laut. Der Streit drang bis zu den Offizieren, die im größten Raum des Gasthofs saßen. Mehrere Männer protestierten, aber eine tiefe, dröhnende Stimme, die keinem der Offiziere bekannt war, übertönte die Proteste. Schließlich flog die Tür auf, und ein Franziskanermönch stürmte herein – ein Riese von einem Mann. Er hatte seine Kapuze zurückgeschlagen, so daß man sein kurzgeschorenes schwarzes Haar sehen konnte und darunter einen wirren, ebenso schwarzen Bart. Seine graubraune Kutte bestand nur noch aus Fetzen und verhüllte kaum die nackten Beine. Seine Füße, die in offenen Sandalen steckten, waren vom vielen Umherziehen schmutzig und verstaubt. Hinter ihm sah man den verängstigten Wirt und einen ebenso verängstigten Jorge, die beide dafür verantwortlich waren, daß der Mann sich Zutritt hatte verschaffen können.

Der riesige Franziskaner, dessen Kopf fast an die Decke zu stoßen schien, sah sich unter den Männern am Tisch um und wandte sich dann ohne jedes Zögern an O'Neill.

»Bist du der General der Armee?« wollte er wissen.

»Ja«, antwortete O'Neill.

»Ich habe eine Botschaft für dich.«

O'Neill machte Jorge ein Zeichen, sich zurückzuziehen und die Tür zu schließen, aber der Mönch unterbrach ihn.

»Meine Botschaft können alle hören«, sagte er. »Denn es ist eine Botschaft der Hoffnung. Zieh weiter nach Leon und fürchte dich nicht. Die Mauern werden vor dir fallen, und die Gottlosen werden sterben – sterben – sterben. Gottes Hand ist in Leon am Werk, und diejenigen, die Er für dich übrigläßt, müssen ohne Gnade und Barmherzigkeit getötet werden. Alle, die in La Merced waren, wurden getötet?«

»Ja«, sagte O'Neill.

»Alle? Ohne Ausnahme? Das höre ich gern. Aber die anderen, an der Brücke von Santa Maria, die hast du verschont. Und das ist schlecht. Die Gottlosen müssen hingemetzelt werden, und du hast hundert von ihnen verschont, damit sie sich im Müßiggang mästen können.«

El Platero lachte, denn er wußte besser als jeder andere, wie wenig diese Beschreibung dem Schicksal der armseligen Gefangenen entsprach, die nach Galicien zurückgeschickt worden waren. Aber das Lachen erstarb ihm in der Kehle, als der Franzose ihn mit seinen schrecklichen Augen ansah.

»Die Hand Gottes wird nach jedem greifen, der in der Stunde des Todeskampfes Seiner Kirche lacht«, sagte der Franziskaner feierlich.

Dann sah er die Männer am Tisch der Reihe nach an, und jeder einzelne von ihnen senkte den Blick.

»Tötet und verschont niemanden«, fuhr er fort. »Denkt daran, daß Gottes Hand in Leon am Werk ist. Ich selbst werde sonstwo als Sein Instrument gebraucht.«

Damit drehte er sich um. Sie hörten ihn durch den schmalen Gang gehen und den Wachtposten an der Tür segnen.

»Wer zum Teufel war das?« fragte El Platero.

»Weiß der Himmel«, antwortete Urquiola. »Wirt? Wirt?«

Der verängstigte Wirt kam ins Zimmer und rieb sich nervös die Hände an der Schürze trocken.

»Wer war dieser Mönch?« fuhr Urquiola ihn an.

»Ich weiß es nicht, meine Herren. Ich weiß es wirklich nicht genau. Es heißt –«

»Ja?«

»Es heißt, daß er zu jenen gehört, die in Saragossa kämpften. Bruder Bernard nennen die Leute ihn. Sie sagen, er ist übermenschlich. Vor einem Jahr hat Marschall Bessières in Valladolid eintausend Taler auf seinen Kopf ausgesetzt, aber wie Sie selbst gesehen haben, meine Herren, hat er sie noch nicht zahlen müssen. Der Mönch war die letzten drei Wochen in Leon. Er ist dort offen durch die Straßen gegangen, aber die Franzosen haben ihn nicht verhaftet. Es heißt, daß er sich für französische Augen unsichtbar machen kann, aber ich weiß nicht, ob das wahr ist.«

»Ich auch nicht«, sagte El Platero mit gespielter Ernsthaftigkeit.

»Das reicht, Wirt«, warf O'Neill an dieser Stelle unerwartet ein, und der Wirt zog sich erleichtert zurück.

O'Neill saß brütend am Kopf des Tisches. Plötzlich sah er auf.

»Meine Herren, ich hoffe, daß es Ihnen geschmeckt hat«, sagte er.

Es war seine Art zu sagen, daß sie gehen sollten. El Platero erinnerte sich daran, daß er noch einmal zu den Vorposten gehen und sich vergewissern mußte, daß seine Männer nicht schliefen. Urquiola mußte sich um Futter und neue Beschläge für seine Pferde kümmern. Die Offiziere wünschten O'Neill eine gute Nacht, aber er gönnte ihnen kaum eine einsilbige Antwort. Er saß einfach nur da, die Hände auf dem Tisch verschränkt, und starrte ins Leere. Die anderen ärgerten sich über seine Hochnäsigkeit und murrten über ihn, als sie in die kühle Nachtluft hinaustraten. Insgeheim dachten sie alle, daß es diesem Jungen von knapp vierundzwanzig Jahren einfach nicht zustand, sich das Kommando über erwachsene Männer mit weit größerer Erfahrung anzueignen. Gegen Hugh O'Neill hatten sie keine Einwände gehabt, aber dieser junge Carlos – zu dumm, daß er der einzige Artillerieoffizier unter ihnen war, aber auch das machte ihn nicht unersetzbar. Sie würden ihm folgen, solange er sie zu Siegen und reicher Beute führte, aber beim ersten Rückschlag . . .

O'Neill, der zwei Nächte lang nicht geschlafen hatte, ließ den Kopf auf die Tischplatte sinken. Unter den dreitausend Männern, die das Glück und der Zufall seinem Kommando unterstellt hatten, gab es keinen einzigen, dem es eingefallen wäre nachzufragen, ob O'Neill ein Bett zum Schlafen hatte. Der Bursche, der ihm vorhin seine Satteltaschen gebracht hatte, lag jetzt wohlig betrunken bei Gil im Kuhstall. Der Gedanke, sich zusätzliche Pflichten zu suchen, kam ihm nicht einmal in den Sinn. So blieb es denn dem Wirt überlassen, O'Neill das Bett vorzuschlagen, einen Strohsack zu bringen und für ihn auf den Boden zu legen. Der Wirt selbst schlief in der gemütlichen Wärme der Küche, zusammen mit seiner Frau, der Dienstmagd, dem Stallknecht und fünf kleinen Kindern. Jetzt, wo Hugh O'Neill nicht mehr da war, gab es auch niemanden mehr, der sich um die Verletzung kümmerte, die El Bilbanitos Messer Carlos O'Neill vor drei Wochen zugefügt hatte. Aber glücklicherweise heilt ein glatter Stich am besten, wenn er in seinem eigenen Blut bandagiert wird, und Carlos brauchte die Schlinge längst nicht mehr. Die Wunde war so gut wie verheilt und machte sich kaum noch bemerkbar.

Und doch hatte O'Neill eine unruhige Nacht. Zahllose Leute wollten ihn dringend sprechen, Leute, denen es irgendwie, trotz Wachen und Ausgangssperre gelungen war, sich aus Leon wegzuschleichen, und die entweder zu Fuß oder per Pferd zu dem Gasthaus gekommen waren, in dem, wie flinke Zungen überall schnell verbreitet hatten, die neue Armee ihr Hauptquartier aufgeschlagen hatte. Die meisten dieser Leute konnten einem fast leid tun, so wichtig war es für sie, mit O'Neill zu sprechen. Sie drückten Jorge echtes Gold in die Hände – und Gold war zu jener Zeit im Norden Spaniens eine Rarität – und überredeten ihn so, sie in O'Neills Zimmer zu führen. Und sobald sie drinnen waren, redeten sie ohne Punkt und Komma auf ihn ein. Alle hatten sie etwas zu erklären, alle wollten sie vergangene Missetaten wiedergutmachen. Der spanische Dolmetscher, der dem Gouverneur von Leon, General Paris, gedient hatte, wollte unbedingt erklären, wieso er diese Anstellung angenommen und die brutalen Verlautbarungen des Generals ins Spanische übersetzt hatte. Es war aus rein patriotischen Motiven geschehen, versicherte er O'Neill, und als Beweis dafür war er bereit, O'Neill alles zu sagen, was er über die Organisation der französischen Garnisonen der Provinz wußte. Auch der Bürgermeister von Leon kam zu ihm. Er wollte erklären, daß er dieses Amt unter der französischen Besatzungsmacht nur angenommen hatte, um die Forderungen, die die Franzosen an sein leidgeprüftes Volk stellten, wo immer möglich abmildern zu können. Und nun war es ihm eine große Freude, O'Neill berichten zu können, welche Vorbereitungen getroffen wurden, um die Stadt im Falle einer Belagerung zu schützen. Es gab andere Männer, denen man völlig ungerechtfertigt unterstellte, sie hätten der französischen Sache gedient, und die nun ängstlich darauf bedacht waren, sich von diesem Vorwurf reinzuwaschen, indem sie andere denunzierten – von denen einige bereits vor ihnen im Hauptquartier gewesen waren, um gleichlautende Denunziationen auszusprechen. Sogar der Besitzer des größten Bordells in Leon erschien mit einer plausiblen Erklärung für die Gastfreundschaft, die den Soldaten der Besatzungsarmee in seinem Haus entgegengebracht worden war.

Die ganze Nacht hindurch hielt der Strom der Besucher aus der Stadt an, und O'Neill mußte sich mit allen befassen. Autorität zu delegieren ist im Falle einer improvisierten Armee keine ganz einfache Sache, vor allem nicht, wenn es interne Eifersüchteleien gibt. O'Neill konnte die Erkundungsritte getrost Urquiola und seinen Ulanen überlassen, und die Verteilung der Wachtposten lag bei El Platero in guten Händen. Bei beiden konnte er sich darauf verlassen, daß sie ihre Sache gut machten. Aber ein Stab war eine andere Sache, denn ausgerechnet den Männern, denen zuzutrauen war, daß sie den Aufgaben eines Stabsoffiziers gewachsen waren, durfte man nicht trauen. Nicht in einer Armee, in der jeder hoffen konnte, das Oberkommando an sich zu reißen, wenn er dem Glück ein bißchen nachhalf. O'Neill war sich schmerzlich bewußt, daß ihm die Gabe fehlte, die für einen Partisanenführer geradezu unerläßlich ist. Das Talent nämlich, sich bei den Männern beliebt zu machen. Anders als Hugh, der auf gallego und asturisch Witze reißen konnte und die Herzen aller, die er traf, im Sturm eroberte, sprach Carlos nur sein heimisches Kastilianisch, und er wußte sehr gut, daß es den Soldaten seiner Armee völlig egal war, ob er lebte oder starb. Er mußte seine Untergebenen ständig wachsam im Auge behalten, und er mußte jede Information, die seiner Wege kam, in seiner Brust verschließen. Und folglich mußte die Aufgabe, diese Informationen zu sammeln, einzig und allein ihm überlassen bleiben.

Trotzdem war er ein guter Soldat. Er wußte, welche Informationen er brauchte, und er tat sein Bestes, um an sie heranzukommen. In zwei Jahren der verzweifelten Kriegsführung hatte er das theoretische Wissen, das er von seinem Vater übernommen und sich in den Kasernen und an der Militärschule in Zamora angeeignet hatte, um vieles erweitert. Er wußte ganz genau, wieviel und was er von seinen Männern verlangen und wieweit er sich auf sie verlassen konnte. Aber vor allem wußte er, was er wollte, und er war bis zum äußersten entschlossen, es auch zu erreichen. In seiner Armee gab es weder Saumseligkeit noch Wortklauberei.

Dies bestätigte sich am nächsten Morgen, als die Invasoren eine Stunde vor Sonnenaufgang aus ihren Quartieren gescheucht wurden und sich auf der Straße versammelten. Zwei Stunden nach Sonnenaufgang strichen Urquiolas Ulanen bereits um die Stadtmauern Leons herum, und die Infanterie formierte sich geschlossen vor dem Benavente-Tor. General Paris, der innerhalb der Stadtmauern herrschte, war ein schlauer alter Fuchs. Ihm unterstanden eintausend Soldaten, und er wußte sehr gut, daß sie beileibe nicht ausreichten, um die langen, mittelalterlichen Mauern gegen einen ernsthaften Angriff zu verteidigen und gleichzeitig eine rebellische Bevölkerung von etwa fünfzehntausend Einwohnern niederzuhalten. Er war entschlossen, seine wirkliche Verteidigung auf die Zitadelle zu beschränken, die er in der Stadt hatte errichten lassen, aber gleichzeitig hatte er auch nicht die Absicht, die Stadtmauern und die Stadt aufzugeben, bevor er sicher war, daß die Angreifer tatsächlich in der Lage waren, sie einzunehmen. Er würde sich durch keinen Bluff dazu verleiten lassen, vorschnell auch nur einen Millimeter Boden zu räumen.

Es brauchte jedoch nicht viel, um ihn davon zu überzeugen, daß die Angreifer es ernst meinten und über die notwendigen Mittel verfügten, ihren Willen durchzusetzen. Eine starke Kolonne in der braunen Kleidung der regulären spanischen Armee marschierte zur Ostseite der Stadt. Durch sein Fernrohr sah Paris, daß sie Sturmleitern bei sich hatten. In der Zwischenzeit wurde vor dem Benavente-Tor eine große Kanone aufgefahren. Der Trupp Kavallerie, den er losgeschickt hatte, hatte also nicht übertrieben, als er berichtete, die Invasoren verfügten über Belagerungsartillerie. Die Kanone wurde etwa eine Viertelmeile vor dem Tor in Stellung gebracht und sorgfältig eingerichtet. Gleichzeitig wurde ein beachtlicher Troß munitionsbeladener Maultiere herangeführt. Durch sein Glas sah Paris einen Offizier auf einem grauen Pferd, der die Operation leitete. Dieser Mann mußte jener O'Neill sein, von dem er schon gehört hatte.

Paris selbst hatte keine Möglichkeit, die Spanier bei ihrem Tun zu stören. An diesem Punkt der Stadtmauer gab es keine nennenswerte Artillerie, die auch nur die leiseste Wirkung gehabt hätte. Die baufällige, mittelalterliche Stadtmauer war einfach nicht breit genug für große Kanonen, selbst wenn er welche übrig gehabt hätte, oder besser gesagt, wenn der Kaiser, der ihn in dieses Land geschickt hatte, gnädig genug gewesen wäre, ihn damit auszurüsten. So jedenfalls hatte er nur zwei oder drei Dreipfünder, deren Zielgenauigkeit jedoch auf eine Viertelmeile mehr als zu wünschen übrig ließ. Die Belagerer hatten sich wirklich den schwächsten Punkt im ganzen Rund der Mauer ausgesucht.

Nun stieg O'Neill von seinem Pferd und kletterte auf den Lafettenschwanz der Kanone. Die Schießübungen auf La Merced von vor zwei Tagen hatten ihn mit den Fähigkeiten der Kanone vollends vertraut gemacht. Sie war wirklich eine wundervolle Waffe, die mit einer Genauigkeit schoß, die ihn überraschte, war er doch nur an die nicht sehr überzeugende Ausrüstung der regulären spanischen Artillerie gewöhnt. Er sah durch die Visiere und wußte genau, wo der Schuß einschlagen würde, und seine Erwartung wurde erfüllt. Die Kanonenkugel krachte genau über dem Schloß in das große, hölzerne Tor, dessen Balken sofort brachen. Methodisch verlagerte O'Neill sein Ziel, und nach fünf weiteren Schüssen hing das große Tor schief und zersplittert in den Angeln. Dahinter waren Sandsäcke aufgehäuft worden, aber Sandsäcke hatten nicht die geringste Chance, wenn sich achtzehnpfündige Kanonenkugeln in sie hineinbohrten. Mit jedem Schuß veränderte sich der aufgeschichtete Wall. Der Inhalt der unteren Säcke rieselte heraus, die oberen rutschten nach, und wenig später war von der so solide wirkenden Wand nur noch ein kleiner Rest übrig, der leicht zu erklettern und schwer zu verteidigen war. Nun schickte O'Neill einen von Urquiolas Ulanen mit dem Befehl zum Angriff zum Regiment Princesa. Alvarez zog seinen Säbel und nahm seinen Platz an der Spitze seiner Navarreser ein. Mit einem lauten Schrei stürmte die Partisanenarmee vor. El Platero übernahm den Teil der Mauer rechts vom Tor, während Jorge den Rest der Guerilleros gegen die linke Seite führte. Beide hatten die Aufgabe, die Verteidiger der Mauer mit Musketenfeuer einzudekken, während Alvarez mit seiner Kolonne durch das Tor brach. Aber noch während sie auf die Mauer zustürmten, erschienen dort oben farbige Tupfer. Es waren Männer, die mit den Armen, mit Fahnen und bunten Tüchern winkten, und die vor Freude tanzten. General Paris hatte nicht auf die Guerilleros gewartet, sondern seine Garnison in die Zitadelle zurückgezogen. Er war zu klug und zu erfahren, um auch nur zu versuchen, die Mauer gegen einen geballten Angriff an einer Stelle und eine Erstürmung mit Leitern an einer anderen zu verteidigen – vor allem, da er eine wütende Zivilbevölkerung im Rücken und alles in allem nur eintausend Männer an seiner Seite hatte.

13

Die siegreiche Armee brandete durch die schmalen, steilen Straßen der Stadt, deren Bevölkerung außer sich war vor Freude. Bunte Tücher flatterten aus allen Fenstern. Die Straßen waren voll von jubelnden Menschen. Die Männer schlugen ihren Befreiern freudestrahlend auf den Rücken, und die Frauen rissen ihnen die Waffen und ihre sonstigen Lasten aus den Händen und trugen sie für sie. Überzeugte Patrioten, aber auch schuldbewußte Einwohner der Stadt rollten volle Weinfässer aus den Kellern an den Straßenrand und luden jeden, der vorbeikam, zum Trinken ein. O'Neill wurde von Scharen von Frauen umdrängt. Sie tätschelten sein graues Pferd, breiteten ihre Schultertücher vor die Hufe des Tieres und küßten O'Neills Hände, gaben sich aber auch mit seinen Stiefeln und Kleidern zufrieden, wenn er die Hände nicht frei hatte.

O'Neill bemerkte es kaum. Er war zu sehr mit wichtigeren Dingen beschäftigt, um sich von der Stimmung der Leute anstecken zu lassen. Er mußte schreien, um sich über die Köpfe der Menge hinweg Gehör zu verschaffen. Aber schließlich verstand Urquiola, der in seiner Nähe ritt, seine Befehle, und einen Augenblick später preschten sechs seiner Reiter davon, jeder von ihnen mit einem anderen Auftrag. O'Neill war zu sehr Soldat, um sich von Zivilisten aufhalten zu lassen, wenn es darum ging, einen einmal gefaßten Plan durchzuführen. Eine offizielle Abordnung der Stadt, die ihn willkommen heißen wollte, fand denn auch kaum Gehör, und die Männer machten lange Gesichter, als sie als Antwort auf ihre Begrüßungsrede nur in ein paar knappen Sätzen gesagt bekamen, wieviel Schuhe, wieviel Bekleidung und wieviel

Bargeld die Stadt aufzubringen hatte, um die gemeinsame Sache voranzutreiben, und zwar innerhalb von drei Tagen. Jeder Hausbesitzer hatte sich darauf einzurichten, auf unbestimmte Zeit zwei Soldaten aufzunehmen und zu verpflegen. Aber O'Neills letzter Befehl wurde mit ganz neuem Interesse aufgenommen. Er besagte, daß binnen zwei Stunden auf der Plaza Mayor ein Schafott errichtet und die städtische Garotte aufgebaut sein müsse und der Henker sich bereitzuhalten habe.

Die ganze Stadt geriet in helle Aufregung, als diese Neuigkeit bekannt wurde, denn eine spanische Fiesta ist erst dann wirklich vollkommen, wenn es auch eine öffentliche Hinrichtung gibt. Die Domherren brachen sofort die Vorbereitungen für die heilige Messe ab, die sie zur Feier der Befreiung der Stadt hatten halten wollen, denn sie wußten nur allzugut, daß sie bei einem Konkurrenzkampf gegen das geplante Spektakel immer den kürzeren ziehen würden.

O'Neill ritt unterdessen zum nördlichen Teil der Stadtmauer, wo sich die französische Garnison in Erwartung der Belagerung verbarrikadiert hatte. Im Gegensatz zu Burgos konnte Leon sich zwar nicht rühmen, eine richtige Zitadelle sein eigen zu nennen, aber General Paris hatte alles getan, um dieses Manko auszugleichen. Das städtische Gefängnis und das Krankenhaus, die beide extrem dicke Mauern hatten, standen nebeneinander am nördlichen Rand der Plaza Mayor, umgeben von freiem Gelände. Schon vor langer Zeit hatte General Paris die wenigen Häuser abreißen lassen, die einem eventuellen Angreifer Schutz und Deckung geboten hätten. Außerdem hatte er die beiden Gebäude durch massive Wehrgänge miteinander verbunden und jede schwache Stelle im Gemäuer ausgebaut und verstärkt. Da er außerdem Lebensmittelvorräte für sechs Wochen und vier Feldgeschütze hatte, mit denen er sich den Feind vom Leib halten konnte, war er völlig sicher, daß es ihm gelingen würde, jeden Angriff abzuwehren und auszuharren, bis der Zusammenschluß der umliegenden Garnisonen oder der Einsatz sonstiger Truppenteile ihn befreien würde.

Paris hätte sich noch wohler gefühlt, wenn die Guerilleros keine Belagerungsartillerie gehabt hätten – wie im ganzen Land üblich, hatte auch er bei seinen Vorbereitungen nur den typischen, überstürzten und undurchdachten Angriff eines Feindes ohne Artillerie einkalkuliert –, aber auch so sah er keinen Grund zu übertriebener Besorgnis. Er verfügte über mehr Männer und mehr Geschütze, als Jonquier in La Merced gehabt hatte, und über eine bedeutend besser ausgebaute Stellung mit mehreren konzentrischen Verteidigungswällen.

O'Neill, der am oberen Fenster eines Hauses an der Ecke der Plaza Menor stand und die Festung beobachtete, schätzte die Schwierigkeiten, die ihm bevorstanden, auch sofort richtig ein. Er wußte zwar, daß es ihm auf jeden Fall gelingen würde, die Mauern mit Hilfe der Kanone zu durchbrechen, aber eine Bresche genügte nicht. Wenn sie diese erste Bresche erkämpft hatten, mußten sie die Kanone bis zu diesem Punkt vorziehen, um die nächste Mauer in Angriff zu nehmen, und selbst wenn das Gefängnis irgendwann ganz in ihren Händen war, blieb den Franzosen immer noch das Krankenhaus. Wenn die Franzosen sich nur einigermaßen geschickt verhielten, würde es blutige Kämpfe geben und würde er die Festung wahrscheinlich wochenlang beschießen müssen, bevor sie endgültig fiel. Mit einer einzigen Kanone war das nun einmal nicht schneller zu bewerkstelligen, und im Verlauf einer Belagerung, vor allem, wenn sie auf so kurze Entfernung stattfand, mußte man immer damit rechnen, daß den Belagerten ein Volltreffer glückte oder es ihnen gelang, die Kanone bei einem gut geplanten Ausfall zu beschädigen. Es würde nicht leicht sein, seine ungeduldigen Gefolgsleute bei der Stange zu halten, wenn die Belagerung sich so lange hinzog und dazu noch mit Verlusten verbunden war. Sobald es den Männern zuviel wurde und der erhoffte Erfolg zu lange auf sich warten ließ, würde die Armee auseinanderbrechen. Es war also durchaus verständlich, daß O'Neill bedrückt und niedergeschlagen wirkte, als er in die Stadt zurückritt. Die Verantwortung, die er trug, war einfach zu groß für einen jungen Mann von nur vierundzwanzig Jahren.

An der Stelle, an der die Rambla auf die Plaza Mayor stieß, wartete eine Gruppe von Frauen auf ihn, aber sie waren nicht gekommen, um seine Hände zu küssen und Tücher vor die Hufe seines Pferdes zu breiten. Es waren zwei oder drei kleine Kinder dabei, eine ungewöhnlich schöne, junge Frau und eine oder zwei ältere Frauen mit weißem Haar. Als er näher kam, fielen sie auf die Knie und streckten ihm bittend die Hände entgegen. Unwillkürlich zügelte er Gil, aber dann hörte er, was die Frauen von ihm wollten, und gab dem Pferd so abrupt die Sporen, daß es einen Satz nach vorn machte. Die Frauen baten um das Leben eines Mannes. Anscheinend hatten sie in Erfahrung gebracht, für wen die Garotte bestimmt war. O'Neills schwarze Augenbrauen zogen sich zornig zusammen. Ein junger Mann, der das Schicksal eines Königreiches und die Macht über Leben und Tod in den Händen hält, sieht es nun einmal nicht gern, wenn seine Entscheidungen in Frage gestellt werden. Er hatte die Männer für schuldig befunden, und folglich mußten sie sterben.

Die schöne junge Frau sprang auf, lief auf ihn zu und griff nach seiner Hand, aber er schüttelte sie so heftig ab, daß sie der Länge nach hinschlug und seine Ordonanz, die hinter ihm ritt, einen Schlenker machen mußte, um ihr auszuweichen. Er sah, daß die blutleeren Lippen der alten Frauen sich betend bewegten, aber seine Ohren weigerten sich, ihre Worte zu hören.

Alvarez und Hauptmann Elizalde hatten in der kurzen Zeit, die ihnen zur Verfügung stand, auf der Plaza Mayor gute Arbeit geleistet. Das Schafott mit der Garotte erhob sich in der Mitte des Platzes, und der Henker war mit seinem Gehilfen zur Stelle – er hatte es sich auf dem Stuhl bequem gemacht, auf dem er in Kürze seine Opfer festbinden würde. Auf der einen Seite des Schafotts standen die sechs Trommler des Princesa Regiments, auf der anderen die geistlichen Herren der Stadt in ihren prachtvollen Meßgewändern, allen voran der Bischof. Sie waren gekommen, um der Vollstreckung der Gerechtigkeit ihren Segen zu geben. Die Fenster aller Häuser, die auf den Platz hinausgingen, waren voller Neugieriger, und auf dem Platz selbst standen die Leute in dichten Reihen. Nur eine Kette von Soldaten verhinderte, daß sie sich zu dicht an das Schafott herandrängten.

Alvarez kam zu O'Neill und salutierte.

»Es ist alles bereit«, sagte er. »Soll ich jetzt anfangen lassen?«

»Ja«, antwortete O'Neill.

»Übrigens sind noch ein oder zwei zu denen dazugekommen, die du selbst letzte Nacht verhaftet hast«, sagte Alvarez. »Die Leute haben sie mir gebracht, und der Stadtrat sagt, daß es Verräter sind. Ich habe sie zu den anderen gesperrt.«

»Richtig«, sagte O'Neill mit rauher Stimme.

Alvarez drehte sich um und machte einer Gruppe seiner Männer, die neben dem Portal der Kathedrale standen, ein Zeichen. Anscheinend hatten sie nur auf sein Signal gewartet. Sie verschwanden in der Kirche, und einen Augenblick später fing im herrlichen Turm der Kathedrale eine Glocke zu läuten an. Ihr tiefes Dröhnen hallte unheilverkündend über den schweigenden

Platz. Dann kam eine kleine Prozession aus der Kathedrale, angeführt von Pablo Vigil, dem Stellvertreter von Alvarez. Im vollen Bewußtsein der Feierlichkeit und der Schwere des Anlasses, stolzierte er hoch aufgerichtet auf den Platz. Hinter ihm folgten zu dritt die Opfer und ihre Bewacher. Jeder der Männer, die gleich sterben würden, wurde von zwei Guerilleros eskortiert. Ein paar von ihnen waren alt, andere noch jung, aber fast alle gehörten sie zum Typ des würdevollen Bürgers.

In den meisten von ihnen erkannte O'Neill die Männer, die in der Nacht zu ihm gekommen waren, um ihr Leben von ihm zu bitten. Er erinnerte sich noch gut an die Argumente, die sie einer nach dem anderen vorgebracht hatten, und an das Gold, das sie ihm angeboten hatten. Die meisten von ihnen waren vor ihm auf die Knie gefallen und hatten ihn angefleht, und ein paar von ihnen hatten sogar geweint, als er, nachdem er sie angehört hatte, die Wache gerufen hatte, um sie einsperren zu lassen.

Jetzt strahlten sie keine Würde mehr aus. Alvarez hatte sie gezwungen, sich bis aufs Hemd auszuziehen, um sie noch mehr zu beschämen. Der Wind ließ die dünnen Kleidungsstücke um ihre Oberschenkel flattern. Ein oder zwei von ihnen waren so schwach, daß sie nicht mehr gehen konnten, und mußten von ihren Bewachern mitgezogen werden. Einer schrie mit hoher, zitternder Stimme. Sie marschierten um den Platz herum, bis sie wieder am Portal der Kathedrale angelangt waren, und dann zur Mitte, wo das Schafott stand. Die beiden Bewacher stießen den ersten auf die hölzerne Plattform, und die Henker warfen sich auf ihn und zerrten ihn, der vor Angst fast ohnmächtig war, sich aber dennoch verzweifelt wehrte, auf den Stuhl. Sie banden seine Arme und Beine fest und legten ihm den eisernen Ring um den Hals. Der Henker stemmte sich gegen den Hebel, und Alvarez, dessen Sinn für große Auftritte heute seine Höchstform erreicht hatte, gab den Trommlern ein Zeichen. Zum dumpfen Rollen der Trommeln sah man, wie die Glieder des zum Tode verurteilten Mannes sich trotz der Fesseln fürchterlich verrenkten. Die vielen tausend Zuschauer schienen gleichzeitig den Atem anzuhalten. Der Henker drückte mit seinem ganzen Gewicht gegen den Hebel, und die Schraube brach den Hals des Mannes.

Im selben Augenblick schlug etwas in den Platz ein, riß die Pflastersteine auf und bohrte sich in die Fassade eines Hauses. Die Franzosen in der Zitadelle beschossen den Platz mit ihren

Feldgeschützen! Die Zuschauer gerieten in Panik und drängelten und schubsten in alle Richtungen. Die Kette der Soldaten brach. Der Henker und sein Gehilfe, die gerade dabei waren, die Leiche des Hingerichteten loszubinden, unterbrachen ihre Arbeit. Ein Hoffnungsschimmer flog über die Gesichter der Männer, die dem Tod geweiht waren. Einer von ihnen fiel sogar auf die Knie, faltete die Hände und dankte Gott mit heiserer Stimme für die Errettung.

Eine zweite Kanonenkugel schlug ganz in der Nähe der ersten ein und vergrößerte die Panik der Zuschauer. Fast schien es, als sollte Alvarez' sorgfältig geplantes Zeremoniell null und nichtig gemacht werden. Aber schon hallte O'Neills Stimme wie das Brüllen eines wütenden Stiers über den Platz und brachte wieder Ordnung in die Reihen. Er saß völlig unbewegt auf seinem Pferd und zwang das große Tier zur Ruhe, während der nächste Schuß nur knappe zwanzig Meter vor ihm einschlug. Mit füchterlicher Stimme, die einem Angst machen konnte, wies er die Leute darauf hin, daß nur ein ganz kleiner Teil der Plaza Mayor den Schüssen aus der Zitadelle ausgesetzt war. Die Franzosen schossen die Rambla hinunter, und ihre Kugeln konnten nur den Abschnitt des Platzes erreichen, der die direkte Fortsetzung der Straße bildete. Wenn die Hasenfüße auf dieser Seite des Platzes sich also bitteschön auf eine andere Seite begeben würden – geordnet und ruhig wohlgemerkt –, würde niemand zu Schaden kommen, und die Hinrichtungen konnten weitergehen.

Und so geschah es. Eine Seite des Platzes wurde geräumt, die Leute auf den übrigen drei Seiten rückten enger zusammen, die Hinrichtungen gingen weiter, die Trommeln rollten, die Glocken läuteten, und O'Neill saß wie eine Statue auf seinem Pferd und beobachtete alles.

Diese Hinrichtungen waren für die Herrschaft der Franzosen in Spanien ein ebenso schwerer Schlag wie der Fall von La Merced. Wenn erst bekannt wurde, was in Leon geschehen war, würde kein Josefino sich mehr sicher fühlen. Jeder Spanier würde es sich von nun an zweimal überlegen, ehe er sich zum Werkzeug der Besatzer machte. Die französische Herrschaft in Nordspanien würde nie wieder so gefestigt sein wie vor diesem Tag. Das Wissen darum erfüllte O'Neill mit stolzer Befriedigung, aber leider muß bezweifelt werden, daß er ausschließlich von dem Wunsch bewegt wurde, dieses Ziel zu erreichen, als er die Hinrichtungen anordnete. Die blutigen Kämpfe der letzten zwei Jahre, die schwere Verantwortung, die auf ihm lastete, die fürchterliche Verstümmelung seines Bruders und die Anspannungen der augenblicklichen Situation weckten in ihm eine Grausamkeit, von deren Existenz er bisher nichts geahnt hatte. Vielleicht war auch das gemischte Blut, das so oft Grausamkeit hervorbringt, teilweise schuld daran, und in La Merced war die Versuchung nun wirklich groß gewesen, Geschmack an Schlächtereien zu finden. Jedenfalls war O'Neill sich klar darüber, daß die Zuckungen und Verrenkungen der Männer auf der Garotte ihn klammheimlich freuten und befriedigten, auch wenn sein Gesicht nach außen hin völlig unbewegt blieb. Dieses Gesicht prophezeite nichts Gutes für den Feind, gegen den er kämpfen mußte, und für die Menschen, über die er herrschen durfte.

Als die Hinrichtungen vollstreckt waren und der Abend nahte, geriet ganz Leon in einen orgiastischen Rausch. In den achtzehn Monaten der französischen Besatzung hatten die Stadtbewohner strikten Ausgangsverboten Folge leisten müssen. Das abendliche Leben auf den Straßen, das der Spanier über alle Maßen liebt, war den Menschen monatelang versagt geblieben. Nun aber, wo die Franzosen sich in der Zitadelle verbarrikadiert hatten, konnten sie tun und lassen, was sie wollten. Es bekümmerte sie nicht, daß die Rambla von der Plaza Menor bis zur Plaza Mayor eine Gefahrenzone war – sobald sich genügend abendliche Spaziergänger zeigten, um eine Ladung Munition zu rechtfertigen, schossen die Franzosen mit Kartätschen in sie hinein. Es bekümmerte die Leute auch nicht, daß der Friede des Abends gelegentlich durch Musketenschüsse gestört wurde, denn die Navarreser, die in den Häusern um die Zitadelle herum auf der Lauer lagen, schossen auf jeden französischen Posten, den sie auf den Mauern entdeckten. Es bekümmerte sie ebenfalls nicht, daß die Kanone, die von den patriotischen Damen der Stadt mit frischem Grün geschmückt worden war, durch die engen, dunklen Gassen zu einer Stelle am Rand der Plaza Menor transportiert wurde, wo ein Arbeitstrupp unter der persönlichen Anleitung O'Neills die unteren Räume zweier Häuser befestigte, damit sie für die Bombardierung, die für den morgigen Tag vorgesehen war, als eine Art Batterie dienen konnten.

Aber nur ein Teil von O'Neills Truppe tat an diesem Abend Dienst. Die anderen, immer noch ein- bis zweitausend Mann, waren frei und konnten sich an der Musik, dem Tanz und den sonstigen Belustigungen beteiligen, die Damen trösten, deren Männer im Krieg waren, und ihren Spaß mit denen haben, die das Glück hatten, mit Männern verheiratet zu sein, die entweder zu sorglos oder zu dumm waren. Jeder, der die fröhlichen Menschenmassen sah, hätte glauben können, der Krieg sei vorbei und Spanien endgültig frei; statt dessen hatte nur eine Handvoll irregulärer Truppen einen nicht einmal sonderlich gefestigten Sieg über einen winzigen Teil des riesigen Landes errungen. Aber auch das bekümmerte niemand. Es konnte niemanden bekümmern, der zum ersten Mal seit achtzehn Monaten nicht dazu gezwungen war, bei Sonnenuntergang ins Bett zu gehen. Die Nacht war viel zu kurz, um ihr all die Vergnügungen abzuringen, die sie sich von ihren viel zu schnell verfliegenden Stunden erhofften.

Am nächsten Morgen waren sie immer noch fröhlich und ausgelassen. Sie bewiesen die Fähigkeit des Spaniers, die ganze Nacht lang zu feiern und dem nächsten Tag trotzdem ohne Niedergeschlagenheit entgegenzutreten. Die ganze Stadt sprach von einem Stierkampf. Es hieß, der alternde, patriotische und wohlhabende Conde de la Meria habe seine Leute bereits losgeschickt, um Bullen zu suchen, gegen die Don Cesar Urquiolas kastilianische Herren zu Pferde mit ihren Lanzen antreten sollten, wie es der ehrenvollen spanischen Tradition entsprach – die Tage des berufsmäßigen Stierkämpfers zu Fuß sollten erst ein halbes Jahrhundert später kommen.

Ein Teil der Bürger der Stadt, die mehr Sinn fürs Militärische hatten oder einfach neugieriger waren als die übrigen, schlenderten durch die Gassen rund um die Plaza Menor, um zu sehen, wie die Belagerung der Zitadelle fortschritt. Sie beobachteten, daß die Soldaten die Gassen verbarrikadierten, Schießscharten in Wände schlugen und sich ganz allgemein darauf vorbereiteten, den Ausfall abzuwehren, von dem O'Neill sicher war, daß er kommen würde, sobald die große Kanone das Feuer eröffnete. Die Franzosen würden ihr Blut wie Wasser vergießen, um diese Kanone zu erobern oder zu zerstören.

O'Neill selbst hatte in dieser Nacht wieder kaum geschlafen. Er war nur ab und zu kurz eingenickt, während die Arbeiten um ihn herum weitergingen. Die unteren Räume der beiden Häuser, die er sich ausgesucht hatte, waren mit Erde aufgeschüttet worden. Die Kanone stand in dem schmalen Durchgang zwischen ihnen, geschützt durch einen Erdwall, aus dem nur noch ihre Mündung herauslugte. Es mußte alles getan werden, um die Kanone zu schützen, denn auf die Entfernung von nur einhundert Metern, die die Umstände diktiert hatten, war es sogar den leichten Feldgeschützen der Garnison möglich, diese Kanone, das einzige Belagerungsgeschütz, das er hatte, außer Gefecht zu setzen.

Fast verließ ihn der Mut, als er noch einmal die massiven Verteidigungswälle betrachtete, die er durchstoßen mußte – die Palisaden, die Redouten und die Mauern, die Gräben und die Schanzen. Voll Bitterkeit dachte er an die Worte Bruder Bernards – »Zieh nach Leon und fürchte dich nicht. Gottes Hand ist in Leon am Werk.« Bruder Bernard hatte offensichtlich keine Ahnung, auf was es bei einer Belagerung ankam.

Es bestand nicht einmal die Hoffnung, die Franzosen aushungern zu können, denn er wußte, daß in den Kellern der Zitadelle schon seit langem ausreichend Vorräte lagerten. Alle möglichen Leute hatten ihm von diesen Vorräten erzählt. Die Bewohner Leons hatten jedes Faß mit Mehl oder Pökelfleisch gezählt, jeden Sack Korn und jedes Faß Wein, das während der Besatzung in diesen Kellern verschwand, denn schließlich waren sie es gewesen, die diese Vorräte hatten aufbringen müssen. Es gab Leute in der Stadt, die verpflichtet worden waren, das Korn zu Mehl zu mahlen, ob sie nun wollten oder nicht. Und während die einhundertfünfzigtausend Rationen in der Zitadelle angehäuft wurden, hatten die Franzosen sich von dem ernährt, was sie aus der Landbevölkerung herauspreßten. Sie hatten überhaupt nicht daran gedacht, die Vorräte anzubrechen, um sich eventuellen Ärger mit der Bevölkerung zu ersparen. Auch jetzt stieg vor O'Neills Augen der Rauch der Feuer auf, auf denen die Franzosen ihre Morgensuppe kochten, und an beiden Ecken der langen Festungsmauer flatterte die Trikolore herausfordernd im Wind. O'Neill machte ein grimmiges Gesicht und wandte sich ab, um die letzten Vorbereitungen für die Belagerung zu überwachen. Er sah nicht das geringste Anzeichen dafür, daß Gottes Hand am Werk gewesen war.

Gegen Mittag war es soweit. Die Kanone stand bereit, das Feuer zu eröffnen. Munition und Pulver waren hinter Massen aufgehäufter Erde verstaut, wo kein noch so glücklicher Schuß des Gegners sie treffen konnte. In der Nähe warteten einhundert Männer mit Strohballen. Diese sollten in den Graben geworfen werden, der das Gefängnis umgab, um dem Sturm auf die Zitadelle den Weg zu bereiten, der erfolgen sollte, sobald die Palisade zerschossen und eine Bresche in die Westmauer des Gefängnisses geschlagen war. O'Neill wollte nicht einmal daran denken, wie viele Verluste dieser Sturm auf die Festung fordern würde, selbst wenn er erfolgreich verlief. Und Erfolg hieß in diesem Fall die Eroberung des zwanzigsten Teils der Zitadelle. Dafür würden sie die Plaza Menor unter dem Kugelhagel aus Musketen und Kartätschenbeschuß durch die französische Artillerie überqueren müssen. Aber anders ging es nun einmal nicht. Sich der Konsequenzen, die eine Niederlage für ihn persönlich haben würde, voll bewußt, trat O'Neill an die Kanone, um das Feuer zu eröffnen.

Das Donnern des riesigen Geschützes in dem engen Raum war fast unerträglich. Bei jedem Schuß hatten O'Neill und die Bedienungsmannschaft das Gefühl, jemand bearbeite ihre Schädel mit einem Vorschlaghammer. Aber wenigstens kamen sie gut voran. Ein paar Kartätschenladungen reichten aus, um eine riesige Lücke in die Palisade zu reißen, die die Zitadelle umgab, und dann fing O'Neill an, eine Ecke des Krankenhauses mit Kugeln zu beschießen. Es war volle Absicht, daß er den Beschuß nicht auf das Haupttor der Zitadelle konzentrierte, denn auf dem Weg dorthin hätten die Franzosen die Angreifer ins Kreuzfeuer nehmen können. Außerdem vermutete er, daß im Hof hinter diesem Tor ein mit Kartätschen geladenes Feldgeschütz stand, das die erste Welle der Angreifer sofort niedermähen würde. Deshalb zog er es vor, eine Stelle anzugreifen, die sich nicht so leicht verteidigen ließ. Schuß um Schuß schlug in die Mauer ein, und Steine und Mörtel rieselten, aber da O'Neill diese Stelle nur aus einem spitzen Winkel und nicht frontal beschießen konnte, dauerte es eine Weile, bis das erste Loch zu sehen war.

Die ganze Zeit über wunderte er sich, daß die Verteidiger der Zitadelle kaum einen Versuch machten, das Belagerungsgeschütz unter Beschuß zu nehmen. In einer Schießscharte in der Mauer der Zitadelle, nur ein kleines Stück vom Standpunkt der Angreifer entfernt, stand ein Feldgeschütz, das jedoch nur zweimal abgefeuert wurde. Beide Male war der Schuß so schlecht gezielt, daß die Kugeln in die Fassade eines Hauses zwanzig Meter von der großen Belagerungskanone entfernt einschlugen. O'Neill konnte sich dieses Zögern und Schweigen einfach nicht erklären. Er gab noch einen Schuß auf die Festung ab und legte dann eine kurze Pause ein, weil er sich erst vom ersten Stock des Nachbarhauses ein Bild davon machen wollte, welche Fortschritte die Bombardierung machte.

In der Zitadelle war nicht das geringste Lebenszeichen zu entdecken. Er schüttelte verwundert den Kopf. Dann sah er, daß inzwischen nur noch eine der französischen Fahnen von ihrem Mast flatterte. Irgend jemand mußte die andere eingeholt haben, aber wieso? Im gleichen Augenblick schwang das schwere Tor des Krankenhauses langsam auf. O'Neill rannte die Treppe hinunter und schrie seinen Männern schon von weitem eine Warnung zu. Der Ausfall, mit dem sie gerechnet hatten, mußte jetzt jeden Augenblick kommen. Jede Sekunde zählte. O'Neill bewegte sich so schnell, daß er schon wieder unten bei seinen Männern war, bevor das Tor halb offen war.

Aber keine Soldaten stürzten mit dem Schlachtruf »Vive l'Empéreur« aus diesem Tor. Eine ganze Weile geschah gar nichts. O'Neill starrte reglos zur Festung hinüber. Dann schwankte eine einzelne Gestalt durch das halboffene Tor. Der Mann machte auf unsicheren Beinen ein paar Schritte auf die Palisaden zu, stolperte und blieb reglos liegen. Ein paar andere Männer folgten ihm, die genau wie er schwankten und torkelten. Einer von ihnen, der wie ein Blinder taumelte, stolperte über den liegenden Mann, verlor das Gleichgewicht, fiel und machte keine Anstalten, wieder aufzustehen. Dann krümmte sich ein anderer Mann vor Schmerzen, setzte sich auf die Erde und kippte zur Seite um. Kein einziger der kleinen Gruppe erreichte die Palisade. Der verblüffte O'Neill wußte nicht, was er von dieser Sache halten sollte. Er vermutete eine Falle, verstand jedoch nicht, worin diese Falle bestehen sollte, und trat schließlich auf den Platz hinaus. Mit schnellen Schritten überquerte er ihn. Seine Männer folgten ihm zögernd. Kein einziger Schuß fiel. O'Neill zwängte sich durch die Palisaden und erreichte die Männer, die sich auf dem Boden wälzten, aber sie waren unfähig, nur ein Wort der Erklärung von sich zu geben. Also ging er weiter, die Pistole in der einen und den Säbel in der anderen Hand, durch das Tor, unter der *porte cochère* hindurch, in den Hof.

Hier bot sich ein entsetzlicher Anblick. Der ganze Hof war voll von Männern in den letzten Stadien des Todeskampfes. Sie lagen kreuz und quer übereinander, schrien im Delirium, krümmten sich vor Schmerzen und übergaben sich spuckend und würgend.

Genau wie O'Neill es erwartet hatte, stand ein Feldgeschütz, das auf das Tor gerichtet war, in der Mitte des Hofes, aber die Mannschaft, die es bedienen sollte, lag tot daneben. Die Guerilleros weigerten sich, den Ort des Grauens zu betreten. Sie blieben am Tor stehen und sahen starr vor Entsetzen auf die Szene vor ihnen. Ein paar von ihnen bekreuzigten sich.

Nur O'Neill schüttelte die abergläubischen Ängste ab. Ganz allein öffnete er eine Tür und betrat das Gebäude. Der lange Raum, der hinter dieser Tür lag, war erfüllt von Schreien und Stöhnen, und als seine Augen sich an das Halbdunkel gewöhnt hatten, sah er auch hier Männer, die sich vor Schmerzen wanden. Überall, in der ganzen Zitadelle, fand er immer mehr stöhnende, ächzende, gequälte Männer – sterbende Männer auf den Treppen, auf den Brustwehren, überall, wohin er nur sah.

Wie Bruder Bernard es versprochen hatte, war die Hand Gottes in Leon am Werk gewesen – oder besser gesagt, das weiße Arsen, das auf seine Anweisung hin unter das Mehl gemischt worden war, das im Keller der Festung lagerte.

14

Die Leoneser hatten mitleidige Herzen. Als sie hörten, was in der Garnison geschehen war, kamen sie alle, Männer und Frauen gleichermaßen, um den armen Burschen zu helfen, denen das Gift die Gedärme verbrannte. Aber Arsen kennt kein Mitleid und keine Gnade. Es brachte sie um, einen nach dem anderen, ohne aufzuhören. Die Männer, die nicht auf der Stelle starben, blieben nur wenige Tage am Leben, in denen sie dahinsiechten, bis die sekundären Auswirkungen des Gifts das Lebensflämmchen in ihren ausgezehrten Körpern endgültig zum Verlöschen brachten. Nur ein paar Dutzend von ihnen überlebten, krumm, ausgezehrt, verkrüppelt. Bruder Bernard hatte ein wahrhaft erfolgreiches Schlachtfest veranstaltet. Wenn es noch ein paar Spanier gegeben hätte, die dazu in der Lage waren, eintausend Franzosen auf einen Schlag zu töten, wäre es mit der französischen Herrschaft in Spanien sehr schnell zu Ende gewesen.

Aber auch so waren der Fall von Leon und die Einnahme der

Zitadelle für den Verlauf des Krieges von überragender Bedeutung. Kaum hatte sich die Nachricht herumgesprochen, schüttelte die ganze Provinz ihre trotzige Angst vor den Franzosen ab und griff zu den Waffen. Jedes Dorf beteiligte sich mit Banden halbbewaffneter Freischärler an der Erhebung des ganzen Landstrichs, die gewaltsamer war als die zu Beginn des Krieges, die Bessières zwei Jahre zuvor blutig niedergeschlagen hatte. Die übriggebliebenen Garnisonen der Provinz mußten sich in den Schutz ihrer kleinen Festungen zurückziehen, umlagert von Tausenden von Rebellen, die den steinernen Mauern zwar nichts anhaben konnten, aber allein durch ihre Anwesenheit eine Bedrohung darstellten. Sie waren da und beobachteten und warteten mit der Geduld wilder Tiere und mit dem gleichen Hunger nach Blut.

Und doch hatten diese Bauern auch einen tiefen Respekt vor allem, was nach Autorität aussah, und als ein prachtvoller Reiterzug, von oben bis unten mit Orden behangen und geschmückt mit goldenen Tressen aus den Bergen Galiciens über die Ebene von Leon kam, wurden sie überall ehrerbietig aufgenommen. Die Reiter schienen es eilig zu haben, nach Leon zu kommen. Sie legten die letzten fünfzig Meilen auf den staubigen Straßen fast ohne Halt zurück und zogen schließlich mit allem Pomp und aller Würde, derer sie fähig waren, durch das Tor in die Stadt ein. Vor dem Palast des Conde de la Meria, vor dessen Toren ein Haufen von Soldaten herumlungerte, hielten sie an.

»Geh und sag Hauptmann O'Neill«, sagte der Anführer der Reiter zu einem von ihnen, »daß der Herzog von Menjibar gekommen ist, der Generalkapitän von Leon.«

Der Soldat trottete gemächlich in den Palast; die Reiter blieben wartend in ihren Sätteln sitzen. Sie mußten lange warten. Anscheinend hatte niemand es eilig, den Generalkapitän von Leon zu begrüßen und ihm die Ehrerbietung zuteil werden zu lassen, die ihm zustand. Erst nach geraumer Zeit wurde die Tür erneut geöffnet, und O'Neill kam heraus. Er trug immer noch seine schäbige Artillerieuniform, hielt sich jedoch sehr aufrecht. Die schwarzen Brauen über seinen blauen Augen stießen über der Nase fast zusammen – für jeden, der ihn kannte, ein untrügliches Zeichen dafür, daß es gefährlich wurde. Ohne sich sonderlich zu beeilen, kam er die Treppe herunter und ging auf den inzwischen wutschnaubenden Herzog von Menjibar zu.

»Ich glaube, hier muß ein Irrtum vorliegen«, sagte O'Neill betont langsam. »Oder vielleicht wurde mir die Nachricht auch falsch ausgerichtet. Jedenfalls ist mir nichts von einem Generalkapitän von Leon bekannt.«

Der Herzog von Menjibar war ein untersetzter, kleiner Mann mit einem pechschwarzen Schnurrbart. Nun klatschte seine Hand ungeduldig auf den Knauf seines Sattels.

»Ich *bin* der Generalkapitän von Leon«, sagte er laut. »Oder wollen Sie an meinen Worten zweifeln?«

»An Ihren Worten oder an Ihrem Verstand«, antwortete O'Neill.

»Ich wurde von der Junta dazu ernannt«, plusterte der Herzog sich auf. »Muß ich Ihnen etwa meine Vollmacht zeigen, damit Sie mir endlich glauben? Es wird jedoch keinen guten Eindruck machen, wenn Sie mich tatsächlich dazu zwingen.«

»Die Vollmacht der Junta Galiciens?« fragte O'Neill. »In Leon gibt es nämlich keine, soviel ich weiß. Schon seit zwei Jahren nicht.«

»Die Junta Galiciens ist auch für Leon zuständig«, sagte der Herzog.

»Oh!« machte O'Neill. »So ist das also. Dieser verrufene Haufen, der tatenlos in Ferrol herumsitzt, mehr als zweihundert Meilen vom Feind entfernt, will sich also tatsächlich anmaßen, einen Generalkapitän für eine Provinz zu bestellen, die keiner von ihnen je betreten hat? Wollen sie vielleicht etwas von dem Gold abhaben, das wir erbeutet haben? Oder wollen Sie sich mit fremden Federn schmücken und den Ruhm für die Befreiung Leons für sich in Anspruch nehmen?«

»Ich verbiete Ihnen, so mit mir zu reden, Hauptmann O'Neill. Vergessen Sie nicht, daß schwerwiegende Beschuldigungen gegen Sie vorliegen. Machen Sie Ihre Lage nicht noch schlimmer!«

»Beschuldigungen?« fragte O'Neill ganz unschuldig. »Gegen mich?«

»Versuchen Sie nicht, mich zum Narren zu halten«, rief der Herzog aufgebracht. »Lassen Sie –«

O'Neills Handbewegung unterbrach ihn. Er folgte ihr und sah hinauf zu den Fenstern des Palasts, auf die O'Neill deutete, und die Worte erstarben ihm auf den Lippen. An jedem der Fenster standen Soldaten, und jeder der Soldaten war mit einer Muskete bewaffnet, und sie alle waren auf den Herzog und seine Begleiter gerichtet.

»Übrigens läßt die Junta Ihnen noch etwas ausrichten«, fuhr der Herzog hastig fort und spielte damit die letzte Karte seiner Instruktionen aus. »In Anerkennung Ihrer Dienste ist die Junta bereit, die Anschuldigungen zu vergessen, die Oberst Casariego gegen Sie erhoben hat. Sie lauten auf Anstiftung zur Meuterei, wie Sie wohl wissen. Außerdem ist es der Junta eine Ehre, Sie in den Rang eines Generalmajors zu erheben, und sie wird die Zentraljunta in Cadiz darum ersuchen, Ihnen den Orden Carlos III. und den Titel Conde de la Merced zu verleihen. Vorausgesetzt natürlich, daß ich ihr berichten kann, daß Sie bereit sind, sich meinem Oberbefehl zu unterstellen.«

O'Neill hatte genug gehört. Der aufgestaute Zorn brach hemmungslos aus ihm heraus.

»Erst drohen Sie mir, und dann wollen Sie mich bestechen«, schrie er. »Genug! Ich will kein Wort mehr hören. Steigen Sie von Ihrem Pferd, Sie lächerlicher Wurm. Steigen Sie sofort ab, oder bei Gott – ihr anderen übrigens auch! Kommt sofort runter! Jorge, bring sie weg in den Kerker unter dem Gefängnis. Vadilla soll sie mit fünfzig Mann bewachen. Bei Gott, was seid ihr bloß für Narren. Am liebsten würde ich euch die Nasen und die Ohren abschneiden und euch so zu eurer Junta zurückschicken, damit sie selbst sieht, was ich von ihr halte. Vielleicht überlege ich es mir bis morgen doch noch. Bis dahin könnt ihr warten. Ihr mit euren Sternen und euren Epauletten, und dabei habt ihr noch nie im Leben einen Feind gesehen. Die Pferde nimmst du auch, Jorge. Die können wir gut gebrauchen!«

Das war Verrat der allerschlimmsten Art. Wenn die Junta hörte, daß ihr Generalkapitän sang- und klanglos in einen Kerker geworfen worden war, würde sie rasen vor Wut. Viel mehr noch als damals, als das Regiment Princesa geschlossen desertiert war. Aber O'Neill ging noch weiter. Bevor die Tür des Kerkers vor der Nase des tobenden Herzogs von Menjibar und seiner Gefolgschaft endgültig zugeschlagen und abgeschlossen wurde, ließ er die Stadtherren Leons durch Boten zu sich rufen. Mit kalter Stimme forderte er sie auf, einen Generalkapitän für Leon zu wählen, und mit kalter Stimme nahm er das Amt an, das sie ihm schleunigst anboten. Untermalt vom Rollen der Trommeln und vom Gellen der Trompeten verkündete der Amtmann der Stadt O'Neill zum Generalkapitän von Leon, und die Druckpressen wurden in Gang gesetzt, um seine Erlasse in Umlauf zu bringen.

Dies war nicht das einzige Ereignis, dessen Zeuge die Plaza Mayor im Verlauf der hektischen fünf Tage wurde, die auf den Fall der Zitadelle folgten. Immer noch wurden Josefinos aus ihren Verstecken gezerrt und mit großem Zeremoniell auf der Garotte hingerichtet – das Schafott war zum festen Bestandteil des Platzes geworden. Andere wurden aus den umliegenden Dörfern in die Stadt gebracht. Der Zorn der Bauern richtete sich nun gegen jeden, der sich mit der Herrschaft der Franzosen arrangiert hatte. Tag für Tag wurden Gruppen von Gefangenen in die Stadt gebracht, und ein Wort von O'Neill reichte aus, um sie in den Tod zu schicken.

Er dachte nicht einmal daran, sie vor Gericht zu stellen oder sich auch nur anzuhören, was sie zu ihrer Verteidigung zu sagen hatten. Allein die Tatsache, daß man sie zu ihm brachte, daß sie seinen Weg kreuzten, war Beweis genug dafür, daß sie den Tod verdient hatten. Sein Stolz, das Gefühl seiner Macht und seiner eigenen Bedeutung schwollen ins unermeßliche. Er hielt die Macht über Leben und Tod einer ganzen Provinz in seinen Händen, und das Wissen darum wirkte auf ihn wie eine wahnsinnig machende Droge. Seine Grausamkeit wuchs, je mehr er ihr nachgab. Die Drohung an den Herzog von Menjibar, ihm und seinen Männern die Nasen und Ohren abschneiden zu lassen, war der Rauch, aus dem man auf das Feuer darunter schließen konnte. Seine Vorstellung war verdunkelt von Bildern der grausamsten öffentlichen Folterungen. Nur fünf Tage dauerte der Karneval des Todes in Leon, aber immer noch spricht man in der Stadt im Flüsterton von diesen fünf Tagen und erinnert sich heute noch an sie, während die Grausamkeiten der carlistischen Kriege und der Revolutionen längst vergessen sind.

Vielleicht trug das Wissen um die Vergänglichkeit seiner Herrschaft zu O'Neills Wahn bei. Er wußte, daß es nur eine Frage der Zeit war, bis die Franzosen eine Armee zusammengezogen hatten, die ihn in die Berge zurücktrieb, wo seine eigene Armee zerfallen mußte und wo er selbst wieder auf die bescheidene Position eines Guerilleroführers zurückgeworfen würde, dem höchstens einhundert nicht allzu loyale Männer unterstanden, und wo die galicische Junta ihn für seine Aktionen zur Rechenschaft ziehen konnte. Der Gedanke daran trieb ihm das Blut ins Gesicht und ließ ihn am ganzen Leib zittern vor Wut, so daß er wie Caligula (von dem er nie etwas gehört hatte) wünschte, die ganze Welt hätte nur einen Hals, den er mit einem einzigen Säbelhieb durchtrennen könnte.

Die übriggebliebenen Garnisonen der Provinz mußten vernichtet werden, und dies war fraglos die Aufgabe des Generalkapitäns. Vor allem, wo es den Einsatz der großen Kanone erforderlich machte und die Kanone das äußere Zeichen der Herrschaft in Leon war, vergleichbar mit dem Zepter eines Königs. Nach fünf Tagen in Leon, nach fünf Tagen der Hinrichtungen, der Beschlagnahmungen und der Requirierungen marschierte O'Neill wieder aus der Stadt, begleitet von seiner Armee und von der Kanone. Zurück ließ er nur einen Rat von Marionetten, denn er konnte seiner Armee nur dann trauen, wenn er sie ständig im Auge behielt, während er genau wußte, daß die völlig verängstigten Zivilisten es nie wagen würden, etwas zu tun, was seinen Zorn erregen könnte.

Es gab nur sechs Stellungen in ganz Leon, die sich noch gegen die Spanier hielten, kleine Festungen, die strategisch wichtige Punkte bewachten, ähnlich wie La Merced und Santa Maria. Diese Garnisonen wußten alles über die Revolte, und zwar von den panikerfüllten Josefinos, die von überallher kamen, um bei ihnen Schutz zu suchen. Sie wußten, daß in La Merced kein einziger Soldat überlebt hatte. Sie wußten, auf welche Weise die Zitadelle von Leon gefallen war und daß im Umkreis von Meilen jeder einzelne Mann sich gegen sie erhoben hatte. Sie wußten, daß O'Neill ein Teufel in Menschengestalt war, mit einem schier unersättlichen Hunger nach Blut und einem Belagerungsgeschütz von schier unglaublicher Durchschlagkraft und Genauigkeit. Sie zitterten vor O'Neill, lange bevor sie ihn zu Gesicht bekamen. Santa Eulalia ergab sich, sobald O'Neill nahe genug herangekommen war, und Mansilla und Saldaña und Carrion, sobald die große Kanone anfing, ihre unzureichenden Befestigungen in Stücke zu hauen. Die Spanier nahmen sie alle im Triumph, und die französischen Gefangenen wurden nach Galicien zurückgeschickt – der Himmel allein wußte, welche Chance sie hatten, lebend dort anzukommen –, um von dort aus über das Meer nach England verschifft zu werden, wo die Annehmlichkeiten der Gefängnisschiffe und des Gefängnisses von Dartmoor sie erwarteten.

In Benavente hielt der alte General Dufour zwei ganze Tage lang stand. Seine Garnison bestand aus fünfhundert Männern, und die Festung verfügte über zwei konzentrische Verteidigungsringe. Aber das nutzte ihm nichts. Wenn es ihm gelungen wäre, auch nur einen Angriff zurückzuschlagen, hätten die Belagerer vielleicht den Mut verloren und aufgegeben. Aber schon der erste wilde Ansturm der Bauern und Guerilleros schwappte wie eine Flutwelle über die Mauern und durch die schmale Bresche, die die Kanone geschlagen hatte. Dufour fiel mit dem Säbel in der Hand, genau wie Jonquier, und seine Männer starben in Ecken und Winkeln, als die Angreifer durch die Festung tobten.

O'Neill ließ die Festung hinter sich, still und stumm, nur noch von Toten bewohnt, und zog mit der großen Kanone weiter, während immer mehr Bauern kamen, um sich ihm anzuschließen. Die ganze Expedition dauerte keine zwei Wochen. Genau dreizehn Tage, nachdem er aus Leon ausmarschiert war, war er wieder zurück und zog im Triumphzug durch die mit jubelnden Menschen gesäumten Straßen. Er brachte eine ganze Schar unglücklicher Spanier mit, die er in den eroberten Festungen aufgestöbert hatte: Männer und Frauen, Bauern und Gutsbesitzer, Schneider und Schuster, Prostituierte, Geliebte und Ehefrauen französischer Soldaten. Leon stürzte sich in eine neue Orgie des Blutes, in einen neuen Rausch der Vergnügungen.

Wenn die Leoneser das Jubeln einmal vergaßen, fanden sie reichlich Grund zum Murren. Inzwischen, nachdem O'Neill den ganzen Landstrich durchkämmt hatte, unterstanden zehntausend Mann seinem Kommando. Diese zehntausend Mann mußten verpflegt, eingekleidet, untergebracht und bezahlt werden. Für O'Neill wog das Wohlergehen seiner Soldaten weit mehr als die Leiden der Zivilisten. Nur das Beste – sofern ausreichend vorhanden – war für seine Männer gut genug. Die besten Stiefel, die besten Kleider, jeden Tag Fleisch, obwohl die meisten Männer vor ihrer Zeit als Soldaten höchstens einmal alle zwei Wochen Fleisch auf dem Teller gehabt hatten. Jeder, der noch ein paar Münzen oder ein bißchen Silber besaß, war aufgerufen, eine Schenkung an den Staat zu machen, und der Staat war in diesem Fall O'Neill. Denn es gab noch Geld und Silber, obwohl die Franzosen sich bereits schadlos gehalten hatten, und O'Neill hatte keine Schwierigkeiten, es zu finden. Denn seine Herrschaft der Gewalt und des Schreckens brachte wie überall eine Schar von Informanten hervor. Nicht einmal den Franzosen wäre es eingefallen, einen Mann zu garottieren, bloß weil er seine Silberlöffel im Garten vergraben hatte, aber andererseits hatten die Franzosen eine solche Tat auch nicht als »Verrat« bezeichnen können.

In der hitzigen Atmosphäre und unter diesen extremen Bedingungen entwickelten sich die Merkmale, die für eine Militärautokratie charakteristisch sind, extrem schnell. Es gab den üblichen rachedurstigen Anführer, der niemandem traute, sämtliche staatlichen Funktionen in einer Hand vereinte und sich auf zahllose Informanten stützte. Es gab den üblichen inneren Ring von Wachen und Leibwächtern, bestehend aus den ehemaligen Banden von Hugh O'Neill und El Bilbanito. Es gab die übliche Soldateska, die schnell begriff, welche Macht sie hatte und immer größere Forderungen stellte. Und es gab die üblichen geknechteten, völlig verarmten Zivilisten, die sich nicht trauten, auch nur einen Mucks von sich zu geben. Innerhalb von drei Wochen erreichte die Herrschaft Carlos O'Neills einen Stand, für den das kaiserliche Rom ein ganzes Jahrhundert gebraucht hatte.

Möglicherweise war O'Neill der einzige in der ganzen Armee, der sich der Vergänglichkeit der Situation voll bewußt war. In jeder einzelnen Minute des Tages war ihm klar, daß die Franzosen inzwischen alles versuchen mußten, ihn zu vernichten. Wellington mochte im Süden auf dem Vormarsch und Massena dicht auf den Fersen sein, der sich von den Festungslinien von Torres Vedras hatte zurückziehen müssen; Soult mochte noch unter dem Schlag wanken, den er bei Albuera hatte einstecken müssen; König Joseph mochte in Madrid auf seinem Thron zittern; trotzdem würden die Franzosen keine Anstrengung scheuen, erst einmal diese Gefahr zu bannen, die ihr ganzes Verbindungssystem bedrohte. Bald schon würde man ihm, O'Neill, jeden verfügbaren Mann entgegenwerfen, und O'Neill hatte anders als seine Männer nicht den geringsten Zweifel am Ausgang einer solchen Konfrontation.

Bezeichnenderweise marschierte er trotzdem weiter, seinem Schicksal entgegen, statt abzuwarten, bis es ihn ereilte. Übrigens war der Vormarsch auch seine beste Taktik. Eine Revolte, die sich in die Defensive begibt, ist von vornherein zum Scheitern verurteilt. Das sagte ihm sein militärischer Instinkt. Aber wenn er enorm viel Glück hatte und enorm viel unternahm, wenn er sich jetzt gleich auf die Hauptstraße warf, die durch Burgos und Valladolid führte, gelang es ihm vielleicht, zwischen den Franzosen durchzubrechen und den Kampf so in die Länge zu ziehen, bis etwas jetzt noch nicht Abzusehendes geschah und ihn rettete. Alles andere bedeutete nur seinen schnelleren Untergang, egal, ob er abwartend in Leon blieb oder ob er versuchte, seine Streitmacht über die kantabrischen Berge zurückzuführen, um die französischen Garnisonen an der Küste der Biskaya anzugreifen.

Man darf natürlich daran zweifeln, ob es wirklich diese Überlegungen waren, die O'Neill dazu brachten, weiterzuziehen. Wahrscheinlich lag der Grund eher darin, daß er nun einmal in erster Linie ein Kämpfer war. Sein Instinkt schrie ihm zu, sich dem Feind zu stellen und seinem Schicksal entgegenzugehen. Und wenn er untergehen mußte, dann doch bitte von Angesicht zu Angesicht mit dem Feind und nicht, wenn er ihm den Rücken zukehrte.

15

Zehntausend Männer waren auf dem Marsch zur Hauptstraße. O'Neills Melder hatten sie aus ihren Quartieren in der Stadt und in den umliegenden Dörfern zusammengerufen. Aber nicht einmal O'Neill, der über schier unerschöpfliche Energiereserven verfügte, hatte es fertiggebracht, eine richtige Armee aus ihnen zu machen. Es gab nur leise Ansätze von Organisation, zum Beispiel in den Bataillonen von Mansilla und Saldaña. Außerdem gab es das erste, zweite und dritte Bataillon von Leon, die, keiner wußte so richtig wie, von unausgebildeten lokalen Magnaten gelenkt und geleitet wurden. Die Banden von Alvarez, El Platero und O'Neill hatten so viele neue Rekruten aufgenommen wie nur irgend möglich, mehr sogar. Don Cesar Urquiola kommandierte inzwischen fünfhundert Reiter auf beschlagnahmten oder vom Feind erbeuteten Pferden. Aber trotzdem war das Ganze eher ein wirrer Haufen als eine Armee.

Allein schon das Sammeln auf einer Straße führte zu einem heillosen Durcheinander. Einheiten, die über Seitenstraßen anrückten, stellten plötzlich fest, daß andere Einheiten ihren Weg kreuzten. Statt nun zu warten, bis diese vorbeigezogen waren, drängten sie sich einfach zwischendurch. Manche Abteilungen kamen zu spät, andere waren viel zu früh dran. Die Menschenmassen, die sich schließlich in Bewegung setzten, hatten keine Ähnlichkeit mit einem militärisch geordneten Zug, und das trotz der Tatsache, daß die Kavallerie die Vorhut bildete und die Artillerie mit sechs Feldgeschützen, der großen Belagerungskanone und dem langen Troß von Lasttieren die Nachhut. Es ist schon ein Unterschied, ob man zehntausend Männer im Griff behalten muß oder nur zweitausend, und wenn die meisten dieser zehntausend Männer dazu noch undisziplinierte, bunt zusammengewürfelte Horden sind, erfordert diese Aufgabe geniale Fähigkeiten. Und genau die besaß O'Neill nicht.

Das Schicksal war ihm nicht länger hold. Das milde Frühlingswetter, das nun schon eine ganze Weile angehalten hatte, schlug genau an jenem Tag um, an dem der Marsch begann. Man hätte meinen können, der Winter sei zurückgekommen. Ein bitterkalter Wind blies von den Bergen herunter und brachte eisigen Regen mit sich – die Art von Regen eben, die es nur in Spanien gibt. Die Straße verwandelte sich in ein Schlammbad. Die Straßengräben konnten das Wasser nicht mehr halten. Die Soldaten waren naß bis auf die Haut. Am Ende des ersten Tages waren sie erst knappe zehn Meilen von der Stadt entfernt, und viele Männer machten sich in der Dunkelheit davon, um nach Hause zurückzugehen, wo es wärmer und gemütlicher war. Von denen, die blieben, hatten nur die wenigsten das Glück, ein Dach über dem Kopf zu finden. Die meisten verbrachten eine kalte, ungemütliche Nacht bei strömendem Regen im Freien.

Es regnete den ganzen nächsten Tag und die ganze Nacht, und den Tag darauf regnete es weiter. Gleichzeitig traten die ersten Versorgungsschwierigkeiten auf. In Ermangelung eines besseren Systems hatte O'Neill sich darauf verlassen, unterwegs Nachschub auftreiben zu können. Aber der Bezirk, durch den sie marschierten, war in den letzten Jahren immer wieder ausgeplündert worden, und sobald sich herumsprach, was für ein riesiger Troß sich da näherte, floh alles in panischer Hast davon, als hätten die Soldaten die Pest. Nach drei Tagen Dauerregen und zwei Tagen mit halber Ration rückte selbst dies in den Bereich des Möglichen.

Auf O'Neill hatte die äußere Situation sehr unerfreuliche Auswirkungen. Er geriet außer sich vor Wut über jede Verzögerung, über jede Desertation. Die Reizbarkeit, die die Verletzung seines Bruders und die große Verantwortung, die auf ihm lastete, in ihm hervorgerufen hatte, machte sich in schlimmen Ausbrüchen Luft. Auf seinem großen, grauen Pferd preschte er die Linien entlang und schlug mit der Peitsche auf die Männer ein, und sie liebten ihn nicht dafür. Die Städter unter ihnen, aber auch die leidgewohnten Bauern, ließen sich nicht gern schlagen. Aber O'Neill konnte nicht anders. Naß bis auf die Haut und bis auf die Knochen durchgefroren konnte er sich einfach nicht mehr beherrschen; selbst unter besseren Bedingungen wäre er nach all den Wochen, in denen er uneingeschränkte Macht genossen hatte, zur Selbstbeherrschung wahrscheinlich nicht mehr fähig gewesen.

Eine Meile hinter dem Ende der Kolonne stieß er auf die große Kanone, die im Schlamm feststeckte, bis zu den Achsen der fünf Fuß hohen Räder im Matsch eingesunken. Jorge und die anderen Männer aus El Bilbanitos Bande schufteten wie die Sklaven, um sie wieder freizubekommen. Dabei konnten sie noch froh sein, daß sie sich nur noch um diese Kanone zu kümmern brauchten, denn die anderen waren längst zurückgelassen worden. Vielleicht wäre es vernünftiger gewesen, die schwerste Kanone zurückzulassen und mit den leichteren weiterzuziehen, aber das hätte gegen die Tradition dieser Armee verstoßen. Abgesehen davon standen ihnen auch weitere Belagerungen bevor, für die sie die große Kanone brauchten. Bei einer Belagerung konnten sie gut ohne die Feldgeschütze auskommen, nicht jedoch ohne den Achtzehnpfünder. Aber all das waren rein akademische Überlegungen. Die Hauptsache war, daß niemand auch nur im Traum daran gedacht hätte, die große Kanone aufzugeben, die zum Emblem ihrer neuen Macht und ihrer Hoffnungen für die Zukunft geworden war.

Und doch hatten sie es nicht leicht mit ihr. Die Zugtiere rutschten im Schlamm aus, fanden einfach keinen Halt für ihre Hufe und mühten sich dennoch so fürchterlich ab, daß der Dampf ihrer überanstrengten Körper wie eine Wolke über ihnen hing. Jorge und seine Männer leisteten Sklavenarbeit an den Hebeln und Zugseilen. Auf O'Neills Beschimpfungen reagierten sie mit stumpfem Starrsinn oder mit zornigem Gemurmel, je nach Temperament. Jorge fuhr sich mit der Hand über den Nacken, auf den O'Neills Reitpeitsche heruntergesaust war, und wischte sich das Blut ab, sagte jedoch kein Wort. Sein Mund lächelte immer noch – dieser Mund war zum Lächeln gemacht –, aber seine Stirn war zornig umwölkt. Jemand schrie O'Neill eine Verwünschung nach, als er das große, graue Pferd herumriß und zurückritt, daß der Matsch unter den Hufen des Tieres nur so spritzte, aber der Wind und der Regen machten seine Ohren taub und umnebelten seinen Kopf, so daß der Fluch ungehört blieb und das Leben des Mannes nicht in Gefahr geriet.

Gegen Mitternacht desselben Tages, in seinem Hauptquartier in einem Gasthof, brüllte O'Neill plötzlich nach der Wache, und Jorge hastete ins Zimmer. Die Umstände hatten es so gewollt, daß die ehemaligen Banden von El Bilbanito und O'Neill die doppelte Funktion von Hauptquartierswachen und Geschützbedienung übernommen hatten, und Jorge war dafür zuständig, daß beides funktionierte. Nun sah er sich im Zimmer um und fand bestätigt, was er nach den lauten Stimmen, die er durch die Tür gehört hatte, bereits vermutet hatte. O'Neill saß weiß vor Zorn an einem Tischchen an der hinteren Wand des Zimmers. Das Licht einer Kerze fiel auf sein Gesicht, das vor Wut verzerrt war. Die anderen Offiziere wirkten teils trotzig, teils unruhig und besorgt, aber allen war anzusehen, daß sie ebenso wütend waren wie O'Neill selbst, auch wenn sie es sich aus Vorsicht oder Angst nicht anmerken lassen wollten. Es war klar, daß O'Neill ihnen die Schuld am langsamen Vorankommen der Armee gegeben hatte und daß sie sich über die ungerechtfertigten Vorwürfe ärgerten.

»Verhaften!« sagte O'Neill mit hoher, scharfer Stimme zu Jorge und deutete dabei auf El Platero, der stumm und von allen verlassen mitten im Zimmer stand. Wie üblich sah er aus, als hätte er sich seit Tagen nicht mehr rasiert. In seinen Augen lag der Ausdruck eines gehetzten Tieres. Sie huschten auf der Suche nach einem Ausweg hierhin und dorthin, während seine Hand auf dem Griff des Messers lag. Die anderen Offiziere sahen sich unbehaglich um.

»Du sollst ihn verhaften!« brüllte O'Neill mit noch höherer Stimme. »Sperr ihn ein! Er wird morgen erschossen!«

Jorge rührte sich nicht. Mit einer Hand befühlte er seinen Nakken, auf dem O'Neills Peitsche am Nachmittag einen blutigen Striemen hinterlassen hatte. Er war nicht sonderlich schnell im Denken, dieser große, schwerfällige Junge, und wenn er nachdachte, verzogen seine Lippen sich jedesmal zu einem dümmlichen Grinsen.

»Grins nicht so blöd!« fuhr O'Neill ihn an. »Nimm den Kerl mit und sorg mir ja dafür, daß er bis morgen früh gut bewacht wird!«

Jorge befingerte immer noch seinen Nacken. Auf O'Neills Befehl hin hatte er zahllose Verhaftungen vorgenommen und manchmal dadurch Geschichte gemacht – so zum Beispiel durch die Verhaftung des Herzogs von Menjibar und seiner Begleiter, die nach dem Fall von La Merced nach Leon gekommen waren. Dazu kamen all die vielen Männer in Leon, die O'Neill als Verräter angesehen hatte; Männer, die verzweifelt gekämpft oder verzweifelt geweint hatten. Frauen waren auch dabeigewesen. Jorge hatte immer gehorcht, weil er nicht einmal auf die Idee gekommen war, daß er nicht gehorchen könnte. Aber nun war ihm diese Möglichkeit aufgegangen, und er war stolz darauf, ganz allein einen Entschluß gefaßt zu haben. Sein Grinsen wurde breiter.

Die anderen sahen es, und plötzlich veränderte sich ihre Haltung. Wie auf ein Kommando hin schienen sie näher zu rücken, schlossen sie den Kreis um O'Neill, so wie Hunde einen Wolf umzingeln. Bisher war kein Wort gefallen. Es war O'Neill, der das Schweigen brach.

»Was soll das heißen, meine Herren?« fragte er mit einer Stimme, in der nun eher Bestürzung als Wut lag. Sie klang nicht mehr scharf wie eben, sondern gepreßt.

El Platero lachte erleichtert auf. Aber es blieb Urquiola überlassen, die veränderte Einstellung der versammelten Männer auszusprechen. Langsam ging er auf O'Neill zu. Es war so still im Zimmer, daß das Klingeln seiner Sporen überlaut klang und man sogar das leise Knarren der Gamaschen aus weichem Leder hören konnte, die ihm bis zu den Oberschenkeln reichten. Er blieb vor dem kleinen Tisch stehen und stützte die Hände auf die Platte.

»El Platero wird *nicht* erschossen«, sagte er. »Er wird *nicht* verhaftet.«

Erst jetzt, viel zu spät, versuchte O'Neill, sich und seine Autorität zu behaupten.

»Was soll das denn sein? Eine Meuterei vielleicht?« brüllte er und sah sich aufgebracht um.

Aber in jenen wenigen Sekunden war seine auf nichts beruhende Allmacht in sich zusammengestürzt, und nichts und niemand konnte sie wieder aufrichten. Allen war in diesen wenigen Sekunden klargeworden, daß es keinen wie auch immer gearteten Grund gab, O'Neill zu gehorchen – zumindest nicht, solange Jorge das Kommando über die Wache führte und Jorge ihm die Loyalität aufkündigte. Wenn O'Neill wenigstens in der Wahl seiner Worte vorsichtiger gewesen wäre! Aber nein, er hatte ausgerechnet das Wort ausgesprochen, vor dem die anderen sonst vielleicht zurückgeschreckt wären.

»Richtig, es ist Meuterei«, sagte El Platero nun, und das gab den Ausschlag.

Hauptmann Elizalde glitt neben O'Neill und nahm ihm den Säbel und die beiden Pistolen ab, die griffbereit auf einem Wandbrett hinter ihm gelegen hatten. O'Neill war so überrascht, daß er an Widerstand nicht einmal dachte. Erst als die Waffen für ihn nicht mehr erreichbar waren, merkte er, daß er einen Fehler begangen hatte. Er hätte sich mit dem Säbel auf diese Meuterer stürzen und sie auf der Stelle töten müssen. Aber jetzt war es zu spät.

»So, meine Herren«, sagte Urquiola. »Und was machen wir jetzt mit ihm?«

»Nichts. Wir lassen ihn weiter die Kanone bedienen«, sagte Alvarez, ein überraschend unüberlegter Vorschlag für einen ansonsten so erfahrenen und vorsichtigen Mann.

»Niemals!« rief El Platero denn auch sofort. »Ich riskiere doch nicht meinen Hals. Wir hängen ihn auf. Dann kann er uns keinen Ärger mehr machen.«

»Richtig«, stimmte einer der Majore ihm zu, den O'Neill gestern vor den Augen seiner Männer heruntergeputzt hatte.

Ein leiser Luftzug ließ die Kerzen flackern. Sie warfen seltsame Schatten auf O'Neills Gesicht, der vollkommen reglos dastand und der Debatte folgte, bei der es um sein Leben ging.

Don Cesar zerrte an seinem dünnen, altmodischen Bart und sah fragend von einem zum anderen.

»Kann er uns denn schaden, wenn wir ihn am Leben lassen?« fragte er leise.

»Natürlich«, antwortete El Platero. »Ich traue ihm nicht über den Weg. Wißt ihr denn nicht mehr, wie sein Bruder es geschafft hat, das ganze Princesa zur Desertation zu überreden? Wenn wir ihn am Leben lassen, gelingt es ihm vielleicht, doch wieder die Oberhand zu bekommen, und was dann? Ihr wißt doch selbst, was er dann mit uns machen würde – ihr braucht euch doch nur sein Gesicht anzusehen!«

El Platero zeigte auf O'Neill. Alle folgten seiner deutenden Hand und sahen O'Neill zum ersten Mal seit Beginn der Diskussion an. Und sahen dabei gerade noch den letzten Rest des Ausdrucks, der über sein Gesicht huschte. Beim Gedanken daran, was er mit diesen Meuterern machen würde, wenn er nur könnte, war es O'Neill unmöglich gewesen, nach außen hin unbeteiligt zu bleiben. Die Bilder vor seinem inneren Auge hatten seine bisherige Benommenheit durchbrochen.

»Ich sage noch einmal, hängt ihn auf«, bekräftigte El Platero seine Ausführungen.

»Wir könnten ihn auch nach Leon zurückschicken«, schlug Major Volpe vor. »Dort wissen sie, wie man mit einer Garotte umgeht.«

Bei diesem Vorschlag hellten sich einige der Gesichter auf, denn die Mehrheit der Männer legte keinen besonderen Wert darauf, sich den Schmähungen auszusetzen, die möglicher- und verständlicherweise auf die Hinrichtung des Mannes folgen würden, der Leon befreit hatte.

»Ihr könnt aber nicht sicher sein, daß sie sie wirklich anwenden, wenn es sich um *ihn* handelt«, beharrte El Platero. »Auch wenn es in der Stadt bestimmt genug Leute gibt, die ihn liebend gerne auf der Garotte sähen.«

»Dann eben nach Ferrol«, sagte Volpe. »Die Junta hätte bestimmt keine Skrupel.«

El Platero schüttelte den Kopf.

»Zu weit«, sagte er. »Zu riskant.«

Don Cesar ergriff erneut mit sanfter Stimme das Wort.

»Und was ist mit der Kanone, meine Herren? Gute Artilleristen sind rar?«

»Ich kann mit der Kanone genauso gut umgehen wir er«, sagte Jorge. Es waren die ersten Worte, die er sprach, seit O'Neill ihn ins Zimmer gerufen hatte. Bis zu diesem Augenblick hatte sein Schweigen Geschichte gemacht. Nun wogen die wenigen Worte schwer in der Waagschale.

Die anderen sahen Jorge an. Sie versuchten, sich darüber klarzuwerden, ob sie eventuell einen neuen O'Neill vor sich hatten, ob sie sich selbst ein neues Joch auferlegten, wenn sie ihm die Verantwortung für die Kanone übergaben. Nein, bestimmt nicht. Sie trauten diesem schwerfälligen, langsamen Jungen, der sogar seinen eigenen Nachnamen vergessen hatte, einfach keine Machtgelüste zu.

»Eines ist jedenfalls sicher«, sagte El Platero. »Ich habe mir noch nie gewünscht, einen Mann, den ich einmal gehängt habe, wieder lebendig zu machen. Aber ich habe es schon zweimal bedauern müssen, einen Mann am Leben gelassen zu haben. Ich will nicht, daß dies das dritte Mal wird.«

Offensichtlich war El Platero verständiger und überlegter, als man es seinem Aussehen nach vermutet hätte, aber schließlich war er auch älter als die meisten anderen und hatte einen hochqualifizierten Beruf ausgeübt, bevor er Guerillero geworden war.

»Was würden die Männer denn dazu sagen?« fragte Alvarez.

»Meine würden bestimmt keine Fragen stellen, und du weißt selbst am besten, was deine tun würden. Was nun die anderen angeht – wenn O'Neill tot ist, bevor wir dieses Zimmer verlassen, bleibt ihnen nichts anderes übrig, als sich damit abzufinden. Aber wenn wir ihn jetzt schonen, wäre es gut möglich, daß wir alle schon morgen um diese Zeit von den Bäumen baumeln – falls es in dieser gottverdammten Ebene überhaupt genug Bäume gibt.«

»Wenn mir etwas zustößt, müßte er sich Mina gegenüber verantworten«, sagte Alvarez.

»Mina? Meinst du vielleicht, er kümmert sich um Mina? Mina ist in Navarra, und wir sind an der Grenze Kastiliens!«

»Warum fragen wir O'Neill nicht selbst, was er dazu zu sagen hat?« warf Delgado ein, der jüngste Major des Princesa Regiments.

»Richtig«, stimmte Elizalde ihm sofort zu.

Alle Augen richteten sich auf O'Neill, der immer noch an dem kleinen Tischchen stand. Er hatte fast ungläubig zugehört, wie die anderen die Für und Wider abwogen, die darüber entscheiden würden, ob er am Leben bleiben oder sterben würde. Es war für einen Mann, der eben noch unumstrittener Generalkapitän von Leon gewesen war, nicht einfach zu begreifen, daß er nun in der allergrößten Gefahr schwebte, wie ein Verbrecher zu sterben. Und Jorge hatte ihn die ganze Zeit über keinen Augenblick aus den Augen gelassen, hatte die Hand kein einziges Mal vom Messer genommen.

Zuerst konnte O'Neill nur stammeln. Vielleicht hätte er gern um sein Leben gebeten, aber er konnte es nicht. Es fiel ihm schwer, in Anbetracht der erschreckenden Veränderung seiner Lage die richtigen Worte zu finden. Hugh O'Neill hätte in dieser Situation sein müssen, nicht er, Carlos. Hugh hätte niemals zugelassen, daß die Lage sich derart zuspitzte.

»Seht ihr, er hat nichts zu sagen, unser großartiger Generalkapitän«, spottete El Platero.

Jorge machte einen Schritt auf O'Neill zu.

Unter Aufbietung aller Willenskraft riß O'Neill sich zusammen. Wie ein wildes Tier sah er der Reihe nach in die Gesichter der Männer und fand nirgends Trost. Es ging um sein Leben oder um ihres, wie er nur zu gut wußte, und er war unfähig dazu, mit einer glatten, wohlklingenden Rede über diese offensichtliche Tatsache hinwegzutäuschen. Er war nun einmal kein Mann der Worte. Er konnte ihnen nicht Amnestie und Vergebung versprechen, damit er erst einmal aus diesem Zimmer herauskam, um dann später seine Meinung ändern zu können. Ein redegewandter, skrupelloser Mann hätte das vielleicht fertiggebracht, hätte die Offiziere möglicherweise dazu überreden können, ihn erst einmal gehen zu lassen. Aber O'Neill war ein Mann der Tat, nicht der schönen Worte. Er wußte nur, daß er in einer Falle saß, und das einzige, was sein Instinkt ihm riet, war, wie ein Wahnsinniger zu kämpfen, wie ein wildes Tier, auch wenn es vielleicht hoffnungslos war. Seine Finger umklammerten den Tisch vor sich. Er war nicht besonders groß, aber aus massivem Holz gemacht, aus dikken Bohlen roh zusammengezimmert. Mit diesem Tisch konnte er Schädel einschlagen, Knochen brechen, sich den Weg zur Tür freihauen. Schon beim Gedanken daran schoß die Kampflust wie eine Flamme durch seine Adern. Er packte den Tisch noch fester, spannte die Muskeln, bereitete sich auf den Sprung vor.

Jorge stieß einen unartikulierten Warnschrei aus, als O'Neill angriff. Wie das um sein Leben kämpfende Tier, das er war, folgte O'Neill nur seinem Instinkt und warf sich als erstes auf den gefährlichsten Gegner. Er holte weit aus, schleuderte den Tisch horizontal von sich weg, um Zeit zu sparen, und schlug Jorge damit zu Boden, bevor dieser das Messer ganz ziehen konnte. Dann griff er blitzschnell um, so daß er seine schwere Waffe jetzt an den Beinen hielt und die schwere Platte wirkungsvoller einsetzen konnte. Don Cesar Urquiola versuchte, ihn am Gürtel festzuhalten, als er an ihm vorbeistürmte. Aber er riß sich los. Jemand zielte mit der Pistole auf ihn, verfehlte ihn jedoch. In dem niedrigen Zimmer klang der Schuß laut wie Kanonendonner. Elizalde stellte sich ihm in den Weg. Der Tisch krachte auf seine Schulter und fällte ihn. Delgado stand mit gezogenem Säbel vor der Tür. O'Neill schlug nach ihm, aber der Tisch traf einen der niedrigen Deckenbalken. Er schlug noch einmal zu und bahnte sich den Weg frei. Gerade wollte er die Hand nach dem Türgriff ausstrecken, als

Jorge wie eine Schlange über den Boden schnellte und seinen Knöchel packte. O'Neill stürzte mitsamt dem Tisch zu Boden, stürzte auf Delgado und Jorge und Elizalde. Ihre Körper verknäulten sich. El Platero kam mit gezücktem Messer herbeigerannt, aber bevor er zustechen konnte, bäumten sich die verknäulten Leiber auf, und auch er wurde zu Boden gerissen und in den Ringkampf verwickelt. Der Haufen unkenntlich ineinander verschlungener Körper wälzte sich hierhin und dorthin. Ein paar der anderen Männer stachen zögernd mit den Säbeln in den Haufen. Nur Don Cesar hielt sich von dem Gewühl fern, das nicht mit seiner kastilianischen Würde vereinbar war. Jemand sah O'Neills Kopf aus dem Gewühl auftauchen und trat blitzschnell mit einem schweren Stiefel zu. Andere erkannten ihre Chance, gingen in die Knie und stachen mit dem Messer zu. Immer und immer wieder.

Und so, auf dem Lehmboden eines schäbigen Gasthofes, starb der selbsternannte Generalkapitän von Leon. Die militärische Gewaltherrschaft, die er errichtet hatte, fand allen Traditionen einer solchen Herrschaftsordnung entsprechend durch eine Palastrevolution ein Ende, die durch den Treuebruch des Hauptmanns der Leibwache ausgelöst worden war.

Sie hatten lange gebraucht, um einen einzelnen, unbewaffneten Mann zu töten. O'Neills Körper war wie der eines jeden Cäsaren von zahllosen Wunden durchbohrt. In einer immer größer werdenden Blutlache lag er im Halbdunkel auf der Erde. Nur eine einzige Kerze hatte das Handgemenge überstanden. Ihr Docht war viel zu lang. Sie blakte und stank fürchterlich. El Platero schnitt den Docht sorgfältig zurecht, bis die Flamme wieder ruhig brannte, und zündete mit ihr die anderen Kerzen an. Die Männer atmeten noch schwer und mußten sich nach dem Kampf erst wieder beruhigen. Volpe versuchte, seinen Rock zurechtzuziehen, der quer über der Brust aufgerissen war. Elizalde stöhnte vor Schmerzen. Er saß in der Blutlache und hielt sich die zerschmetterte Schulter. Don Cesar beugte sich über O'Neills Leiche.

»Er hat das Problem für uns gelöst«, sagte er.

Der Nachruf war vielleicht freundlicher, als ein toter Despot es verdient hatte.

16

Als wollten selbst die Elemente ihre Zustimmung zu den Ereignissen der Nacht zum Ausdruck bringen, brach der nächste Tag klar und verheißungsvoll an. Der eisige Wind hatte sich gelegt, der Regen hatte aufgehört, und die Sonne verjagte den Nebel, wärmte die schmerzenden Glieder der marschierenden Soldaten, trocknete die schlammigen Straßen und erfüllte die Herzen aller mit neuem Mut. Die Armee aus Leon marschierte, als sei ihr General nicht gerade erst in dieser Nacht ums Leben gekommen. Sie quoll über die Ebene wie ein formloses Monster – ein kopflos gewordenes Monster – wie ein riesiger, amöbenähnlicher Organismus, der über die Ebene sickerte, auf die große Straße zu, die von Frankreich nach Madrid führte und die so etwas wie die Lebensader der französischen Armee darstellte.

Die vielen Anführer waren klug genug gewesen, ihre Gruppen und Abteilungen in Bewegung zu halten. Wer hatte schon Zeit, sich für einen toten General zu interessieren, solange die Armee marschierte, auch oder hinterher, wenn sie sich von den Strapazen erholte, und vor allem, solange die Aussicht auf neue Eroberungen verlockend vor ihnen schwebte. Selbst der größte Dummkopf in der ganzen Armee wußte von der Existenz dieser Straße und von ihrer Bedeutung in diesem Krieg. Selbst der größte Dummkopf mußte ein Prickeln der Erregung empfinden bei der Aussicht, die Straße zu schließen und damit den französischen Nachschub und die französischen Nachrichtenübermittlung zu kappen.

Davon abgesehen gab es auch sonst wenig Grund, Fragen zu stellen. El Plateros Männer gehorchten El Plateros Befehlen, und Urquiolas Männer gehorchten denen Urquiolas. Niemand interessierte sich sonderlich für O'Neills Existenz und deren Fortführung. Die Männer, die ehemals zu den Banden von El Bilbanito und O'Neill gehört hatten, hatten sich an ihre Doppelfunktion als Hauptquartierswachen und Artilleristen gewöhnt, und folglich auch daran, Jorges Anweisungen Folge zu leisten. Ihre Erfahrungen als Guerilleros hatten sie gelehrt, daß es ungesund sein konnte, sich zu sehr für die Machenschaften ihrer Oberen zu interessieren. Ein paar der Männer hatten zwar große Augen gemacht, als sie Jorge das erste Mal auf dem großen, grauen Pferd erblickten, das O'Neill bisher geritten hatte, aber sie waren klug genug gewesen, nicht auch den Mund aufzumachen. Keiner von ihnen hatte O'Neill geliebt.

Jorge selbst fühlte sich wie ein König. Die Sonne schien, er hatte ein gutes Pferd unter sich, und er war der unumstrittene Herr der Kanone. Das große achtzehnpfündige Geschütz war ihm ans Herz gewachsen. Fast schien es, als gäbe es eine Art geschwisterliches Bündnis zwischen den beiden. Jedenfalls bestand schon rein äußerlich gesehen eine merkwürdige Ähnlichkeit. Obwohl Jorge mit seinen achtzehn Jahren noch nicht voll ausgewachsen war, war er sehr groß und kräftig gebaut, mit gut ausgebildeten Muskeln, und sein Gang hatte etwas Schlingerndes, das dem Schlenkern und Rollen der Kanone auf einer steinigen Straße verblüffend ähnlich war. Er liebte die Kanone wegen ihrer tödlichen Präzision, wegen ihrer alles zerschmetternden Kraft. Und die sture Widerspenstigkeit, die sie an den Tag legte, wenn sie über unebenes Gelände gezogen wurde, war in Jorges Augen eher eine Tugend als ein Laster, was vielleicht daran lag, daß er selbst zur Sturheit neigte.

Als Jorge neben den Kanonieren daherritt, regten sich in seinem Inneren – auch wenn er sich dessen noch nicht bewußt war – die ersten Ansätze eines noch ungewohnten Ehrgeizes. Er hoffte oder glaubte sogar, daß er nun auf dem besten Weg zu soldatischem Ruhm und soldatischen Ehren war. Jedenfalls hatte der Kriegsrat, der in der letzten Nacht über O'Neills Leiche abgehalten wurde, ihn mit der größten Selbstverständlichkeit eingeschlossen. Es war überhaupt keine Frage gewesen, daß er die Artillerie übernehmen würde, und als Führer einer Abteilung der Armee stand er nun auf einer Stufe mit Don Cesar Urquiola, einem Mann von blauestem kastilianischem Blut, oder mit Alvarez, dem berühmtesten von Minas Leutnants. Er konnte sogar auf die unerfahrenen Landherren herabsehen, die das Kommando über die lokal ausgehobenen Teile der Truppen führten. Vorsichtig geschätzt stand er ungefähr an fünfter oder sechster Stelle der ohne viele Worte geltenden Hierarchie der Armee. Mit ein bißchen Glück führte er vielleicht schon bald das Kommando über die ganzen zehntausend Mann der Armee von Leon und konnte sich, wenn er wollte, selbst zum Generalkapitän ausrufen, dem eine großartige militärische Zukunft bevorstand. Diese Aussichten trösteten ihn darüber hinweg, daß er vom Reiten so wund und steif war, daß er bei Tagesende kaum noch gehen konnte.

Seine körperlichen Beschwerden hielten ihn jedoch nicht davon ab, sich am Abend unter die Männer zu mischen, auch wenn er erbarmungswürdig humpelte. Das quecksilbrige Temperament der Bergbewohner unter ihnen war mit der Verbesserung des Wetters – oder vielleicht auch mit dem unerklärten Verschwinden O'Neills – sprunghaft in die Höhe geschnellt, und ihre Ausgelassenheit wirkte ansteckend auf die ernsteren und schwerfälligeren Ebenenbewohner. Die Gitarren des Südens und die Dudelsäcke des Nordens vereinten sich in fröhlicher Disharmonie, und die Männer tanzten in ihren Quartieren und Lagern. Es wurde viel gelacht und gesungen – vielleicht weil es hier reichlich zu essen gab, vielleicht aber auch – so unglaublich es klingt – weil Jorges neuer Stolz sich auf die anderen übertrug und alle mit ganz neuer Zuversicht erfüllte. Beim Marschieren am nächsten Tag grölten die Männer Lieder, und die Trommeln ertönten mit solchem Elan und solcher Ausgelasenheit, daß man meinen konnte, sie wären bei den Franzosen in die Lehre gegangen. Und Jorge ritt mitten unter ihnen. Er scheute zwar immer wieder vor der Berührung mit dem Sattel zurück, aber ansonsten war er eingehüllt in glückselige Träume von zukünftigen Triumphen und zukünftigem Ruhm, die ebenso ungerechtfertigt wie unausgegoren waren.

Dann erreichten sie die Straße. El Bilbanito hatte es kaum gewagt, an diese Straße auch nur zu denken. O'Neill hatte, bevor der Größenwahn ihn übermannte, in ihr ein zwar wünschenswertes, aber so gut wie unerreichbares Ziel gesehen. Und nun war es Jorge, der die Kanone hierher gebracht hatte. Die Straße durchschnitt die Ebene genau so gerade wie eine Kugel fliegt, und so weit das Auge reichte. Fünfzig Meilen weiter nördlich hatte sie die Berge der baskischen Provinzen verlassen, wo Mina und Longa und El Marquesito sie bedrohten. Fünfzig Meilen weiter südlich kämpfte sie sich die Hänge von Guadarrama hinauf, wo El Empecinado lauerte. Aber zwei Jahre lang hatte keine spanische Streitmacht es gewagt, sich ihr hier zu nähern, im Herzen Altkastiliens.

Die großen Straßenbauer der Welt hätten nicht besonders viel von dieser Straße gehalten. Sie war schmal, sie war nicht besonders gut gepflastert, und die Steigungen waren ohne besonderes Können angelegt. Trotzdem war sie eine für spanische Verhältnisse bemerkenswerte Straße, und wenn auch nur aus dem einen Grund, daß sie das einzige dem öffentlichen Wohl dienende Werk war, das die spanische Dynastie, für die Spanien zur Zeit sein Blut so verschwenderisch verströmte, in zweihundert Jahren zustande gebracht hatte. Sie war die Verbindung, die Spanien an Europa anschloß. Die Städte, die an ihr lagen, Vitoria, Burgos, Madrid und wie sie alle hießen, hatten schon das Kommen und Gehen der maurischen Eroberer markiert, so wie sie später das Gehen und Kommen der französischen Eroberung kennzeichnen sollten. Sie war zugleich die Hauptarterie und der Hauptnervenstrang der französischen Besatzungsarmee. Über sie kamen die neuen Rekruten, die Versorgungszüge, das Geld und die Informationen, die es König Joseph erlaubten, in Madrid zu herrschen, Massena gestatteten, Wellington in Portugal entgegenzutreten, und Soult in die Lage versetzten, den reichen Süden niederzuhalten.

In den Bergen im Norden und im Süden hatte die Erfahrung und die Notwendigkeit die Franzosen gelehrt, fast jeden Meter der Straße zu befestigen. Aber hier in der Ebene war das bisher nicht nötig gewesen, und nichts hatte dafür gesprochen, daß es jemals nötig werden würde. Aber an diesem strategisch wichtigen Punkt, an dem die Straße von Leon sich mit der großen Straße vereinigte, und wo sie den Fluß Salas mittels einer langen steinernen Brücke überquerte, hatte Bessières die Vorsichtsmaßnahme ergriffen, eine Festung zu errichten. Hier konnten vorbeiziehende Kolonnen in Sicherheit ausruhen, und gleichzeitig war sie ein sicherer Lagerplatz für die Tributzahlungen und die Nahrungsmittel, die aus dem umliegenden Land herausgepreßt wurden.

Nun zeigte sich, wie klug der Bau dieser Festung gewesen war. Als sich die Nachricht verbreitete, daß sich Leon in einer Revolte erhoben hatte und die Garnisonen niedergemacht worden waren, und daß eine neue spanische Armee auf die Straße zumarschierte, hatten die kleinen Garnisonen Altkastiliens sich schutzsuchend hierher geflüchtet. Die Kolonnen, die nach Süden oder Norden unterwegs waren, waren vorsichtshalber geblieben, und es waren Maßnahmen ergriffen worden zur Verteidigung der Festung, während berittene Boten nach Norden und nach Süden preschten, um den Alarm weiterzutragen und die Verstärkung zusammenzutrommeln, die der Festung unweigerlich zu Hilfe kommen würde.

Jorge, den ein nie gekanntes wohliges Gefühl seiner eigenen Bedeutung erfüllte, trabte begleitet von Urquiola und Alvarez auf seinem großen, grauen Pferd los, um das neue Angriffsobjekt zu inspizieren. Die Armee gönnte sich eine Ruhepause, ließ sich längs der Straße ohne System zur Rast nieder, mit Ausnahme von Urquiolas Ulanen, die in kleinen Gruppen über die Ebene ritten. Die Festung wirkte nicht halb so eindrucksvoll wie La Merced, da sie nicht auf einem Hügel erbaut war, und nicht so uneinnehmbar wie die Zitadelle von Leon, da sie aus viel größerer Entfernung betrachtet werden konnte. Jorge sah lange Mauern aus grauem Stein, und dahinter Lagerhäuser und eine zentrale Zitadelle. Am Fuß der Mauer befand sich möglicherweise ein trockener Graben, und am Boden des Grabens gab es möglicherweise Palisaden. Er ritt weiter, um sich Gewißheit zu verschaffen, Urquiola und Alvarez immer noch neben sich. Dann stieg über der Festungsmauer eine kleine Rauchwolke auf. Eine Kanonenkugel schlug ganz in ihrer Nähe in den staubigen Boiden ein und rollte weiter über die Ebene.

»Nicht schlecht«, kommentierte Alvarez die Reichweite des Schusses.

Jorge antwortete nicht. Er war so in die Erkundung des Geländes vertieft, daß die Tatsache, daß er beschossen wurde, keinen Eindruck auf ihn machte. Unbeirrt ritt er weiter durch das spärlich wachsende Korn. Eine weitere kleine Rauchwolke verpuffte über der Festungsmauer. Dieses Mal schlug die Kugel fast genau vor ihren Füßen ein und rutschte dann seitlich weg.

»Garcia hat also recht gehabt, als er sagte, daß sie Achtzehnpfünder auf den Mauern montiert haben«, sagte Alvarez.

Jorge ritt weiter durch die Staubwolke die ihm den Blick nahm. Der Angriff mußte auf jeden Fall von dieser Seite her erfolgen, da die andere durch den Fluß geschützt wurde. Soweit er es beurteilen konnte, war abgesehen davon auf dieser nackten Ebene ein Ausgangspunkt so gut wie jeder andere. Aber vielleicht gab es doch etwas, eine Falte am Boden, einen ausgetrockneten Wasserlauf, der den Angriff erleichtern würde.

Ein dritter Schuß von der Festung her fuhr pfeifend so dicht über ihre Köpfe hinweg, daß sie den Lufthauch spürten.

»Hast du immer noch nicht genug gesehen?« brummte Alvarez besorgt. »Müssen wir uns denn völlig grundlos beschießen lassen?«

Er beruhigte sein nervös tänzelndes Pferd und legte Jorge die Hand auf den Arm.

»Laß uns zurückreiten«, sagte er. »Das nächste Mal treffen sie uns bestimmt.«

Jorge schüttelte die Hand ab und ritt diagonal noch näher auf die Festung zu, völlig versunken in die Gedanken, die so ungewohnt in seinem Kopf hin und her gingen.

»Dann reite eben allein weiter, wenn du unbedingt willst«, sagte Alvarez. »Ich jedenfalls komme nicht mit. Meine Männer brauchen mich noch. Sollen wir zurückreiten, Don Cesar?«

Urquiola wendete wortlos sein Pferd, und die beiden trabten zurück, während Jorge weiterritt. Er stieß auf das Flußufer auf der einen Seite der Festung, wendete das große, graue Pferd und ritt im Bogen um die Festung herum, bis er den Fluß auf der anderen Seite erneut erreichte. Als er näher an sie herankam, hörten die Soldaten in der Festung auf, ihn mit Achtzehnpfündern zu beschießen und begnügten sich mit den handlicheren Feldgeschützen. Ein paar besonders eifrige Schützen auf den Mauern nahmen sogar ihre Musketen und versuchten sich damit, denn auch auf eine Entfernung von dreihundert Metern war es mit etwas Glück möglich, einen Mann zu Pferd mit einer Muskete zu treffen. Man mußte nur oft genug schießen. Kugeln wirbelten rund um die Hufe von Jorges Pferd den Staub auf. Aber erst als sie anfingen, ihn mit Kartätschen zu beschießen, wurde Jorge aus seiner Versunkenheit gerissen. Die Entfernung war etwas zu groß für eine Kartätschenladung, aber der Schuß war gut gezielt. Die Kugeln zerwühlten die Erde rund um ihn herum, und eine Sekunde lang konnte man meinen, das große, braune Pferd wate knietief in ihnen herum. Jorge erwachte wie aus einem Traum. Wie durch ein Wunder waren weder er noch das Pferd getroffen worden. Er schüttelte den Kopf, gab die Zügel frei und ritt im langsamen Galopp zu der Armee zurück, die sich versammelt hatte, um das merkwürdige Schauspiel zu beobachten.

»Nun?« fragte Alvarez besorgt mit schmalen Augen. »Kannst du die Festung nehmen?«

Alvarez und Urquiola waren in der Zwischenzeit zu dem Schluß gekommen, daß ihnen die Festung von Salas nicht gefiel, und sie hofften, die Verantwortung der Entscheidung auf Jorges Schultern abwälzen zu können.

»Natürlich kann ich«, antwortete Jorge, dem es nicht einmal in den Sinn kam, daß seine herrliche Kanone ja auch versagen könnte.

»Dann mach dich an die Arbeit«, sagte Alvarez. »Meine Männer und ich übernehmen so lange den nördlichen Teil der Straße und geben dir da Deckung.«

Anders als Jorge besaß Alvarez kein unerschütterliches Vertrauen in die Kanone – oder in Jorges Fähigkeiten, mit ihr umzugehen – und dachte nicht daran, das Leben seiner Männer und seinen guten Ruf bei dem seiner Meinung nach hoffnungslosen Versuch, die Festung einzunehmen, aufs Spiel zu setzen.

Und so stand Jorge plötzlich auf der Straße, knapp außerhalb der Reichweite der großen Kanonen, und trug die Verantwortung für die Belagerung einer mächtigen Festung zweiten Ranges. Dabei hatte er noch nie zuvor eine richtige Festung gesehen. Und doch scharten sich die anderen Offiziere vertrauensvoll um ihn herum, um seine Befehle entgegenzunehmen. Sie betrachteten ihn – was Alvarez und Urquiola nicht taten – als O'Neills Nachfolger. Sie hatten es eilig, sich bei ihm einzuschmeicheln und sich seiner Autorität zu beugen – oder vielleicht auch, sich von der Verantwortung zu drücken, die Jorge ohne nachzudenken übernahm.

Er sah die Straße entlang. Als erstes mußte er ganz für sich allein und nur mit den allerprimitivsten Grundkenntnissen ausgerüstet die technisch hochgradig komplizierte Kunst der Belagerungskriegsführung erlernen. Dinge wie ›Parallelen‹ und ›Laufgräben‹ waren ihm kein Begriff. Er wußte nur, daß keine Truppe der Welt über diese nackte Ebene gegen die Festung vorrücken konnte, nicht bei dem heftigen Beschuß, dem sie unweigerlich ausgesetzt sein würde. Aber er hatte schon einmal von Schützengräben gehört. Er hatte bei den Belagerungen unter der Anleitung O'Neills sogar schon einmal gesehen, wie kleinere Schützengräben ausgehoben werden mußten. Wenn es einen Schützengraben gab, konnten die Männer sich der Festung nähern, aber dieser Schützengraben durfte nicht direkt und auf geradem Weg auf die Festung zulaufen, denn dann konnte die gegnerische Artillerie einfach hineinschießen. Nein, der Graben mußte erst auf einen Punkt seitlich der Festung zulaufen, und dann auf einen fast gegenüberliegenden Punkt, und so weiter und so weiter, immer im Zickzack. Und dann, wenn sie nahe genug an die Festung herangekommen waren, mußte die große Kanone vorgezogen werden und die Mauern durchbrechen, und die Infanterie mußte aus den Gräben stürmen und die Bresche erkämpfen. Selbst eine hochgradig technisierte Kunst wird auf einmal ganz einfach, wenn man sie in einfachen Worten ausdrückt.

Plötzlich von ungeahnten Fähigkeiten beflügelt schwang Jorge sich zu noch höheren Höhen auf. Wenn die Schützengräben außerhalb der Schußweite der Festung begonnen wurden – also etwa anderthalb Meilen entfernt – und im Zickzack fortgesetzt wurden, wobei natürlich jeweils nur an einem Ende gearbeitet werden konnte, würde es Monate dauern, bis sie nahe genug an die Mauern herankamen. Aber Jorge war nicht umsonst jahrelang Guerillero gewesen. Er hatte in dieser Zeit ein Auge für Bodenformationen entwickelt, und so hatte er sofort gesehen, daß es auf der Ebene zwei hintereinanderliegende, kaum auszumachende Bodenwellen gab. Sie waren winzig, würden aber die Männer vor dem schlimmsten Beschuß schützen. Die nähere der beiden Wellen war nur etwas über eine halbe Meile von der Festung entfernt. Wenn sie dort mit dem Graben anfingen, und zwar an breiter Front, konnten sie viel Zeit und Mühe sparen. Natürlich waren die Männer auf dem Weg zum Graben und zurück dem feindlichen Feuer ausgesetzt, aber wozu war die Nacht schließlich da, wenn nicht dafür, Belagerern Schutz zu bieten. Und wenn die Umstände es erlaubten, konnten sie vielleicht sogar einen Verbindungsgraben anlegen, den sie auch tagsüber benutzen konnten.

Der erste Schützengraben mußte natürlich nachts ausgehoben werden. Wenn überhaupt kannte Jorge sich bei nächtlichen militärischen Operationen aus – darauf konnte man sich bei einem Guerillero verlassen. Er wußte, wie einfach es war, in der Dunkelheit eine falsche Richtung einzuschlagen, und er war sich klar über die Notwendigkeit, alle nur möglichen Vorbereitungen im voraus zu treffen. Wenn der Schützengraben nachts entstehen sollte, mußte er zumindest bei Tage geplant und markiert werden. Jorge unterbrach seinen Gedankengang und gab ein paar Männern den Befehl, Holz zu schlagen und angespitzte Pflöcke zuzuschneiden, die mit Streifen weißen Tuchs versehen wurden. Als es dann dunkel wurde, begab er sich höchstpersönlich im letzten, schwachen Licht des Tages zu der zweiten Bodenwelle und schlug die Pflöcke in einer langen Linie in den winzigen Grat der absolut unbedeutenden Erhebung.

17

Hätte man einem fähigen Offizier der Pioniere die Aufgabe anvertraut, die Festung von Salas zu belagern, hätte er sich ganz genauso wie Jorge verhalten. Der einzige Unterschied wäre gewesen, daß der Pionier das Vokabular gehabt hätte, um seine Maßnahmen korrekt zu beschreiben. Am Abend des ersten Tages hätte er zum Beispiel gemeldet, er habe »das Feld umgebrochen« und seine »erste Parallele« in »im toten Winkel liegendem Gelände« angelegt, eine halbe Meile von der Festung entfernt. Aber genau wie Jorge hätte er zum Schutz gegen einen eventuellen Ausfall eine »Deckungsmannschaft« in Schützenordnung abkommandiert, und nachdem er seine »Arbeitsmannschaft« entlang den Pflöcken verteilt gehabt hätte, die in so großer Zahl in den Boden getrieben worden waren, hätte er den Männern angeraten, zu buddeln wie die Teufel und die Erde vor sich zu einer »Brustwehr« aufzuwerfen, und zwar ganz exakt entlang der Linie, die Jorges unausgebildetes Auge als am besten geeignet erkannt hatte.

Jorges Vorgehen war so orthodox, daß die Belagerten seine nächtlichen Aktivitäten sofort bemerkten. Sie feuerten mehrere Kanonenkugeln auf seine Arbeitstrupps ab, aber da sie in der Dunkelheit nicht sicher sein konnten, ob ihr Ziel richtig lag, griffen sie bald zu einer wirkungsvolleren Waffe. Die Festung verfügte über vier große Haubitzen. Mit diesen beschossen sie die Bodenwelle, deren Verlauf ihnen selbstverständlich auf den Meter genau bekannt war, mit Granaten. Die Haubitzen richteten beträchtlichen Schaden an. Sie fetzten die Brustwehren auseinander und töteten gelegentlich ein Dutzend Arbeiter auf einmal.

Aber Jorges Männer gaben nicht auf. Viele von ihnen waren vor dem Krieg Bergleute gewesen, und die anderen hatten bis vor kurzem als Bauern den Boden beackert. Sie waren das Graben gewöhnt. Außerdem hatten sie bisher noch keine Festung belagert, die sie nicht auch eingenommen hatten. In ihrer Unwissenheit waren sie weit davon entfernt, die Zweifel zu teilen, die Alvarez und Urquiola hegten. Nein, sie gruben mit unverminderter Begeisterung. Sie zerrten ihre toten Kameraden aus dem Weg und gruben weiter. Nach einer Weile ließen die Haubitzen von der Bodenwelle ab, und die Granaten beeinträchtigten die Arbeit nur noch selten. Als es hell wurde, war der erste schmale Schützengraben entlang der Bodenwelle fertig. Er war kaum mehr als ein Strich, aber so lang, daß sechshundert Mann bequem darin unterkamen. Den ganzen Tag über befanden sie sich ebenso im Belagerungszustand wie die Festung, denn der Artilleriebeschuß schnitt sie von jedem Nachschub ab, aber heute machte ihnen das nichts aus. Sie saßen mit sich und der Welt zufrieden in ihrem Graben und gingen daran, ihn in jenen Zustand der Unordnung zu versetzen, der den Menschen das Gefühl gibt, irgendwo zu Hause zu sein, während zwei Arbeitsmannschaften damit begannen, einen Verbindungsgraben nach hinten zu buddeln beziehungsweise vom anderen Ende des Schützengrabens aus eine Sappe in Richtung Festung anzulegen.

Auf diesen auf sie zulaufenden Graben konzentrierte die Festung alles, was sie an Geschützen hatte – die Achtzehnpfünder, die kleineren Feldgeschütze und die Haubitzen. Immer wieder zerstörten sie große Teile der gerade erst angelegten Brustwehr. Viele der Arbeiter fanden den Tod. Jorge wußte, daß er eigentlich einen Teil der »ersten Parallele« zu einer Art Batterie hätte ausbauen und die große Kanone bis dahin hätten vorziehen müssen, um den Beschuß durch die Festung in Grenzen zu halten. Aber Jorge hatte nur die eine große Kanone, und er war nicht bereit, sie in einem derart ungleichen Duell aufs Spiel zu setzen. Er mußte sie für den Versuch aufheben, die Mauern der Festung zu durchbrechen, wenn die Gräben weit genug vorgedrungen waren. Irgendwann, wenn die Feldgeschütze nachkamen, konnte er sie vielleicht einsetzen, auch wenn sie eigentlich zu klein waren, um wirklichen Schaden anzurichten. Aber solange er keine Artillerie zur Verfügung hatte, mußten eben Menschenleben geopfert werden. Die lebensgefährliche Arbeit an der Sappe machte langsame aber stetige Fortschritte. Die kräftigen Bergleute wühlten sich allen Verlusten zum Trotz wie die Maulwürfe durch die Erde.

Zum Teil war es Jorges Beispiel, das sie zu immer neuen Höchstleistungen anspornte. Er arbeitete genauso hart wie jeder von ihnen und schien dabei gleichgültig gegen jede Gefahr. So war es auch. Sein neues Unternehmen faszinierte ihn so sehr, daß er die Gefahren, die damit verbunden waren, völlig vergaß. Für ihn war es etwas völlig Neues, das Kommando über so viele Männer zu führen, eine so große Verantwortung zu tragen. Mit eigenen Augen zu sehen, wie die Belagerungsarbeiten immer mehr Gestalt annahmen, erfüllte ihn mit ungeheurer Befriedigung, war die Erfüllung all seiner kreativen Impulse.

Aber noch während er völlig in der Schufterei und Plackerei aufging, wurde er von einem Boten unterbrochen, der sich durch den Schützengraben zu ihm durchdrängte und ihm meldete, die anderen Offiziere ließen ihn dringend bitten, sofort ins Hauptquartier zurückzukommen. Jorge fluchte erbittert, aber auf eine so komische Art, daß die Männer, die neben ihm gruben, laut lachten. Mit einer nochmaligen Aufforderung, noch härter zu arbeiten, verließ er sie, und sie jubelten ihm zu, als er nach hinten hastete – so sehr war seine Beliebtheit über Nacht gewachsen.

Er zwängte sich durch den Schützengraben, kletterte heraus und trat den Spießrutenlauf über das offene Gelände an, bei dem er jeden Augenblick damit rechnen mußte, vom Gegner unter Beschuß genommen zu werden. Aber niemand machte sich die Mühe, auf einen einzelnen Mann zu Fuß zu schießen. An der Straße stieß er auf Urquiola, Alvarez, Delgado und ein halbes Dutzend von Urquiolas Ulanen. Zwischen ihnen saß ein Mann in einfacher Bauerntracht auf dem Boden, das Gesicht grau vor Erschöpfung. Hinter ihm ließ sein kleines, völlig verschwitztes und staubverkrustetes Pferd vor Müdigkeit den Kopf hängen. Urquiola reichte Jorge den Brief, den der Mann gebracht hatte. Jorge hielt ihn eine Weile verkehrt herum in der Hand und gab ihn dann wieder zurück.

»Was steht da geschrieben?« fragte er dabei, denn selbstverständlich konnte er nicht lesen.

»Der Brief ist von Bruder Bernard«, erklärte Urquiola. »Dem Mann, der in Leon das Arsen unter das Mehl gemischt hat.«

»Es freut mich, von ihm zu hören«, sagte Jorge. Es war einfach wundervoll zu sehen, wie sehr seine neuen Aktivitäten ihn aus seiner vorherigen Beschränktheit herausrissen. »Was will er denn?«

»Er schreibt, daß ein Regiment der französischen Garde von der Biskaya her im Anmarsch ist«, fuhr Urquiola fort. »Er will sich ihm mit sämtlichen Bauern, die er auftreiben kann, entgegenstellen – aber das werden bestimmt nicht viele sein.«

»Bestimmt nicht«, sagte Jorge. O'Neill hatte schließlich jeden einzelnen Mann, der ihm über den Weg lief, in die Reihen der Armee aufgenommen, die nun hier vor Salas lag. »Wie viele Franzosen sind es insgesamt?« fragte Jorge weiter.

»Ein Regiment eben«, antwortete Urquiola ungeduldig.

Jorge durchforstete sein Hirn und förderte eine vage Erinnerung daran zutage, was ein Regiment war – zwei bis drei Bataillone, alles in allem also ein- bis zweitausend Mann.

»Der Garde«, fügte Alvarez düster hinzu.

»Ja«, sagte Jorge. »Da wird Bruder Bernard alle Hände voll zu tun haben.«

In seiner Guerillerozeit war Jorge ein- oder zweimal mit der Garde in Berührung gekommen, und wußte daher, was für Soldaten das waren.

»Bruder Bernard sagt, sie sind nicht aufzuhalten. Sie marschieren wohin sie wollen. Er bittet uns um Hilfe. Er bittet uns um Kanonen.«

»Kanonen«, wiederholte Jorge und sah vor seinem inneren Auge die Feldgeschütze der Armee, die im Schlamm der Straße steckengeblieben und zurückgelassen worden waren, ohne Zugtiere, fünfzig Meilen weit entfernt. Es würde mindestens eine Woche dauern, sie herzuholen.

»Es müssen unbedingt Kanonen sein«, sagte Alvarez. »Wie sonst könnten wir auf dieser verdammten Ebene einem Regiment der Garde entgegentreten?«

Jedesmal, wenn Alvarez von der Ebene sprach, schwang in seiner Stimme ein bitterer Unterton mit. Er konnte sich an die Ebene einfach nicht gewöhnen. Er hatte seine soldatische Lehrzeit unter Mina in den Bergen Navarras absolviert und zog den Kampf in den Bergen vor. Aber er hatte recht mit seiner Sorge. Jorge konnte sich ebensogut wie Alvarez vorstellen, wie der Versuch ausgehen würde, die Garde auf der Ebene in einen Kampf zu verwickeln. Keine spanische Truppe, wie zahlreich auch immer sie sein mochte, war der Garde gewachsen. Die Infanterie nicht, und die Kavallerie auch nicht. Beide würden von den kampferfahrenen Veteranen geschlagen und überrannt werden, und dann würden sie ungehindert nach Salas marschieren. Und wenn sie erst einmal da waren und die Garnison verstärkten, war jede weitere Belagerung absolut aussichtslos. Die Garde allein konnte die ganze Armee gefährden, die sich hier zusammengefunden hatte.

»Wieviel Zeit haben wir?« fragte Jorge.

»Bei Tagesanbruch, als dieser Mann Bruder Bernard verlassen hat, waren sie noch dreißig Meilen entfernt«, sagte Urquiola.

»Dreißig Meilen? Dann können sie ja vor Anbruch der Nacht hier sein! Wir müssen versuchen, sie so weit wie möglich von hier entfernt aufzuhalten.«

»Das wissen wir auch«, sagte Alvarez gereizt. »Kannst du die Kanone sofort in Bewegung setzen?«

»Ja.«

»Dann tu das endlich, um Gottes Willen. Don Cesar, sind deine Männer bereit?«

»Mein Pferd!« rief Jorge seinem Burschen zu. In nur drei Tagen war es für ihn das Selbstverständlichste der Welt geworden, einem anderen Mann zu befehlen, ihm sein Pferd zu bringen. Am Anfang hatte es ihn jedesmal mit Stolz erfüllt, ihm ein fast diebisches Vergnügen bereitet, diesen Befehl erteilen zu können. Inzwischen hatte der Reiz des Neuen bereits beträchtlich nachgelassen, und in der Erregung dieses Augenblicks blieb nichts mehr davon übrig.

Die Probleme, die sich normalerweise ergeben, wenn die Befehlsgewalt geteilt ist, machten sich in dieser Krise überhaupt nicht bemerkbar. Die Situation war zu einfach, die Notwendigkeit zu schnellem Handeln zu dringend, und alle waren zu begeistert bei der Sache, um geteilter Meinung oder unentschlossen zu sein. Nur kurze Zeit später setzte sich die große Kanone, gezogen von dreißig Maultieren, die jeweils zwei zu zwei angespannt waren, auf der großen, gepflasterten Straße in Bewegung. Auf dieser bewundernswert glatten Oberfläche und angefeuert von den aufgeregten Treibern, legten die Tiere ein erstaunliches Tempo an den Tag. Mit einer Geschwindigkeit von fast drei Meilen pro Stunde raste die große Kanone über die Straße, rumpelte polternd und klappernd über die Unebenheiten des *pavé,* schlingerte wie ein Schiff auf hoher See. Dahinter folgten die dreißig Maultiere des Munitionstrains, die ergeben unter ihren schweren Lasten aus Kanonenkugeln und Pulverfässern dahertrotteten. Ein paar von ihnen, die umsichtigere Treiber hatten, waren zusätzlich auch noch mit Netzen mit Proviant beladen.

Don Cesars Ulanen trabten ein gutes Stück weiter vorne über die Straße, dicht gefolgt von den marschierenden Navarresern unter Alvarez. Die Garnison in der Festung sah sie abziehen, aber sie waren nur ein kleiner Teil der großen, irregulären spanischen Armee. Rund um die Festung verblieben immer noch mehrere tausend Mann in lockerer Formation. Ein Ausfall wäre unter diesen Umständen gefährlich und unsinnig gewesen.

18

Das Vierte Regiment der Füsiliere der Kaiserlichen Garde – das erste Regiment der »Jungen Garde«, wie der Volksmund sagte – hatte einen ziemlich aufreibenden Marsch hinter sich. Sie waren von der Biskaya her über die Berge gekommen, um den wilden Gerüchten nachzugehen, die in der Provinz über die Situation in Leon grassierten. Sogar die Mannschaften hatten die phantastischen Geschichten gehört, die in Umlauf waren – hatten gehört, wie von einer großen Revolte geflüstert wurde, von gewaltigen spanischen Armeen, die praktisch aus dem Nichts entstanden waren, von Festungen, die die Spanier eingenommen hatten. Sogar die absolut unglaubliche Geschichte, die ganze Garnison in der Zitadelle von Leon sei vergiftet worden, war bis hierher vorgedrungen.

Die Tatsache, daß aus Leon kein einziger Bote mehr kam, war keine Bestätigung der Gerüchte. Die französischen Garnisonen in den spanischen Provinzen waren daran gewöhnt, manchmal wochenlang von allen anderen Provinzen völlig isoliert zu sein. Schuld daran waren die Guerilleros, die überall in den Bergen lauerten. Bei den Franzosen galt, daß eine Nachricht nur dann einigermaßen sicher war, wenn sie von mindestens vierhundert Mann eskortiert wurde. Aber die Gerüchte waren nicht wieder eingeschlafen, sondern eher noch stärker geworden, und schließlich hatte der Militärgouverneur von Biskaya sich gezwungen gesehen, etwas zu unternehmen. Durch drastische Einschränkungen und Kürzungen und durch eine vorsichtige und umsichtige Umverteilung innerhalb seiner Garnisonen war es ihm gelungen, ein ganzes Regiment freizustellen und über die Pässe zu schicken, versehen mit dem Auftrag, um jeden Preis Kontakt mit den Truppen aufzunehmen, die für die Sicherheit der Hauptverbindungslinie verantwortlich waren. Er wußte, daß Wellington im Süden unterwegs war, und dieses Wissen allein reichte aus, jeden französischen General nervös zu machen. Dazu kam, daß jeder verfügbare Mann bereits abgezogen worden war, um Wellington aufzuhalten, und so war es ganz besonders schwierig, genügend Männer zusammenzubekommen, um die Verbindung zu anderen Teilen der Truppe wiederherzustellen.

Der Marsch der Füsiliere erinnerte an einen Alptraum. So war es immer, wenn relativ kleine französische Abteilungen in Spanien unterwegs waren. Wie immer wurde von den Bergen aus dem Hinterhalt geschossen, wie immer lagen die aufgestellten Wachen am nächsten Morgen häufig mit durchgeschnittener Kehle da. Die Soldaten marschierten über Straßen, auf denen keine Menschenseele zu sehen war. Sie betraten Dörfer, in denen sich kein einziger Einwohner mehr aufhielt – bei ihrem Näherkommen war alles was Beine hatte, geflüchtet. Die erfahrenen Veteranen der Garde achteten in jedem Dorf darauf, daß nichts, aber auch gar nichts von Wert zurückblieb, wenn sie wieder abmarschierten, auch wenn die Beute mehr als mager war, da man die Dörfer bereits Dutzende von Malen geplündert hatte. Meistens waren Sorglosigkeit oder Rachsucht der Grund, wenn die Dörfer beim Abmarsch in Flammen aufgingen.

In der Ebene wirkten die Umstände unheilvoller denn je. Die Zahl der Freischärler, die sich während des Marsches an ihre Flanken hefteten, schien stetig größer zu werden. Immer häufiger entdeckten sie ganze Banden von fünfzig oder mehr Männern, die parallel zu ihnen marschierten, bereit, beim ersten Zeichen eines Angriffs sofort die Flucht zu ergreifen, aber ebenso bereit, jedem Soldaten, der sich zu weit von der Truppe entfernte, die Kehle durchzuschneiden, und jedem kleinen Nachschubtrupp den Rückweg zu versperren. Die Franzosen konnten nichts gegen sie tun, denn sie waren zu flink für die schwerbepackten Infanteriesoldaten. Immer stärker hatten die Männer das Gefühl, durch ein Meer zu schwimmen, das sich ihrem Zugriff entzog. Die einzelnen Wassertröpfchen leisteten ihnen keinen nennenswerten Widerstand, aber in seiner Gesamtheit schloß sich das Wasser ebenso schnell hinter ihnen, wie sie es vor sich durchteilten, und wenn sie sich zu weit hinauswagten, würde das Wasser sie zuguterletzt überwältigen.

Dann erreichten sie Saldaña und wußten, daß die Lage ernst war, denn dort, wo einst die Trikolore geweht hatte, sahen sie jetzt das Rot und Gold Spaniens. Wo sie mit einem herzlichen Empfang gerechnet hatten, wurden sie von Musketenschüssen und Schmährufen der Fanatiker begrüßt, die sich in der Festung verbarrikadiert hatten. Sie hatten keine Chance, die Festung zurückzuerobern. Wie auch die Spanier lange vor ihnen hatten feststellen müssen, waren diese kleinen Festungen uneinnehmbar, solange man keine Artillerie hatte. Die Füsiliere drehten ab und marschierten nach Santa Eulalia, und auch Santa Eulalia befand sich in den Händen der Spanier. Aber Leon, die Hauptstadt der Provinz mit ihrer tausend Mann starken Garnison und ihrem großartigen Kommandanten hatte bestimmt durchgehalten, oder?

Nein, auch Leon war gefallen. Als sie sich der Stadt näherten, wurden die Tore geschlossen, und auf den Mauern drängte sich der Mob. Die Franzosen wurden mit Musketen beschossen, obwohl sie noch viel zu weit entfernt waren, woran man sah, daß dieses Gesindel keine Ahnung hatte, aber trotzdem war es hoffnungslos, die Mauern angreifen zu wollen, solange keine großen Geschütze zur Unterstützung des Angriffs vorhanden waren. Der Eindruck der Soldaten, durch ein Meer zu schwimmen, das sich erbarmungslos um sie herum schloß, wurde immer stärker. Jetzt schon hatte das Wasser viele der Zufluchtsorte überflutet, an denen sie gehofft hatten, sich eine Weile ausruhen zu können.

Auf dem Rückmarsch nach Carrion stießen sie das erste Mal auf offenen Widerstand. Eine Handvoll irregeleiteter Bauern versuchte, den Übergang über einen der vielen Flüsse zu verteidigen, die die Ebene durchzogen. Es war der schiere Wahnwitz anzunehmen, daß ein Flüßchen und ein paar tapfere Männer genügten, zwei Bataillone der Garde aufzuhalten. Die Füsiliere blühten richtig auf, weil sie endlich wieder einmal in Aktion treten konnten. Eines der Bataillone startete einen offenen Angriff auf die Furt. Das andere marschierte eine halbe Meile den Fluß entlang, kletterte die steile Böschung hinunter, kämpfte sich durch das hüfthohe, wild strudelnde Wasser und griff den Gegner von der Flanke her an, bevor noch die armen Dummköpfe überhaupt merkten, was los war. Die Soldaten erwischten ein paar der Bauern und erledigten sie mit ihren Bajonetten. Der Rest rannte wie die Hasen über die Ebene davon. Eine halbe Schwadron Dragoner hätte ausgereicht, sie bis auf den letzten Mann niederzumachen, aber da Wellington im Süden des Landes wütete, blieb für den Norden nicht einmal eine halbe Schwadron übrig.

Nur mit äußerster Mühe konnten die Offiziere verhindern, daß die Soldaten jeden Spanier, den sie fingen, auf der Stelle töteten. Wenigstens zwei oder drei von ihnen mußten am Leben bleiben, denn es war von allergrößter Bedeutung, Informationen zu sammeln. Und von wem sollten diese Informationen kommen, wenn nicht von Gefangenen? Die Spanier redeten nicht gerade bereitwillig, aber sie redeten, wenn auch erst nach einer Weile, nachdem »die Frage« angewendet worden war – ein bezeichnender Ausdruck: Man isolierte die Gefangenen voneinander und ließ sie von Männern bewachen, die sehr genau wußten, wie man widerspenstigen Spaniern Informationen entlockte. Wenn man dann hinterher an den Punkten nachhakte, an denen ihre Aussagen widersprüchlich waren, erzählten sie einem alles, was sie wußten.

Die Franzosen reimten sich die Bruchstücke so gut es ging zusammen – die unglückseligen Spanier wußten selbst nicht so genau, was alles geschehen war – und standen plötzlich vor einer Geschichte, die bedrückend an die phantastischen Helden- und Rittersagen der alten Zeit erinnerte, in denen das Übernatürliche unentwirrbar mit der Wahrheit vermischt gewesen war. Sie erzählten von einem Mann namens O'Neill der mit einer großen Armee aus den Bergen gekommen war, und mit einer neuen Art von Kanone, die die Mauern von Leon aus einer Entfernung von fünf Meilen dem Erdboden gleichgemacht hatte. O'Neill war kreuz und quer durch ganz Leon marschiert und hatte alles getötet, was sich ihm widersetzte, Franzosen und Spanier gleichermaßen. Der nur auf Hörensagen beruhende Bericht der Bauern über die Hinrichtungen auf der Plaza Mayor erinnerte an die Blutopfer eines Königs von Dahome. Die Bauern wußten ein wenig über das Blutbad von La Merced und über die längerwährenden Massaker an den Garnisonen, die kapituliert und den Marsch in die Gefangenschaft angetreten hatten. Zwischendurch tauchte in den Berichten von Gemetzeln und Blutbädern wie ein Refrain immer wieder der Name Bruder Bernard auf, ein Mann, der offensichtlich durch Zauber und Gebet das Werk vollendet hatte, das O'Neill durch Gewalt begonnen hatte. Aus dem, was die Bauern erzählten, errieten die Franzosen, daß die Garnison von Leon tatsächlich vergiftet worden war, und das Entsetzen schüttelte sie. Weiterhin sagten die Bauern einstimmig, daß es dieser Bruder Bernard gewesen sei, der die Bauernschaft dazu gebracht hatte, gegen die Füsiliere zu kämpfen. Er hatte das ganze Land durchreist, so schnell, daß man an Wunder glauben mußte, und wo er auftauchte, griffen die Menschen zu den Waffen und erhoben sich gegen die Franzosen. O'Neill selbst war mit seiner großen Armee weitergezogen, einer sehr großen Armee, einer gewaltigen Armee – so drückten die Bauern sich aus, deren Auge nicht gelernt hatte, zwischen einer Streitmacht von zehntausend oder hunderttausend Mann zu unterscheiden. Er war nach Madrid gezogen, um König Joseph zu hängen, und er würde König Ferdinand aus dem Kerker befreien und ihm seinen Thron zurückgeben.

Colonel Baron Laferrière hörte sich das Sammelsurium von Fakten und Legenden an und mußte darüber entscheiden, was er davon zu halten hatte. In bezug auf die Größe von O'Neills Armee, die sicher maßlos übertrieben war, konnte er einige Abstriche machen. Aber er mußte erraten, wo diese Armee als nächstes zuschlagen würde, und er mußte entscheiden, was er nun tun sollte. Nicht ohne Grund war er davon überzeugt, daß seine Männer durch jede noch so zahlreiche Ansammlung hastig zusammengezogener spanischer Truppen durchbrechen konnten und beschloß, zunächst einmal zur großen Straße zu marschieren. Diese Straße war der Punkt, an dem seine Truppe am ehesten benötigt wurde. Dann würde er den Kreis vollenden und nach Biskaya zurückmarschieren, wenn er dort gebraucht wurde, und auf dem Weg dorthin würde er die Nachricht von der Revolte und davon, was sich in ihrem Verlauf alles zugetragen hatte, nach Burgos bringen.

Mit das Erste, was ein französischer Offizier gleich zu Anfang seines Aufenthaltes in Spanien lernte, war, welch ungeheure Bedeutung es hatte, jede Gelegenheit der Nachrichtenübermittlung wahrzunehmen. In den isolierten Provinzen, in denen die Partisanen jede Straße unsicher machten, waren Nachrichten das kostbarste militärische Material überhaupt. Die Marschroute einer jeden Kolonne mußte so geplant werden, daß sie zusätzlich zu der wie auch immer gearteten militärischen Aufgabe, die sie hatte, auch Nachrichten weitertragen konnte.

Also schwenkten die Füsiliere der Garde nach Osten ab und marschierten auf schmalen Seitenstraßen und Feldwegen über die Ebene. Mit ihren blauen Röcken, den weißen Hosen und den schwarzen Gamaschen gaben sie ein eindrucksvolles Bild ab. Der Strom der schwarzen Bärenfellmützen, die von langen, leuchtendroten Federn geschmückt wurden, ergoß sich über die Wege. In der Mitte des Zuges, zwischen den beiden Bataillonen, spielte die Kapelle. Die Trommeln donnerten und rollten, und über den Köpfen der Männer blitzte und blinkte der silberne Adler des Regiments, der an einer langen Stange getragen wurde, in der Sonne. Die Männer, die hier marschierten, waren vorher in jede Hauptstadt Europas einmarschiert, und hatten bei Wagram das Schicksal Europas entschieden. Colonel Baron Laferrière hatte den Angriff auf Jena geleitet, bei dem die größte militärische Monarchie der Welt zerschlagen worden war.

Es war eine Ironie des Schicksals, daß ausgerechnet diese Soldaten sich nun von bewaffneten Bauern umzingelt sahen. Sie, vor denen die Könige der Welt zitterten, waren jetzt froh, wenn sie die Nacht in den ärmlichen Lehmhütten der Dörfer verbringen konnten, wo sie sich ein kärgliches Abendessen aus Mais bereiteten, den sie in den Scheunen fanden, zwischen Steinen zerstampften und daraus geschmacklose Fladen brieten. Und ein Messer zwischen den Rippen tötete einen Wachtposten der Garde ebenso sicher wie den jüngsten und unerfahrensten Rekruten der kaiserlichen Armee.

Sie zählten dreizehnhundert Mann. Die Anzahl der Männer die in sicherer Entfernung von ihnen durch die Felder stolperten, sie aus der Ferne beschossen und sie unaufhörlich plagten und belästigten, betrug vielleicht zweihundert. Wenn sie zehnmal so zahlreich gewesen wären, hätten sie auch nicht mehr Schaden angerichtet, aber vielleicht hätte ihre Zahl sie dann dazu verlockt, offen anzugreifen, was selbstverständlich in einer vernichtenden Niederlage geendet hätte. Aber das alles war kein Trost für Colonel Baron Laferrière, der immer wieder Zeuge wurde, wie seine großen, sonnenverbrannten Männer, die Veteranen von Marengo und Austerlitz, einfach umkippten, wenn in einem fernen Wassergraben die Musketen krachten.

Gegen Abend eines der vielen alptraumhaften Tage erreichten sie die große Straße. Schnurgerade lief sie über die eintönige Ebene nach Süden, auf Madrid zu. Nach Norden hin fraß sie sich in die Berge, die am fernen Horizont blau schimmerten. Dort lag Burgos, lagen ihre Freunde, gab es Fleischrationen, und Erholung von den endlosen Schüssen aus dem Hinterhalt. Als die Männer ihr Abendessen kochten, wobei sie Türen und Fensterrahmen als Feuerholz verwendeten, glaubte Colonel Baron Laferrière aus südlicher Richtung ein bedeutsames Geräusch zu hören. Kanonendonner, dachte er; ein Mann, der die Artillerie auf fünfzig Schlachtfeldern Europas erlebt hatte, irrte sich nicht so leicht. Aber die anderen Offiziere, die er darauf aufmerksam machte, hörten nichts, und auch der Regimentsfeldwebel schüttelte nur den Kopf, als er zu Rate gezogen wurde. Sogar der Colonel hörte nun nichts mehr. Ob er sich doch geirrt hatte, fragte er sich, auch wenn er einen Irrtum eigentlich für ausgeschlossen hielt. Aber er konnte nichts mehr hören, denn Jorge hatte in der Zwischenzeit sein Pferd gewendet, und die Garnison von Salas hatte aufgehört, den Dummkopf auf dem großen, grauen Pferd, der sich so dicht an ihre Mauern herangewagt hatte, mit Kartätschen zu beschießen.

In der Nacht, als der Colonel in seinen Mantel eingewickelt in dem flohverseuchten Gasthaus schlief, kam ein Adjutant und weckte ihn. Draußen im Hof hatten sich mehrere Offiziere und Männer versammelt und lauschten mit gespitzten Ohren. Als der Colonel zu ihnen trat, war er endgültig sicher, das ferne Donnern von Kanonen zu hören. Die zustimmenden Kommentare der anderen bestätigten seine Wahrnehmung. Der Feldwebel des Regiments, der, den Kopf auf eine Trommel gelegt, im Sitzen geschlafen hatte, richtete sich auf und erklärte, es gäbe keinen Zweifel daran, daß irgendwo im Süden geschossen wurde. Alle spitzten erneut die Ohren. In der Stille der Nacht drangen die Geräusche nun unverkennbar zu ihnen – die Garnison von Salas beschoß die erste Parallele, die unter Jorges Anleitung ausgehoben wurde.

Am nächsten Morgen wußte Colonel Baron Laferrière, was er zu tun hatte. Dreißig Meilen weiter im Süden lag die Festung von Salas, und Salas war vielleicht der wichtigste Stützpunkt an der ganzen Straße. Der Kanonendonner – die Männer bestätigten noch immer, daß sie Schüsse hörten, und das trotz dem Lärm, den das Regiment beim Aufbruch machte – bewies, daß Salas belagert wurde, höchstwahrscheinlich von dem Gesindel aus Leon, das dieser unbekannte O'Neill um sich herum versammelt hatte. Laferrière wußte, daß Salas ausreichend mit Proviant versorgt war – er selbst hatte mehr als eine Nachschubkolonne dorthin eskortiert – und daß eine ausreichend große Garnison dort praktisch unbegrenzt durchhalten konnte. Aber er war nicht sicher, ob die Garnison tatsächlich ausreichend groß war. Deshalb war es unumgänglich, hinzumarschieren, sich durch den Mob der Belagerer durchzuschlagen und der Garnison seine Unterstützung anzubieten. Dann erst war Salas sicher, bis aus dem Süden wirkliche Hilfe kam.

Die Befehle, die Colonel Baron Laferrière an diesem Morgen bei der Parade gab, ließen die Kolonne nach Süden in Richtung Salas schwenken, statt auf das im Norden gelegene Burgos zu. Dies war der Augenblick, in dem Bruder Bernard seinen einzigen Reiter losschickte, um die Armee aus Leon zu warnen. Er selbst schwang sich auf sein kleines, weißes Maultier – es war so klein, daß er die Beine anziehen mußte, damit sie nicht über den Boden schleiften – und spornte seine Bauern erneut dazu an, alles zu tun, um die Franzosen aufzuhalten. Bruder Bernard wußte ebensogut wie Colonel Baron Laferrière, wie wichtig die Festung von Salas war.

Die Füsiliere der Garde marschierten über die große Straße nach Süden. Immer noch setzten die hartnäckigen Freischärler ihnen zu, aber sie taten so, als könne sie das nicht beeindrucken.

Einmal blieben ein paar Partisanen zu lange in den Gräben und trockenen Wasserläufen liegen, in denen sie sich versteckt hatten, um auf die Franzosen zu schießen. Sie wurden von einem Spähtrupp der Vorhut entdeckt und auf der Stelle getötet. Den ganzen Morgen über hatten die Füsiliere den Anführer des dreckigen Packs vor Augen. Es war ein Mönch in graubrauner Kutte, der auf einem weißen Maultier ritt. Einmal wagte er sich so nahe an sie heran, daß der Colonel seinen eigenen strikten Befehl vergaß, die Freischärler zu ignorieren. Er ließ die Kolonne anhalten und den Zug, der an der Spitze marschierte, eine Salve auf den Mönch abfeuern, der jedoch völlig unversehrt durch die rund um ihn herum aufspritzenden Kugeln davontrabte. Sie hatten fünf Minuten und fünfzig Gewehrladungen Munition vergeudet.

Und dann, als der anstrengende Morgen schon ziemlich weit vorangeschritten war und die Sonne immer unerträglicher auf sie herabbrannte, tauchte vor ihnen ein neuer Feind auf. Es war ein langgestreckter Reiterzug, der über die Straße auf sie zutrabte und sich schließlich in kleine Gruppen aufteilte, die auseinanderpreschten und die marschierende Kolonne aus sicherer Entfernung einkreiste. Der Colonel machte sich ihretwegen keine besonders großen Sorgen. Sie stellten keine Gefahr, sondern nur eine weitere Unannehmlichkeit dar. In ganz Spanien gab es keine Kavallerie, die es mit einem geschlossen marschierenden französischen Bataillon aufnehmen konnte, und diese lächerlichen Gestalten auf ihren Lilliputanerpferdchen konnten seinem Regiment nichts anhaben, solange es dicht beisammenblieb und sich in Bereitschaft hielt, sich beim ersten Angriff zum Karree zu formieren. Aber eine Plage waren die Reiter schon. Ihretwegen mußten die Füsiliere die bequeme Marschordnung in Sechserreihen aufgeben und sich kompanieweise in Gefechtsbereitschaft formieren, wodurch das Marschtempo beträchtlich verringert wurde und die

Männer sich überflüssigerweise darauf konzentrieren mußten, in korrekter Haltung korrekt sitzender Uniform und im vorgeschriebenen Abstand voneinander zu marschieren. Außerdem mußten die jetzt zu gefährdeten Spähtrupps in der Vorhut und die Schützen an den Flanken zurückgezogen werden, so daß das zu Fuß herumschleichende Gesindel sich noch näher an die Kolonne heranmachen und in die noch schutzloseren Massen hineinschießen konnte.

19

Jorge ließ die große Kanone und den Munitionstrain, die sich langsam über die Straße mühten, hinter sich zurück, bohrte dem großen Grauschimmel die Hacken in die Flanken und galoppierte nach vorn, hinter Urquiola und Alvarez her, die schon lange über die graugrünen Bodenwellen der Ebene verschwunden waren. Gedanken und Ideen sprudelten in seinem Kopf herum wie das Wasser eines Mühlenbachs. Er wußte nichts von den Lehrbuchprinzipien eines Krieges. Er hatte noch nie etwas von der »intelligenten Kombination der drei Arme« gehört, oder von all den vielen anderen Taktiken, die zukünftigen Generälen so gern vorgebetet wurden. Aber er wußte, daß er einen Feind vor sich hatte, den die Kavallerie nicht auseinandersprengen konnte, dem die Infanterie nicht gewachsen war, der jedoch der großen Kanone gegenüber, die er so von Herzen liebte, völlig hilflos sein würde. Jorge war so vertieft in den Plan, der sich langsam in seinem langsam arbeitenden Hirn herausbildete, daß er den Schmerz, den das Reiten seinem wundgescheuerten, gepeinigten Körper bereitete, nicht einmal bemerkte.

Er sah sich nach einem sicheren Hinterhalt für die Kanone um, nach einer Stelle, von der aus er überraschend und aus nächster Nähe das Feuer eröffnen konnte, die aber trotzdem genügend Schutz bot, so daß er etwa ein Dutzend Schüsse abgeben konnte, ohne gleich um sein Leben kämpfen zu müssen. Während er das große Pferd über die Ebene jagte, wanderte sein Blick unermüdlich hin und her, suchte den Fleck, der in etwa seinen Vorstellungen entsprach. Nach ein paar Meilen fand er ihn.

Ein Bach hatte sich hier tief und fast senkrecht in die Ebene hineingegraben und kreuzte die Straße im spitzen Winkel. Nicht etwa, daß der Übergang für die französische Infanterie unpassierbar gewesen wäre, aber er stellte doch ein Hindernis dar, daß sie dazu zwingen würde, langsamer zu werden und die Reihen aufzulösen. Die steinerne Brücke, die den Bach an dieser Stelle überquerte, war viel zu solide gebaut, als daß Jorge hoffen konnte, sie in der einen Stunde, die ihm blieb, zerstören zu können. Aber das war auch nicht notwendig, denn auf dieser Seite des Baches, nur durch ihn von der Straße getrennt, die auf die Brücke zulief, stand eine Bauernhütte aus den üblichen, luftgetrockneten Ziegeln und daneben eine Art Kuhstall aus demselben Material.

Jorge jagte sein Pferd durch die Felder auf das Haus zu und hielt direkt vor der Tür an. Zwei junge Frauen arbeiteten ein Stück entfernt auf einem anderen Feld. Sie hoben neugierig den Kopf. Im gleichen Augenblick kam eine alte Frau, der zwei kleine Kinder am Rockzipfel hingen, hastig aus der Tür. Jorge gönnte ihr und den Kindern weder ein Wort noch einen Blick – gut möglich, daß er sie nicht einmal sah – aber die Kinder starrten ihm fasziniert nach, wie er hierhin und dorthin ritt, um den Kuhstall und den Misthaufen herum, und sich jede Einzelheit einprägte, bevor er das große Pferd wendete, zur Straße trabte und wie der Wind auf ihr entlangflog, um seinen Plan in die Tat umzusetzen.

Alvarez, der verzweifelt nach einer Möglichkeit suchte, wie er seine Navarreser Infanterie mit ihrem Bodensatz Leoneser Rekruten auf dieser gesichtslosen Ebene gegen die solide Masse disziplinierter französischer Truppen einsetzen konnte, hörte die Hufschläge des großen, grauen Pferdes, das im halsbrecherischen Tempo hinter ihm hergeprescht kam. Dann zügelte Jorge das verschwitzte Tier gleich neben ihm. Seine Augen in dem staubverkrusteten, schweißüberströmten Gesicht hatten einen merkwürdigen Glanz. Außer Atem sprudelte er seinen Plan hervor, von der Erregung zu so ungewohnter Redegewandtheit beflügelt, daß sogar Alvarez, der sonst immer so Skeptische und Vorsichtige, Feuer fing. Wenigstens hatte Jorge einen Plan, während er selbst nicht einmal das bieten konnte. In weniger als fünf Minuten marschierten fünfhundert von Alvarez' Männern so schnell ihre Füße sie trugen zurück, hasteten unter der sengenden Sonne zurück zu der Brücke, die sie vor einer Stunde überquert hatten.

Jorge gönnte der Szenerie vor sich keinen einzigen Gedanken

und gönnte den Füsilieren der Garde keinen einzigen Blick. Die fast visionären Bilder, die die Erregung und die Anspannung vor seinem inneren Auge entworfen hatte, hatten ihm das alles bereits gezeigt, so daß er nicht mehr hinsehen mußte zu den exakten, geordneten Reihen der Bärenfellmützen mit den roten Federn, die im gleichen Tritt über die Ebene marschierten, zu dem Adler, der über den Köpfen der Männer in der Sonne funkelte, und den Bajonetten, die durch den Staub aufblinkten. Und drumherum die kleinen Grüppchen der Reiter, die die Franzosen aus sicherer Entfernung hilflos und planlos umkreisten.

Er fand Urquiola bei einer etwa hundert Mann starken Gruppe kastilianischer Reiter, deren Standarten verstaubt und verdreckt von den Spitzen ihrer Lanzen flatterten. Vor zwei Jahren hätte Urquiola die Franzosen ohne zu überlegen angegriffen, und wäre dabei Tod und Verderben entgegengeritten. Aber in diesen zwei Jahren des Krieges hatte Urquiola gelernt, daß es nichts weiter als Dummheit war, auf den mickrigen Pferdchen, die sie besaßen, gegen die unerschütterlichen Linien der Infanterie anzustürmen. Trotzdem war es für ihn eine bittere Pille, den Franzosen wie eine Meute von Schakalen folgen zu müssen und höchstens einmal einen Mann zu erledigen, der wegen Sonnenstich zurückgefallen war, und ansonsten mehr eine Ehreneskorte als irgend etwas sonst zu sein, während die Franzosen im Triumph nach Salas marschierten.

Auch Urquiola sprudelte Jorge seinen Plan entgegen. Mit einer weitausholenden Armbewegung wies er auf die Besonderheiten des Geländes hin – es war schon erstaunlich, wie schnell Jorge den Blick eines Generals für Gelände entwickelt hatte –, und im nächsten Augenblick trabte eine Abteilung der Ulanen in die Richtung davon, die Jorge gezeigt hatte und überquerte den Bach. Jorge selbst galoppierte auf der Straße zurück zur Kanone, die schwerfällig herangerollt kam. Er war in panischer Aufregung und zitterte vor Ungeduld, denn er fürchtete, daß ihm vielleicht nicht genügend Zeit blieb, seine Vorbereitungen zu treffen, bis die Franzosen den Bach erreichten.

Die Kinder vor der kleinen Bauernhütte hatten noch nicht aufgehört, Fragen über den fremden Mann auf dem großen, grauen Pferd zu stellen, der herangaloppiert und dann wieder verschwunden war – Fragen, die ihre Großmutter nicht beantworten konnte –, als plötzlich etwas geschah, was ihren Fragen ein Ende setzte. Ein langer Troß von Maultieren, die jeweils zu zweit angespannt waren, mühte sich durch die Felder auf die Hütte zu und zerrte eine gewaltige Kanone hinter sich her. Die verschwitzten Männer, die die Maultiere antrieben, sagten etwas zur Großmutter der Kinder, woraufhin die arme alte Frau entsetzt die Hände über dem Kopf zusammenschlug. Mutter und Tante kamen vom Feld herbeigerannt und fingen verzweifelt an, Töpfe und Pfannen zusammenzusuchen und die anderen Schätze des Haushalts ins Freie zu schleppen, aber dann kam der Mann auf dem grauen Pferd zurück, und sie mußten ihre Bemühungen aufgeben und mit den Kindern aus dem Haus und über die Felder flüchten. Die Kinder heulten und zappelten. Sie wollten nicht weggezerrt werden. Sie wollten bleiben und zusehen, was passierte, wollten hören wie die große Kanone abgefeuert wurde. Jetzt schon war sie unter viel Geschrei und viel Ächzen und Keuchen in den Hof bugsiert und gewendet worden, so daß das lange, gefährlich drohende Rohr um die Ecke der Hütte lugte. Es waren auch noch andere Männer da, die mit lautem Gepolter in die Hütte einfielen, Löcher in die Wände schlugen, ihre Gewehre luden, die kostbaren Ziegen verjagten, und die immer noch Zeit und Geistesgegenwart genug besaßen, den Hühnern die Hälse umzudrehen und sie an ihre Gürtel zu hängen.

Jorge hatte genügend Zeit gehabt. Die Kanone stand gut versteckt zwischen Hütte und Misthaufen. Die Hütte selbst war von Gewehrschützen besetzt, wie auch das steile Ufer des Bachs. Urquiola und seine Ulanen warteten in langen Reihen zweihundert Meter weiter hinten. Jorge lud die Kanone mit größter Sorgfalt. Er maß die korrekte Menge Pulver ab, füllte es in die Mündung der Kanone und stampfte es fest. Er vergewisserte sich, daß das Zündloch mit losem Pulver gefüllt war. Mit eigener Hand drückte er eine der länglichen, zylindrischen Metallhülsen in das Rohr, die mit Musketenkugeln gefüllt waren und allgemein als »Schrapnell« bekannt waren. Jorge hatte noch nie zuvor gesehen, wie mit solchen Geschossen gearbeitet wurde. Neben der Kanone lagen zwölf weitere Schrapnell-, zwölf Kartätschenladungen und zwölf Kugeln. Eine mit Pulver gefüllte Schaufel lag bereit zum Nachladen. Zwei Lunten brannten langsam vor sich hin – spanische Lunten waren nicht besonders zuverlässig und besaßen die unangenehme Angewohnheit, im entscheidenden Augenblick auszugehen. Die Maultiere waren eine halbe Meile zurückgeschickt worden, damit die Franzosen sie im Falle einer Niederlage nicht einfangen konnten, um die große Kanone mitzunehmen. Zum letzten Mal sah Jorge durch das Visier der Kanone und vergewisserte sich noch einmal, daß sie genau auf den Punkt der Straße gerichtet war, der der Hütte am nächsten lag.

Das Vierte Regiment der Füsiliere der Garde marschierte im Gleichschritt über die Ebene. Es war Nachmittag. Die Männer marschierten bereits seit Tagesanbruch unter der glühenden Sonne. Sie hatten seitdem nichts gegessen und nur das Wasser in ihren Flaschen zum Trinken gehabt. Ein paar von ihnen waren vor Anstrengung zusammengebrochen. Ein paar von ihnen waren von den Schüssen der Freischärler getötet worden. Ein paar Verwundete wurden auf den Pferden der Offiziere mittransportiert – es ging nicht an, Verwunderte zurückzulassen, wenn sie der Gnade und Barmherzigkeit der Partisanen ausgeliefert waren.

Aber in diesem Augenblick stand auch die Ehre der Kaiserlichen Garde auf dem Spiel. Beim Gedanken daran richteten sich die großen, sonnenverbrannten und schnauzbärtigen Soldaten unter ihren schweren Lasten hoch auf, so wie ein Kind sich die Augen wischt, wenn man ihm erzählt, daß ein wirklich großer Junge niemals weint. Ihre Offiziere sagten ihnen, ihre Mühen seien jetzt fast vorbei, Salas sei nur noch sechs Meilen entfernt, und daß sie dort Ruhe und Sicherheit und Essen vorfinden würden und eine Flasche Wein für jeden. Mit neuer Hoffnung marschierten sie weiter.

Als Colonel Laferrière das Bachbett und die Brücke und die Hütte sah, und den Feind, der sich an diesem Punkt sammelte, wußte er, daß die Spanier hier versuchen würden, ihn und seine Männer aufzuhalten. Er atmete fast erleichtert auf. Der Bach war nun wirklich kein Hindernis für seine kampferprobten Männer. Sie würden den Feind, der die Brücke versperrte, ohne Schwierigkeiten überwältigen und ihm mit ein bißchen Glück so zusetzen, daß er es nicht mehr wagen würde, sie heute noch einmal zu belästigen. Natürlich mußte er seine Nachhut sichern, während er vorne zum Angriff überging, und vielleicht war es besser, seinen Männern zehn Minuten Rast zu gönnen, bevor er sie in den Kampf schickte, aber seine Probleme waren nun vorbei – dachte er. Auf sein Wort hin standen die langen Reihen der Federbüsche still, und die Männer wischten sich den Schweiß aus den Augen, überprüften ihre Musketen und sahen der Chance, sich an den Spaniern zu rächen, erwartungsvoll entgegen.

Dann rollten die Trommeln immer wilder im *pas de charge.* Die Offiziere traten mit in der Sonne blitzenden Säbeln vor. Die langen Reihen rückten vor wie eine Mauer. Die Kompanie der Voltigeure stürmte voran, wobei die grünen Federn fröhlich wippten, bis zur Böschung des Bachbetts, und die dicht geschlossenen Reihen folgten. Jorge sah noch einmal durch das Visier der Kanone. Er blies die glimmende Lunte zu einem hellen Flämmchen und drückte sie an das Zündloch.

Ein Schrapnell für ein achtzehnpfündiges Geschütz enthält vierhundert Musketenkugeln. Die dünne Metallhülse, in der die Kugeln steckten, dient dazu, die Streuung ein wenig einzugrenzen, wie die Würgebohrung eines Gewehrs. Vierhundert Kugeln fuhren auf einen Schlag mit tödlicher Präzision in die Flanke des vorrückenden Regiments. Kein Infanteriebataillon, nicht einmal ein englisches, hätte eine derart tödliche Salve abgeben können. Die Garde geriet ins Wanken.

Die Kanoniere versuchten, durch den dichthängenden Rauch zu sehen, welche Wirkung der Schuß gehabt hatte, und diejenigen von ihnen, die als erste etwas erkennen konnten, jubelten laut beim Anblick der Zerstörung. Aber Jorge trieb sie mit lauten Flüchen an ihre Arbeit zurück. Er hatte das Rohr bereits ausgewischt, schaufelte das Pulver in die Mündung, drückte es mit dem Ladestock fest, stopfte ein paar Lappen nach, drückte ein neues Schrapnell in das Rohr und rammte auch dieses tief hinein. Dann warf er sich mit seinem ganzen Gewicht auf das Bodenstück der Kanone, als könne er sie ganz allein wieder in Schußposition bringen. Die anderen eilten ihm zu Hilfe. Die Mündung der Kanone lugte erneut um die Ecke der Hütte herum. Jorge sah durch das Visier, korrigierte das Seitenrichtwerk um eine halbe Schraubendrehung, vergewisserte sich noch einmal, nahm eine Handvoll Pulver und streute es über das Zündloch. Dann nahm er die Lunte und feuerte die Kanone ab. Sie gab ein ohrenbetäubendes Brüllen von sich und hüllte sie alle in dichten Rauch ein. Ein geborener Dummkopf hatte vergessen, sich vor dem Rückstoß in Sicherheit zu bringen und lag nun schreiend da, ein Bein unter dem Rad der Lafette eingeklemmt, aber kein Mensch kümmerte sich um ihn. Sie hatten nur die Aufgabe, die Kanone so schnell wie irgend möglich zu laden und abzufeuern.

Die Reihen der Füsiliere wankten, als sei jeder einzelne Mann getroffen worden. Jorge hatte nicht nur die »drei Arme intelligent eingesetzt«, sondern auch die vierte große Waffe eines jeden Generals – das Überraschungsmoment. Keiner der Franzosen hatte damit gerechnet, daß aus dem Schutz der Bauernhütte eine Kanone auf sie schießen würde. Seit über einem Jahr waren die Franzosen in Nordspanien keiner Artillerie in spanischen Händen begegnet. Ein achtzehnpfündiges Geschütz, aus dem Schrapnelladungen abgefeuert werden, kann fürchterliche Lücken in die Reihen der Infanterie reißen. Und Schrapnells, die dazu noch in die Flanken der Infanterie zielen, wenn sie sich gerade auf einen Angriff vorbereitet, sind wirklich das Allerschlimmste, was passieren kann.

Es gab auch ein paar junge Soldaten in der Garde. Sie versuchten, vor dem gnadenlosen Beschuß zurückzuweichen. Die Tapfersten und Dickköpfigsten des Regiments ließen sich nicht davon abbringen, den befohlenen Angriff durchzuführen und drängten weiter auf den Bach zu, an dessen Ufer die Voltigeure bereits in einen Schußwechsel mit den Spaniern verwickelt waren. Die intelligenteren und weniger disziplinierten unter den Soldaten versuchten, dem Angriff eine andere Richtung zu geben und die Kanone zu stürmen, die das ganze Regiment gefährdete. In diesem Augenblick des Schwankens und des Durcheinanders krachte der vierte Schuß und vollendete das Werk der Zerstörung. Der Colonel stürzte tot von seinem Pferd. Der Regimentsadler neigte sich und sank zu Boden, als sein Träger von Kugeln durchsiebt zusammensackte. Irgend jemand anderes – einer der Männer, die sich in jedem Regiment durch Don Quichotisches Heldentum auszeichnen – hob ihn auf und trug ihn weiter.

Aber der Schaden war angerichtet und nicht wiedergutzumachen. Nachdem die Garde unentschlossen einen Augenblick lang gezögert hatte, zog sie sich langsam am Ufer des Bachs entlang zurück, weg von der Kanone. Niemand hatte den Richtungswechsel befohlen, niemand war da, den Rückzug zu organisieren, aber alle folgten. Die alte Ordnung war verschwunden. Es gab keine straff gegliederten Reihen mehr. Selbst die beiden Bataillone hatten sich unauflöslich miteinander vermischt. Was da über die Ebene taumelte, war kein Regiment mehr, sondern nur noch ein wirrer Haufen.

Die Spanier stießen ein triumphierendes Geheul aus, schlossen sich um das angeschlagene Regiment wie Schakale um einen verwundeten Löwen und schossen aus nächster Nähe in die schwerfälligen Massen hinein.

Jorge sah, daß die Entfernung zwischen seiner Kanone und ihrem Ziel immer größer wurde und schrie nach Kartätschen. Eine Kartätschenladung enthält nur dreißig Kugeln von jeweils knapp einem halben Pfund Gewicht, aber dreißig Kugeln, von denen jede zwei bis drei Opfer fordert, können ein gewaltiges Loch in eine dichtgedrängte Masse menschlicher Körper reißen. In Jorge brodelte die Inspiration der Kriegsführung noch heißer. Er schrie den Kanonieren zu, zu schießen was das Zeug hielt, rannte um die Ecke der Hütte zu seinem Pferd und schwang sich in den Sattel. Im nächsten Augenblick galoppierte er auf das tief eingeschnittene Bachbett zu. Sein braves Tier verlangsamte das Tempo kurz vor dem Hindernis – und sprang. Jorge verlor bei diesem Sprung alles, die Steigbügel, die Zügel, und was es sonst noch gab, aber irgendwie klammerte er sich am Sattel fest, schaffte es wie durch ein Wunder, sich wieder hochzuhieven und flog wie ein Pfeil auf Urquiola zu, der mit fünfzig seiner Ulanen vorsichtig hinter den Franzosen hertrabte. »Mir nach!« schrie Jorge ihnen gellend zu, als er an ihnen vorbeigaloppierte, und sie folgten ihm. Die Lanzen senkten sich in die Horizontale, das Schlagen der Hufe wurde zu einem Donnern, durch das das Geräusch des Windes in den Standarten deutlich zu hören war.

Eine neue Kartätschenladung krachte in die Masse der Franzosen, und Jorge ritt mitten in die Lücke hinein, die sich aufgetan hatte. Ein paar der Franzosen, alles Männer, die den Ansturm der kaiserlich-russischen Kavallerie bei Austerlitz abgeschlagen hatten, machten auf dem Absatz kehrt und hoben ihre Musketen – aber es waren nur ein paar vereinzelte Schüsse, die dem Ansturm entgegenkrachten. Das graue Pferd wurde tödlich verwundet, bäumte sich auf und brach zuckend und um sich schlagend zwischen den Füsilieren zusammen. Jorge, der nicht einmal eine Waffe bei sich hatte, rollte benommen vom Sturz zwischen ihnen hindurch. Aber mit seinem leuchtenden Beispiel vor Augen führten die Ulanen zum ersten Mal in ihrem Leben eine richtige Attacke durch. Ihre Standarten färbten sich rot mit Franzosenblut. Der Aufprall fünfzig galoppierender Pferde zerteilte die französische Infanterie in zwei Hälften, und jede dieser Hälften zerfiel in kleinere Gruppen, die sich ergaben, oder Rücken an Rücken weiterkämpften, bis niemand mehr übrig war; einzelne Gestalten versuchten ängstlich über die Ebene zu entkommen und einen Fluchtweg durch die Spanier zu finden, die im Siegesrausch wüteten.

Es war ein herzergreifender Anblick zu sehen, wie die feinen, hochgewachsenen Soldaten der Garde in der Pracht ihrer Bärenfellmützen, ihrer roten Federbüsche und ihrer markigen Schnurrbärte die zerlumpten Halbwilden, die sie einkesselten, um ihr Leben baten. Genauso herzergreifend war es, die anderen zu sehen, die zu stolz waren, um ihr Leben zu betteln, und die einer nach dem anderen von jenen Guerilleros niedergeschossen wurden, die sich weigerten, nahe genug heranzukommen und sich auf einen ehrlichen Kampf einzulassen.

20

Die Kanone hatte einen weiteren Sieg errungen. Bisher hatte sie immer nur Mauern zerstört. Dieses Mal hatte sie mehr geleistet. Sie hatte Disziplin, Organisation und Zusammengehörigkeitsgefühl zerschlagen. Eine ruhmreiche Leistung. Ein ganzes Regiment der Kaiserlichen Garde war vernichtet! Wenn in Paris die nächsten Ranglisten erstellt wurden, würde es in ihnen eine Lücke geben. Im kaiserlichen Almanach würde man den Namen von Oberst Laferrière aus der Liste der Großkreuzinhaber der Ehrenlegion streichen müssen – sein Stern zierte nun die Brust einer Feldarbeiterin, die ihn von ihrem Liebsten bekommen hatte, der ihr dabei stolz erzählt hatte, wie er ihn dem Oberst im Kampf Mann gegen Mann abgenommen hatte. Auch der Regimentsadler war nun in den Händen der Sieger. Er wurde von Alvarez' Männern im Triumph nach Salas zurückgetragen.

Aber Jorge machte trotz allem nicht den Eindruck, als sei der Sieg ihm zu Kopf gestiegen. Er war immer noch der gleiche grinsende Riese, der nach wie vor mit den Männern witzelte, die ihn als den Urheber ihres Triumphs bejubelten. Denn Jorge mochte sich zwar insgeheim nach militärischer Größe sehnen, hielt sich aber nicht für einen großen Mann, und es mangelte ihm jeder Sinn für seine eigene Würde, seine eigene Bedeutsamkeit. Als einer der begeisterten Männer ihm ein Pferd schenken wollte, das er von den Franzosen erbeutet hatte – eine überaus wertvolle Beute –, um damit das große, graue Pferd, das im Kampf getötet worden war, zu ersetzen, brachte ihn die großzügige Geste völlig in Verlegenheit. Aber glücklicherweise fiel ihm gerade noch rechtzeitig ein, daß er ja noch die Börse hatte, die er dem toten O'Neill abgenommen hatte, und er füllte die Hände des Mannes mit Gold. Er hatte vor Ausbruch des Krieges noch nie Gold gesehen, höchstens einmal in der Kathedrale von Santiago, und es war für ihn ein merkwürdiges Gefühl, jemanden zu bezahlen. Er rettete sich mit einer witzigen Bemerkung über die Teile seines Körpers, die keine Haut mehr hatten, über die Verlegenheit hinweg und kletterte in den Sattel.

Erst vor zehn Stunden hatte er die Kanone von Salas aus in Bewegung gesetzt, aber es kam ihm vor, als sei mindestens eine Woche vergangen. Die Felder waren übersät von Toten, und an der Stelle, an der die Schrapnelladungen ihre Opfer gefunden hatten, häuften sich Berge von Verwundeten. Einige von ihnen waren noch dazu in der Lage, um Hilfe zu flehen. Sie waren schon vor ihrer Verwundung durstig gewesen, und der Himmel allein wußte, wie sie sich jetzt fühlen mochten. Aber sie sollten nicht lange durstig bleiben, denn schon machten sich die Freischärler daran, die Ebene systematisch abzusuchen. Sie zogen die Toten aus, leerten ihre Taschen und erlösten die Verwundeten von ihren Schmerzen. Bruder Bernard war mitten unter ihnen. Er nahm seine geistlichen Pflichten sehr ernst. Soweit sein Latein und das bißchen Spanisch der Verwundeten es erlaubten, nahm er ihnen die Beichte ab und spendete ihnen die notwendigen Sakramente, bevor er ihnen die Kehlen durchschnitt.

Niemand sah darin etwas Ungehöriges. In Spanien hatte man nicht viel Verständnis für den Unglauben, und es war nun einmal wichtig, Seelen zu retten. Bruder Bernards Anhänger hatten noch nie etwas davon gehört, daß es auch im Krieg feste, allgemein anerkannte Regeln und Gebräuche gab, und nahmen von daher an, es sei nichts weiter als eine Frage des Geschmacks, ob man einen hilflosen Gegner am Leben ließ oder nicht. Daß Bruder Bernard Männern die Kehle durchschnitt – im Krieg, wohlgemerkt, nicht im Zivilleben –, war ihrer Meinung nach nichts anderes, als hätte er einem Huhn den Hals umgedreht.

Jorge war erst achtzehn Jahre alt und seit seinem sechzehnten Lebensjahr Guerillero. Der Tod war für ihn das Selbstverständlichste der Welt, und ein Menschenleben hatte für ihn nicht den hohen Stellenwert, den die Alten ihm zuschrieben. Er empfand keine Spur von Bedauern oder Mitleid mit den tapferen, großartigen Männern, die durch ihn den Tod gefunden hatten, oder mit den Gefangenen, denen auf dem langen Marsch nach Leon und weiter durch die Berge ein zwar langsamer, aber fast ebenso sicherer Tod bevorstand. Er empfand nur Freude über seinen Sieg, und diese Freude wuchs, als er merkte, daß die gesamte Streitmacht, Alvarez und Urquiola eingeschlossen, auf seine Entscheidung wartete, was als nächstes zu tun war. Ohne das geringste Zögern gab er den Befehl, zurück nach Salas zu marschieren und die Belagerung fortzusetzen.

Im Gegensatz zu Jorge waren Alvarez und Urquiola sich ihrer Würde sehr bewußt. Für sie kam es nicht in Frage, direkt zu Jorge zu gehen und sich einen Befehl zu holen. Aber als von ihm die Anweisung kam, die Kanone wieder auf die Straße zu schaffen und nach Salas zurückzubringen, beeilten sie sich, zu ihren eigenen Männern zurückzukommen und gleichlautende Befehle zu erteilen. Sie wußten, daß ihre Männer wußten, wem dieser Sieg zu verdanken war, und daß es besser war, sich nach Jorge zu richten, zumindest bis die erste Begeisterung etwas abgeklungen war.

Die Sieger hatten sich schon wieder mit den Belagerern von Salas vereint, als es dem einzigen Überlebenden der Besiegten gelang, sich zu den Belagerten durchzuschlagen. Leutnant Aubard, der stellvertretende Adjutant des Vierten Regiments der Füsiliere der Kaiserlichen Garde, hatte nicht die Absicht gehabt, sein Regiment im Stich zu lassen. Er hatte mit den anderen sterben wollen, auch wenn es furchtbar war, so zu sterben – in einem belanglosen Scharmützel in Spanien, achthundert Meilen vom Kaiser entfernt. Mehr als einmal hatte der junge Aubard sich vorgestellt, wie es wäre, im Kampf zu fallen, aber in seiner Vorstellung hatte es sich dabei immer um einen heldenhaften Angriff gehandelt, durchgeführt unter den Augen des Kaisers, auf einem Schlachtfeld, auf dem das Schicksal der Welt besiegelt wurde; hinterher hätte der *Moniteur* dann seinen Heldentaten mindestens eine halbe Spalte gewidmet.

Aubard war der einzige Füsilier, der noch auf seinem Pferd saß, als das Regiment auseinanderbrach. Er wurde von der Attacke der spanischen Ulanen mitgerissen, kämpfte sich zwischen ihnen hindurch und galoppierte los, um zu einer kleinen Gruppe seiner Kameraden zu stoßen, die sich jedoch ergaben, bevor er bei ihnen war. Daraufhin versuchte er, die nächste Gruppe zu erreichen, wurde jedoch von einem Dutzend brüllender Ulanen verfolgt.

Sein herrliches Vollblut hatte keine Mühe, die Liliputanerpferdchen der Spanier abzuhängen, aber als er seine Verfolger endgültig abgeschüttelt hatte, war er von den Resten der französischen Infanterie weit entfernt. Er ritt wieder näher, wurde von einer Gruppe von Spaniern unter Beschuß genommen und mußte einen weiten Bogen schlagen, um sie zu umgehen. Dann kreuzte eine weitere Gruppe von Ulanen seinen Weg, und er mußte erneut ausweichen. Aus der Ferne sah er den silbernen Adler über einem kleinen Trupp der Garde zum zweiten Mal fallen. Dieses Mal hob niemand ihn auf.

Verzweifelt blieb er auf seinem Pferd sitzen, den Säbel, auf den er so stolz war, tatenlos in der Hand. So beobachtete er die letzten Kämpfe der Schlacht unter der sengenden Sonne der graugrünen Ebene. Wenn er es gewollt hätte, hätte er natürlich mitten in die Spanier hineinreiten und mit dem Säbel auf sie einhauen können, bis einer von ihnen ihn tötete, aber es war gar nicht so einfach, sich dazu durchzuringen. Niemand konnte Aubard einen Vorwurf daraus machen – auch er selbst tat es nicht –, daß er sein Pferd schließlich wendete und dem Ort der Niederlage den Rücken kehrte.

Er war erst zwanzig Jahre alt, und er weinte, als er davonritt. Die Tränen liefen ihm über die Wangen. Alles, worauf er so stolz gewesen war, schien ihm nun wie blanker Hohn. Die nickende Bärenfellmütze mit dem leuchten roten Federbusch, die blaue Uniform mit den silbernen Litzen, der kleine, eher spärliche Schnurrbart, den er so sorgfältig pflegte – niemand durfte es wagen, durch eine glatte Oberlippe die Reihen der Garde zu verunstalten –, all das erschien ihm nun hassenswert. Erst eine Stunde später, als sein Leben erneut in Gefahr war, vergaß er, wie unglücklich er war.

Aubard fand eine Stelle, an der er den Fluß überqueren konnte und machte sich auf den Weg nach Salas. Vor lauter Eile achtete er so wenig auf seine Umgebung, daß er fast in eine Gruppe von Nachschubsoldaten hineingeritten wäre, die die Belagerer von Salas ausgeschickt hatten. Er flüchtete den Weg zurück, den er gekommen war, am Ufer des Flusses Salas entlang. Als er sich wieder einigermaßen sicher fühlte, zügelte er sein Pferd, zwang sich zur Ruhe und sah zurück zu der fernen Festung. Die Staubwolke über der Hauptstraße zeigte ihm, daß die Truppen, die sein Regiment vernichtet hatten, auf dem Rückmarsch zur Festung waren, um sich wieder an der Belagerung zu beteiligen. Außer ihnen schienen mehrere tausend Männer die Festung zu umlagern.

Trotzdem war Salas seine einzige Hoffnung. Ganz allein und vor allem in seiner auffälligen Uniform würde es ihm nie gelingen, quer durch Leon zurückzureiten, oder in der anderen Richtung durch vierzig Meilen ihm völlig unbekanntes Gelände nach Valladolid zu kommen. Er konnte nur hoffen, daß es vor der Festung, auf der anderen Seite des Flusses, keine nennenswerte Stellung des Gegners gab.

Aubard erreichte die Festung tatsächlich unbeschadet. Aber erst mußte er ein gutes Stück zurückreiten, bis er eine Stelle fand, an der er den Fluß überqueren konnte. Als es Nacht wurde, ließ er sein Pferd frei und kletterte die steile Böschung zum Fluß hinunter, der in seinem felsigen Bett vorbeiströmte, und schlich im Dunkeln am Wasser entlang zu der Stelle, an der die Mauern der Festung sich drohend erhoben. Immer wieder rutschte er dabei mit seinen schweren Stiefeln aus, stolperte und fiel hin. Dann kletterte er unter beträchtlichen Schwierigkeiten die Uferböschung wieder hinauf, wobei er jeden Augenblick damit rechnete, vom Feind entdeckt und beschossen zu werden, kauerte sich am Fuß der Mauer zusammen und fing an, leise zu rufen, bis ein Wachtposten ihn hörte. Dabei ging er das Risiko ein, daß der Wachtposten vielleicht zu jenen gehörte, die zuerst schossen und dann Fragen stellten. Er weinte fast vor Hunger, Müdigkeit und Kälte, als schließlich eine kleine Seitenpforte für ihn geöffnet wurde und man ihn zu General Meyronnet führte, der schon gespannt auf Nachrichten wartete.

Denn Aubard hatte an diesem Tag doch etwas erreicht. Er hatte die ersten authentischen Nachrichten aus Leon gebracht, die ersten wirklichen Informationen, welche in über drei Wochen durch die Sperrkette der Partisanen durchgesickert waren, die die Rebellion zusammengeführt hatte.

21

General Graf Darphin wachte aus schwerem Schlaf auf und merkte, daß jemand an die Tür seines Schlafzimmers hämmerte.

»Wer, zum Teufel, ist da?« rief er wenig einladend.

»Ich bin's, Guillermin«, sagte jemand auf der anderen Seite der Tür.

»Zum Teufel mit dir«, murmelte Graf Darphin vor sich hin, machte die Augen wieder zu und vergaß prompt, daß Oberst Guillermin existierte.

»Kann ich reinkommen? Es ist wichtig«, gab die Nervensäge keine Ruhe.

»Äh – was?« schreckte Darphin erneut hoch.

»Ich würde gerne reinkommen«, wiederholte Guillermin.

»Immer dieser verdammte Übereifer!« schimpfte Darphin, hievte sich aus dem Bett, schlurfte im Hemd zur Tür, schloß sie auf, sprang sofort zurück und verkroch sich wieder unter den warmen Decken. Es war ja noch nicht einmal hell! Nur ganz vorsichtig kroch das allererste Licht des Tages ins Zimmer, und außerdem war es eiskalt!

Oberst Guillermin betrat das Zimmer. Trotz der lächerlich frühen Stunde war er bereits angekleidet und trug die vollständige Uniform des kaiserlichen Stabs – die blaue Hose mit den goldenen Streifen, den blauen Uniformrock mit den goldenen Litzen, und den Mantel mit dem Besatz aus grauem Astrachan. Unter dem Arm hielt er die elegante graue Pelzmütze mit dem Federbusch, und an seiner Seite hing der schwere, orientalische Säbel, den die Mode gerade als neuestes Muß für Stabsoffiziere bestimmt hatte.

»Setzen Sie sich«, sagte Darphin und machte die Augen wieder zu. »Machen Sie es sich gemütlich, und dann erzählen Sie mir, was nun schon wieder los ist. Ich nehme an, daß die Armee in Portugal schon wieder etwas zu jammern hat?«

»Ja, es liegen Klagen des Prinzen von Eßling vor«, bemerkte Oberst Guillermin. »Und wir müssen diesbezüglich bald etwas unternehmen. Aber im Augenblick geht es um etwas Wichtigeres.«

»Und das wäre?« erkundigte General Darphin sich mit resignierter Stimme.

Kein einziges Wort drang an seine lauschenden Ohren. Nach

einer Weile schlug Darphin die Augen wieder auf und verrenkte sich fast den Hals, um über die Berge von Decken hinweg sehen zu können. Oberst Guillermin starrte betont auf den Wust schwarzen Haars, der neben Graf Darphin auf dem Kopfkissen ruhte.

»Wegen Chuchita brauchen Sie sich keine Gedanken zu machen«, sagte Darphin ungeduldig. »Sie versteht nichts von Staatsangelegenheiten. Nicht wahr, *ma poupée?«*

Unter den Decken war das Geräusch des Klapses zu hören, mit dem der General seiner Frage Nachdruck verlieh und seine Zuneigung zum Ausdruck brachte.

»Nein«, murmelte Maria de Jesus – kurz Chuchita genannt – verschlafen; die Decken raschelten, als sie sich gemütlicher an den General kuschelte und ihren Kopf auf seine Schulter bettete.

»Also erzählen Sie schon, was für Neuigkeiten Sie haben«, sagte der General.

»Es geht um Leon«, druckste Guillermin, und sein Tonfall hätte dem General eigentlich sagen müssen, daß das Thema heiß war, daß Unheil in der Luft lag. Aber der General war zu verschlafen, als daß ihm derartige Belanglosigkeiten aufgefallen wären.

»Nachrichten aus Leon?« sagte er erfreut. »Was war denn da los?«

»Leon ist gefallen. Paris ist tot – vergiftet – mit seiner ganzen Garnison. La Merced ist gefallen. Ebenso Mansilla und Soldaña. Die Vierten Füsiliere der Garde wurden auf der Ebene aufgerieben und bis auf einen Mann getötet oder gefangengenommen. Und Salas wird von zehntausend Spaniern belagert.«

Als er mit dieser Aufzählung zu Ende war, konnte Guillermin sich nicht mehr beklagen, der General habe kein Interesse an dem, was er zu sagen hatte. Darphin saß hochaufgerichtet und kerzengerade im Bett, nachdem er sich, während Guillermin Schrecken auf Schrecken häufte, fassungslos in diese Lage hochgestemmt hatte. Mit diesem Hochschrauben des Körpers war ein Absacken des Unterkiefers einhergegangen, so daß der Mund des Generals nun weit offen stand. Seine vom Schlaf zerzausten Haare und der unbekämmte Schnurr- und Backenbart taten ein übriges, um in in diesem Augenblick der ehrlichen Konsterniertheit absolut lächerlich aussehen zu lassen.

»Sind Sie sicher, daß das alles stimmt?« wollte Darphin wissen, zeigte aber gleichzeitig, für wie ernst und dringlich er die Angelegenheit hielt, indem er die Bettdecken von sich warf und aus dem

Bett sprang, ohne auf die damit verbundene Enthüllung von Chuchitas nackten Vorzügen Rücksicht zu nehmen.

»Meyronnet hat uns die Nachricht aus Salas zukommen lassen. Einer der Füsiliere konnte sich dorthin durchschlagen, nachdem sein Regiment vernichtet wurde. Zum Fluß hin ist Salas noch offen.«

Darphin stieg in seine Hose.

»Haben Sie den Marschall informiert?« erkundigte er sich.

»Nein«, antwortete Guillermin mit einem Anflug von Bitterkeit in der Stimme. Eine der Grundregeln, die General Darphin als Stabschef von Marschall Bessières aufgestellt hatte, lautete nämlich, daß niemand sich erdreisten dürfe, Seiner Hoheit direkt Meldung zu machen. Es war wieder einmal typisch, daß Darphin nun seine eigenen Befehle vergessen hatte.

»Ich muß es ihm sofort sagen« sagte Darphin. »Und Sie schikken sofort jemand zu Dumoustier und lassen ihm ausrichten, daß er entgegen dem Befehl von gestern abend ja nicht abmarschieren soll. Dann schicken Sie jemand nach Palencia zu Kellermann und sagen ihm, daß er bis heute abend mit all seinen Dragonern hier zu sein hat. Serras rufen Sie ebenfalls zurück. Der Marschall wird diese Befehle später schriftlich bestätigen, aber sie müssen in spätestens fünf Minuten unterwegs sein. Beeilen Sie sich!«

General Graf Darphin war seit neunzehn aufeinanderfolgenden Kriegsjahren Stabsoffizier. In den Tagen der Revolution waren es erst die Guillotine gewesen, und später dann die drastischen Methoden des Kaisers, die die Spreu der Unfähigen vom Weizen der Fähigen getrennt hatte. Darphin beherrschte sein Handwerk von der Pike auf. Die Tatsache, daß fünftausend Franzosen dem Gegner zum Opfer gefallen waren, daß die Verbindung unterbrochen war, von der eine Viertelmillion französischer Soldaten abhing, konnte ihn nicht aus der Fassung bringen. Gut möglich, daß er allmählich alt, nachlässig und faul wurde, aber mit seinem Kopf war noch alles in Ordnung. Jetzt, wo die Nachricht endlich da war, die das Geheimnis lüftete, was denn nun eigentlich in Leon los war, brauchte er nicht länger als die wenigen Sekunden, die das Zuknöpfen seines Rocks in Anspruch nahm, um die Befehle herauszugeben, die dafür sorgen würden, daß alles wieder in Ordnung kam. Aber er dachte mit Schrecken daran, was der Marschall zu diesem Schlamassel sagen würde. Seine Hoheit Marschall Bessières, der Herzog von Istrien, Oberbefehlshaber der nordspanischen Armee, Generaloberst der Kürassiere und Inhaber des Großen Adlers der Ehrenlegion, neigte nicht gerade zur Liebenswürdigkeit, wenn er vor dem Frühstück mit schlechten Nachrichten belästigt wurde. Darphin erschauderte geradezu, als er an die zornentbrannten Briefe dachte, die aus Paris eintreffen würden, sobald die Verbindung wiederhergestellt war und die Nachrichten von der Vernichtung eines der heißgeliebten Regimenter der Garde bis dorthin vordrang.

Während Darphin seine lederne Halsbinde umschnallte, gelangte er zu einem weiteren Entschluß. Er drehte sich zu Chuchita um, die sich die ganze Zeit über nicht gerührt hatte. Darphin hegte den starken Verdacht, daß sie nur deshalb so reglos blieb und die Kälte des frühen Morgens auf ihrem nackten Körper erduldete, weil jeder Versuch, die Bettdecken hochzuziehen, ihn an ihre Anwesenheit erinnert hätte. Darphin war in bezug auf Chuchita längst nicht so vertrauensselig und einfältig, wie Guillermin es vermutete.

»Tut mir leid, Chuchita« sagte er nun langsam. »Aber ich möchte nicht, daß die Nachricht von der Konzentration unserer Truppen zu den Spaniern vordringt. Es schmerzt mich zwar, einer Dame sagen zu müssen, daß ich ihr nicht vertraue, aber meine Pflicht zwingt mich dazu. Du würdest mir einen großen Gefallen tun, wenn du dieses Zimmer bis heute abend nicht verlassen würdest. Um genau zu sein, werde ich eine Wache vor die Tür stellen, um sicherzugehen, daß du nicht in Versuchung gerätst. Ich bedaure es sehr, dir diese Unannehmlichkeiten zumuten zu müssen, aber ich bin sicher, du verstehst, wie wichtig diese Angelegenheit ist. Nun beruhige dich bitte, meine Liebe. Ich werde dafür sorgen, daß du gleich dein Frühstück bekommst.«

Vielleicht war es Darphins militärische Ausbildung, die ihn gelehrt hatte, wann es klüger war, den Rückzug anzutreten. Wie auch immer, in Anbetracht der Beschimpfungen, mit denen Chuchita ihn zu überwältigen drohte, kam er zu der Erkenntnis, es sei wohl besser, sich außerhalb des Zimmers fertig anzukleiden. Er schnappte sich seinen Säbel und seine Stiefel, hastete durch die Tür und drehte den Schlüssel um, sozusagen um der schlechten Laune, die Chuchita bedauerlicherweise an den Tag zu legen begann, einen Riegel vorzuschieben. Er kannte ihre Temperamentsausbrüche und zog es von daher vor, das wissende Lächeln derjenigen zu ertragen, die im Flur an ihm vorbeieilten, während er sich, untermalt vom Hämmern zarter Fäuste gegen die verschlossene Tür, die Stiefel anzog und den Säbel umschnallte.

Er blieb auch fest in seinem Entschluß, eine Wache vor der Tür zu postieren, mit dem strikten Befehl, niemanden hinein oder herauszulassen, obwohl er sich darüber ärgerte, daß seine Motive mißverstanden wurden und der Sergeant der Wache sich das Grinsen kaum verbeißen konnte, als er den dementsprechenden Befehl erhielt. Glücklicherweise hatte General Darphin sein bißchen Latein längst vergessen, und so entging ihm die Bedeutung des geflüsterten »Quis custodiet ipsos custodes?« eines jungen Offiziers.

Um völlig sicherzugehen, daß die Spanier im Feld nicht einmal andeutungsweise von dem Schlag erfuhren, den er gegen sie plante, erging zusätzlich ein Befehl an die Torwachen der Stadt. Bis auf weiteres durfte kein Spanier die Stadt mehr verlassen. Die Bürger von Valladolid, die das Bedürfnis hatten, frische Luft zu schnappen, mußten sich mit den unhygienischen Ausdünstungen ihrer Gassen zufriedengeben. Landbewohner, die ihre Waren in der Stadt verkaufen wollten, konnten dies gerne tun, sofern sie bereit waren, ihren Aufenthalt in der Stadt auf unbestimmte Zeit auszudehnen.

Als das erledigt war, begab er sich ins Kasernengelände, wo Dumoustiers Division auf den Befehl von Oberst Guillermin hin von der Parade freigestellt worden war. Dumoustiers Division war die beste der ganzen französischen Armee in Spanien, bestehend aus elf Bataillonen der Jungen Garde – Voltigeure, Tirailleure und Füsiliere. Dumoustier selbst saß bei einem zweiten Frühstück, als Darphin das Zimmer betrat – bis vor zehn Minuten hatten er und seine Männer den Befehl gehabt, nach Süden zu marschieren, um Massénas Armee beim Kampf gegen Wellington zu unterstützen.

»Sie marschieren nach Norden, nicht nach Süden, General«, sagte Darphin zu Dumoustier. »Und zwar erst morgen Nacht, wenn Serras und Kellermann eingetroffen sind.«

»Und wieso diese Änderung?« fragte Dumoustier.

»Weil Leon rebelliert und wieder gezähmt werden muß. Und dafür sind Sie doch genau der Richtige, nicht wahr, General?«

»Stimmt, im Zähmen von Provinzen habe ich so meine Erfahrungen«, sagte Dumoustier.

Er nickte dabei leicht mit dem Kopf, als denke er an vergangene Leistungen zurück. Seine Augen wurden schmal, seine Lippen öffneten sich und enthüllten grausame, weiße Zähne unter dem schwarzen Schnurrbart. Falls Darphin daran gezweifelt hatte, ob Dumoustier mit seiner Gardedivision wirklich der richtige Mann dafür war, Leon eine Lektion zu erteilen, die es so schnell nicht vergessen würde, wären seine Zweifel beim Anblick des Ausdrucks auf Dumoustiers Gesicht sofort verflogen. Und wenn dann noch die Garde erst von der Vernichtung der Vierten Füsiliere hörte! Falls es stimmte, daß das Wissen um das Leiden anderer uns dabei hilft, unser eigenes Leid zu tragen, mußte es General Darphin in diesem Augenblick bedeutend wohler zumute gewesen sein als beim Gedanken an das, was der Bevölkerung von Leon bevorstand. Er drehte sich um und schritt der gefürchteten Unterhaltung mit seinem Oberbefehlshaber entgegen.

Dieser hatte schon genug Sorgen, seit Wellington sich im Süden des Landes herumtrieb. Wenn er nun auch noch hörte, daß im Norden der Teufel los war, bekam er ganz bestimmt einen fürchterlichen Wutanfall. Die herrliche Armee, die Masséna im vorigen Jahr nach Portugal geführt hatte, befand sich in diesem Augenblick auf dem Rückmarsch, halb verhungert und halbnackt. Über ein Drittel der Männer und zwei Drittel der Pferde waren vor den Festungslinien von Torres Vedras an Überanstrengung, Kälte und Hunger gestorben. Wellington, von dem jeder angenommen hatte, er sei ein für alle Mal aus dem Spiel, stand wieder an der Grenze Spaniens. Langsam aber sicher hungerte er Almeida aus und bedrohte Ciudad Rodrigo mit dem gleichen Schicksal, und wenn Bessières nicht schnell Hilfe schickte, hatte Masséna keine Möglichkeit, ihn aufzuhalten.

Und so schickte der Prinz von Eßling denn Brief auf Brief an den Herzog von Istrien, forderte Kleidung, Nahrungsmittel, Kanonen, Pferde und vor allem Männer, um die unverschämten Inselbewohner in die Berge zurückjagen zu können. Darphin erinnerte sich an diverse Formulierungen aus diesen Briefen. »Sie speisen mich mit leeren Versprechungen ab«; »Sie umgehen meine gerechtfertigten Forderungen mit billigen Entschuldigungen«; »Ihre Briefe sind unfaßbar!«; »Die Truppen in Spanien gehören doch alle zur selben Familie!«; »Sie sind verantwortlich für die Verteidigung von Almeida!«; und so weiter und so fort. Und nun, ausgerechnet jetzt, wo Dumoustier und Serras und Kellermann praktisch schon unterwegs waren, um Masséna zu unterstützen, da Masséna schon darüber informiert war, daß sie kommen würden, passierte diese Geschichte im Norden.

Dennoch konnte es keinen Zweifel geben, was zu tun war. Jeder verfügbare Mann mußte zurückgezogen werden, um die Verbindung in die Heimat wieder herzustellen. Nicht ein einziger Mann war in diesem Augenblick abkömmlich, um Masséna zu helfen. Darphin konnte sich sehr genau vorstellen, was Masséna schreiben würde, wenn er dies erfuhr. Nicht ganz so genau, dafür aber mit umso größerer Sorge, sah er vor sich, was Masséna über die Versäumnisse Bessières nach Paris schreiben würde, und natürlich – denn das Große schließt auch das Kleine mit ein – über die Unzulänglichkeiten seines Stabschefs. Allein der Gedanke daran ließ Darphin das Blut in den Adern gefrieren, und obwohl er nach außen hin fast frohgemut wirkte, als er über den Hof des Palastes stapfte, wußte er doch, daß sein oberster Chef dieselben Befürchtungen hegen und deshalb extrem reizbar sein würde.

Zu Darphins Ehre muß hinzugefügt werden, daß seine Befürchtungen nicht nur von der Selbstsucht bestimmt wurden. Er machte sich auch vage Sorgen um die Zukunft Frankreichs, die zwar noch uneingestanden waren, ihn aber ebenso beunruhigten. Ein Ende des ruhmreichen Empires war für ihn unvorstellbar. Schon der Gedanke, die französische Vorherrschaft in Spanien könnte jemals ernsthaft in Gefahr sein, überstieg seine Vorstellungskraft. Er hätte jeden ausgelacht, der ihm gesagt hätte, in weniger als zwei Jahren würde Wellington die Franzosen in einem einzigen Blitzfeldzug von der Halbinsel vertreiben und im Triumph über die Pyrenäen marschieren, um dem Empire auf dem Boden des französischen Mutterlandes den Todesstoß zu versetzen. All das hätte Darphin als Unsinn abgetan. Doch gleichzeitig erfüllte der Gedanke daran, daß Wellington seine Eroberungen immer mehr ausdehnte, erst Almeida in den Griff bekam, und dann auch noch Rodrigo, ohne daß die Franzosen ihn aufhalten konnten, Darphin mit bedrückenden und unheilvollen Vorahnungen.

In dieser Hinsicht zumindest trog der militärische Instinkt Darphin nicht. Der Fall von Almeida markierte den Beginn des Gezeitenwandels, leitete für die Franzosen die Ebbe ein, die anhalten sollte, bis die Alliierten in Paris einmarschierten. Und Almeida fiel wegen des Erfolgs der Revolte im Norden. Und es war die Kanone, die diesen Erfolg ermöglicht hatte.

22

Jorge trieb die Belagerung von Salas mit all der Energie voran, die in ihm steckte, und die er durch sein Vorbild in den Männern wekken konnte. Dabei mußte er sich die Kunst der Belagerung praktisch von Grund auf selbst beibringen, aber genau das entsprach seinen natürlichen Anlagen. Sein niemals nachlassender Mut und seine unveränderlich gute Laune gaben dabei ein Beispiel, an dem die Männer sich ohne Zögern orientierten. Trotz des Dauerfeuers aus der Festung fraßen sich die Laufgräben von der ersten Parallele ausgehend immer weiter vor. Zwei Nächte nach dem Sieg über die Füsiliere der Garde wurde die zweite Parallele begonnen und fast fertiggestellt, und das ungeachtet der Tatsache, daß die Franzosen die Männer ständig beschossen. Es wurde hell, und die Männer arbeiteten immer noch, obwohl die Verluste sich häuften. Aber schließlich war auch die zweite Parallele fertig: ein langgestreckter, gutgeplanter Schützengraben mit einer massiven Brustwehr, mit dem die Belagerer bis auf zweihundert Meter an die Festung herangekommen waren. Die Haubitzen der Festung schossen mit monotoner Regelmäßigkeit Granaten in diesen Graben, und die Achtzehnpfünder rissen die schützende Brustwehr auf, aber die Spanier ließen sich dadurch nicht entmutigen. Dafür hatten sie in letzter Zeit zu viele Siege errungen. Sie warfen die Leichen hinter sich aus den Gräben und schütteten die Erdwälle ebenso schnell wieder auf, wie sie eingerissen wurden.

Jorge selbst schlug sich den ganzen Tag über mit mathematischen Problemen herum. Da die Mathematik für ihn ein ungelöstes Geheimnis war, mußte er sich bei seinen Berechnungen damit begnügen, sie über den Daumen zu peilen. Trotzdem war seine Methode erfolgreich, denn erstens besaß er ein gehöriges Maß gesunden Menschenverstandes, und zweitens hatten die Erfahrungen der letzten Tage ihn geradezu inspiriert. Sobald es dunkel wurde, krochen fünfzig Männer über die Brustwehr des vordersten Grabens und machten sich mit Schaufeln und Hacken an die Arbeit. Sie hoben auf einer Fläche, die Jorge unter Lebensgefahr noch bei Tageslicht abgeschritten und abgesteckt hatte, eine Grube aus und häuften die Erde zu einem mächtigen Wall auf. Dieses rechteckige Geviert sollte die Stellung für die große Kanone werden. Zehn andere Männer ebneten den Schützengraben direkt dahinter ein. Nochmal zehn schütteten ein Stück der ersten

Parallele zu, damit die Kanone ungehindert darüber hinweg nach vorn transportiert werden konnte. Einhundert Männer fingen an, sie an starken Seilen zu ihrer geplanten Stellung zu ziehen.

Jorge schien gleichzeitig überall da zu sein, wo gearbeitet wurde. Wenn es nicht gelang, die Kanone bis zum Hellwerden zur zweiten Parallele und in den Schutz der Redoute zu bringen, war sie dem Beschuß der Belagerten hilflos ausgeliefert und dem Untergang geweiht. Das gleiche galt für den Fall, daß die Redoute nicht fertig war, wenn die Kanone ankam. Auch dann stünde sie völlig ungeschützt auf freiem Gelände, eine Zielscheibe für die Geschütze der Belagerten. Alles mußte genau nach Plan gehen. Es durfte kein einziger Fehler vorkommen. Und so hastete Jorge vor und zurück, rannte von der Straße zur zweiten Parallele, und von der zweiten Parallele wieder zurück zur Straße, um sich zu vergewissern, daß die Arbeit voranging und niemand sich eine Pause gönnte.

Die Belagerten hörten natürlich den Lärm, der mit all diesen fieberhaften Aktivitäten verbunden war, und taten ihr Bestes, um den Spaniern einen Strich durch die Rechnung zu machen. Sie beschossen das Gelände, auf dem dem Geräusch nach die Geschützstellung angelegt wurde, mit Granaten und Kanonenkugeln. Dann verlegten sie sich auf ein anderes Ziel – die Kanone, die unter beträchtlichem Gepolter und Geächze mühselig vorangezogen wurde. Einmal hatten die Franzosen Glück. Eine Kanonenkugel tötete gleich zehn Männer, die hintereinander an einem der Seile zogen. Dann wagten sie einen Ausfall, aber Jorge hatte damit gerechnet und schon vor Stunden seine Männer in Stellung gebracht. Das dichte Musketenfeuer, das die Franzosen in Empfang nahm, jagte sie sofort in die Festung zurück, da sie fürchteten, in eine Falle zu geraten.

Jorge hatte sich schlichtweg selbst übertroffen. Die große Kanone erreichte den Übergang über die erste Parallele genau in dem Augenblick, in dem er fertig wurde. Sie wurde darüber hinweggezogen und der Graben sofort wieder ausgehoben. Nun schickte Jorge schwer beladene Männer nach vorn. Sie schleppten schwere Balken – die Dachbalken eines Hauses – mit denen der Boden der Redoute ausgelegt werden sollte. Die Männer erreichten die Stellung kurz bevor sie fertiggestellt war, und kaum hatte man die Balken verlegt, kam auch schon die Kanone und wurde in Position gebracht.

Es war höchste Zeit. Bald wurde es hell. Schwitzend vor Anstrengung und Aufregung vergewisserte sich Jorge, daß alles seine Ordnung hatte. Die Männer, die von außen an der Geschützstellung arbeiteten, warfen schnell noch ein paar letzte Schaufeln Erde auf die dicken Wände, obwohl die Dämmerung und der damit einsetzende wütende Beschuß auf die Redoute die Gefahr für sie immer größer machte. Aber dann war alles so weit wie nötig vollendet. Der Geschützstand war umgeben von immens dicken Erdwällen, die sich zwar nicht unbedingt der schönsten Symmetrie rühmen konnten – das konnte man von blutigen Laien im Schanzenbau, die dazu noch in stockdunkler Nacht arbeiteten, unmöglich erwarten – aber durchaus genügten. Die Kanone stand zwei Fuß unter der Erdoberfläche fest auf ihrer hölzernen Unterlage. Die Erdwälle ragten fünf Fuß über den Boden auf und liefen nach oben hin spitz zu. Die Öffnung, durch die die Mündung der Kanone herausragte, war sehr schmal, kaum mehr als ein Schlitz. Mehr war nicht nötig, denn die Kanone sollte nur einen einzigen, kleinen Teil der Festungsmauer unter Beschuß nehmen, und je schmaler die Schießscharte, desto geringer die Chance, daß sie von einem Zufallstreffer getroffen wurde.

Jorge hatte ausgezeichnete Arbeit geleistet. Jeder normale Offizier der Pioniere hätte wahrscheinlich zwei Nächte gebraucht, um die Stellung auszubauen, und eine dritte, um die Kanone vorzuziehen. Jorge hatte drei Nächte zu einer zusammengefaßt und damit achtundvierzig Stunden gewonnen. Und schon war er wieder an der Straße und schickte einen neuen Schub Träger durch die Laufgräben nach vorn – Männer, die jeweils mit vier Kanonenkugeln oder mit Pulverfässern beladen waren. Dann hastete er zur Redoute zurück und zeigte den Männern, wo sie die Munition lagern sollten – in kleinen Mengen schön gleichmäßig im Graben verteilt, gut erreichbar für die Männer, die die Kanone bedienten, aber auch nicht zu nah. Die Redoute erbebte unter dem schweren Beschuß der Franzosen. Die Männer, die in den Gräben rechts und links davon kauerten, fingen schon einmal an, Säcke mit Erde zu füllen, damit sie die Schäden an den Erdwällen schneller wieder ausbessern konnten.

Sobald all das organisiert war, hastete Jorge wieder davon und teilte weitere Männer zur Arbeit an den neuen Laufgängen ein. Er wollte zwei weitere Laufgänge von der zweiten Parallele aus nach vorne schieben, die schließlich durch eine dritte Parallele kurz vor dem Festungsgraben verbunden werden sollten. In dieser dritten Parallele sollten die Männer vor dem Sturm auf die Bresche, die erst noch geschlagen werden mußte, Stellung beziehen. Bresche und Parallele mußten unbedingt gleichzeitig fertig werden. Jorge wußte nichts von den Feinheiten der Belagerungskunst. Er wußte nicht, daß bei einer korrekt durchgeführten Belagerung die Laufgänge bis zum Festungsgraben vordringen mußten. Er wußte nicht, daß die Böschung des Grabens und alle eventuell darin aufgestellten Hindernisse von Mineuren eingeebnet werden und die Artillerie des Feindes soweit wie möglich reduziert werden mußte, bevor die Bresche erstürmt werden konnte. Derartige Spitzfindigkeiten überstiegen seine Fähigkeiten und sein Vorstellungsvermögen. Er kannte nur ein Ziel. Eine Bresche zu schlagen und genügend Männer so nahe an das Loch in der Festungsmauer heranzubringen, daß sie eine Chance hatten, es lebend zu erreichen und wenn möglich zu erobern. Dieser Sturm auf die Bresche würde eine blutige Angelegenheit werden – wie auch das Anlegen der Laufgräben –, aber daran konnte Jorge nun einmal nichts ändern.

Den ganzen Tag lang wurden die Laufgräben durch die nackte Erde vorangetrieben. An den Sappenposten ganz vorn starben Männer, die kaum Zeit gehabt hatten, auch nur zehn Schaufeln Erde zu bewegen. Andere wurden unter wahren Lawinen aus herabstürzenden Erdmassen und Sandsäcken begraben – und höchstens dann wieder ausgegraben, wenn es sich durch die Arbeit so ergab. Wenn nicht, auch kein Problem. Leichen waren sehr gut dazu geeignet, den Erdwällen größere Festigkeit zu verleihen. Bei all den Verlusten, die die Laufgräben forderten, hatten sie jedoch auch ihr Gutes. Sie vergrößerten die Zahl der Ziele, die die Belagerten in der Festung unter Beschuß nehmen konnten oder mußten, so daß sie sich nicht mehr ausschließlich auf die Geschützstellung konzentrieren konnten, auch wenn sie weiterhin ihr Hauptziel blieb. Die Franzosen versuchten, sie mit Granaten zu sprengen, aber es war nun einmal nicht einfach, einen Bereich von nur zehn Fuß im Quadrat zu treffen, wenn man nicht direkt darauf zielen konnte, und die Franzosen hatten keine Geschütze direkt gegenüber der Stellung der Kanone. Außerdem war das französische Pulver nicht einheitlich genug hergestellt, die französischen Granaten nicht genau genug gegossen, um selbst bei noch so guten Zielen einen Treffer in einem so kleinen Bereich wahrscheinlich zu machen. Bei dem ausgezeichneten englischen Material, das Jorge zur Verfügung stand, sah das ganz anders aus. Und so explodierten die Granaten rund um die Redoute herum und zerfetzten die Erdwälle; die einzige Granate, die dabei tatsächlich in der Stellung landete, explodierte jedoch nicht sofort beim Aufschlag, und ein mit wahrer Gelassenheit und erstaunlicher Geistesgegenwart gesegneter galicischer *vaquero,* der das Ding plötzlich vor seinen Füßen entdeckte, trennte das zischende Ende der Zündschnur mit einem schnellen Spatenstich ab.

Inzwischen hatte die Kanone das Gegenfeuer eröffnet. Ihr dröhnendes Rohr, das die spanischen Soldaten gut kannten und so sehr liebten, mischte sich in regelmäßigen Abständen unter das Krachen der französischen Geschütze. Jorge war bei der Kanone. Er war es, der sie bei jedem Schuß ausrichtete. Seine geistigen Fähigkeiten entwickelten sich von Stunde zu Stunde. Ganz allein und ohne jede Hilfe hatte er sich ein System ausgedacht, durch das die Arbeit, die nach jedem Schuß mit dem Zurückschieben der Kanone in ihre Ausgangsstellung verbunden war, auf ein Minimum reduziert wurde. Er hatte den hölzernen Boden der Redoute hinter der Kanone leicht ansteigen lassen. Bei jedem Schuß rollte die Kanone nach hinten weg und die leichte Steigung hinauf. Dann gab es einen Moment der Unschlüssigkeit, in dem die Schwerkraft gegen die Wucht des Rückstoßes ankämpfte, und einen Augenblick später rollte die Kanone zurück, fast bis in die korrekte Feuerstellung. Durch diese Erfindung wurde die Arbeit, die mit dem Zurückbugsieren des schweren Monsters verbunden war, auf die Hälfte reduziert und die Schußgeschwindigkeit fast verdoppelt.

Jorge platzte fast vor Begeisterung und Erregung. Sein Gesicht und seine Hände waren schwarz vom Pulverrauch, so daß seine Augen unnatürlich hell leuchteten. Während er an der Kanone arbeitete, schmetterte er immer wieder Bruchstücke von Liedern vor sich hin, und nach jedem Schuß versetzte er dem heißen Bodenstück einen liebevollen Klaps. Müdigkeit schien ihm ein unbekanntes Wort zu sein, obwohl er am Tag zuvor eine Schlacht geschlagen und zwei aufeinanderfolgende Nächte durchgearbeitet hatte. Genau wie die Kanone war er unermüdlich.

Die Wirkung, die die Kanonenschüsse auf die Mauer hatten, war gering, aber mehr war nicht zu erhoffen gewesen. Bei jedem Einschlag lösten sich nur ein paar Splitter aus der soliden Steinwand, aber Jorge hatte sich für den Beschuß ein System ausgedacht, das bezeichnenderweise genau der Methode entsprach, die von Artilleristen der besten Schulen angewandt wurde. Er zielte auf den Fuß der Mauer und hoffte, indem er die Kanone manchmal ein kleines Stück nach links oder rechts schwenkte, eine ganze Partie des Mauerwerks so zu unterminieren, daß schließlich der obere Teil nachrutschte und eine Art Böschung bildete, die leicht zu erklettern sein müßte. Mit ein bißchen Glück würde die Mauer sogar in den Festungsgraben stürzen und es ihnen dadurch leichter machen, diesen zu überwinden. Jorge hatte keine Ahnung, wie lange das dauern würde. Er wußte nur, daß er die Kanone in die bestmögliche Stellung gebracht hatte und er früher oder später Erfolg haben würde. Er hatte Zeit, und er war darauf eingerichtet, genauso lange zu schießen, wie es eben nötig war.

Nur ganz selten einmal ließ er die Kanone allein, um durch die Laufgräben dorthin zu eilen, wo die mörderische Arbeit, sie weiter voranzutreiben, voll im Gange war. Dies tat er immer dann, wenn er fürchtete, die Bresche könnte geschlagen sein, bevor die dritte Parallele fertig war. Wenn er dann aber an den Sappenköpfen half, wuchs früher oder später jedesmal die Überzeugung, daß die dritte Parallele fertig sein würde, bevor er die Bresche vollendet hatte, und so hastete er wieder zurück, um den Beschuß der Mauer zu beschleunigen.

Es gab auch andere Unterbrechungen. El Platero und Delgado und die anderen kamen immer wieder mit Klagen und Forderungen zu ihm. Obwohl er schon so viel um die Ohren hatte, wurde er auch noch mit endlosen Lappalien belästigt. Fast zehntausend Spanier waren um Salas herum versammelt, und Jorge hatte mehr oder weniger die halboffizielle Position ihres Oberbefehlshabers übernommen. Er mußte entscheiden, welche Abteilungen seiner Armee welche Abschnitte der Laufgräben besetzen sollten. Er mußte sich um die Verpflegung der Männer kümmern und Trupps aussenden, die alles heranzuschaffen hatten, was sie an Nahrungsmitteln finden konnten. Er mußte dafür sorgen, daß die Männer in den Gräben mit Wasser und Essen versorgt wurden. Er mußte sich darum kümmern, daß eine ausreichend große Zahl von Truppen bereitstand, um die Männer in den Gräben zu unterstützen, falls die Garnison einen Ausfall und damit alle bisherigen Anstrengungen zunichte machen sollte. Aber Jorge war nicht nur der Oberbefehlshaber einer Armee, sondern gleichzeitig auch sein eigener Stabschef, sein eigener Artilleriekommandant, sein eigener Pionier und sein eigener Furiermeister.

Es war eine rein theoretische Frage, wie lange er durchhalten würde. Und es war bezeichnend, daß er in der stickigen Hitze der Redoute, fast taub vom Krachen der Kanone und der ringsum einschlagenden Granaten, durchaus in der Lage war, die kompliziertesten Vorbereitungen zu treffen und die logischsten Befehle zu erteilen. Hätte er nur friedlich Schafe gehütet, so wie er es den größten Teil seines kurzen Lebens getan hatte, wäre er zu solchen Höchstleistungen niemals fähig gewesen.

Als es dunkel wurde und er nicht mehr erkennen konnte, ob die Schüsse an der richtigen Stelle in die Mauer einschlugen, stellte er das Feuer zögernd ein und merkte erst in diesem Augenblick, wie erschöpft und ausgehungert er war. Er mußte sich fast dazu zwingen, noch einmal die Laufgräben abzugehen, wo er den Männern noch einmal ans Herz legte, sich die Nacht zunutze zu machen und die Sappen so weit wie möglich voranzutreiben. Dann entsandte er mehrere Patrouillen, die die Arbeiter vor eventuellen Ausfällen der Franzosen warnen und schützen sollten, und stolperte zur Straße zurück, wo für Alvarez und die anderen ein paar provisorische Zelte aufgeschlagen worden waren, und wo die Männer, die nicht in den Gräben arbeiteten, sich auf eine weitere unbequeme Nacht unter freiem Himmel vorbereiteten.

Er bat um etwas zu essen, und sie brachten ihm Brot, Fleisch und Wein, aber er schlief über seinem Teller ein. Der Becher fiel ihm aus der Hand, und der Wein ergoß sich über seine Hose, als sein Kopf vornüber auf seine Knie sank, aber er merkte es nicht einmal. Langsam rollte er zur Seite und fing einen Augenblick später an zu schnarchen wie eine schlecht gespielte Trompete. Alvarez, der ihn inzwischen in sein Herz geschlossen hatte, zog seinen Mantel aus und breitete ihn über ihn aus. So lag er da, und weder sein eigenes Schnarchen noch das ständige Kommen und Gehen von Männern und Tieren, die dicht neben seinem Kopf vorbeimußten, konnten ihn wecken.

Erst gegen Mitternacht weckte ihn ein anderes Geräusch so urplötzlich, daß er sich mit einem Ruck aufsetzte. Er war auf einen Schlag hellwach, all seine Muskeln waren angespannt wie bei einem wilden Tier. Aus der Richtung der Gräben drangen Musketenschüsse! Und es handelte sich nicht nur um ein harmloses Geplänkel, wie es vorkommen konnte, wenn zwei Patrouillen sich begegneten oder ein Wachtposten Gespenster sah. Nein, es war eine richtige Schießerei, und Jorge wußte sofort den Grund dafür. Er sprang auf und rannte los, wobei er in der Dunkelheit über unzählige Hindernisse stolperte. Dann fiel er Hals über Kopf in die erste Parallele, wo die Soldaten des Regiments Princesa über die Brustwehr zu den immer wieder aufflackernden Mündungsblitzen hinüber spähten. Fast im gleichen Augenblick war er schon wieder auf den Beinen und stieß einen lauten Schrei aus, bevor irgend jemand ihn mit dem Bajonett durchbohren konnte.

»Mir nach, Princesa!« schrie er.

Die Männer kannten seine Stimme. Den ganzen Graben entlang folgten sie in der Dunkelheit dem Beispiel ihrer Nachbarn, kletterten über die Brustwehr, stürmten vor und plumpsten wenig später in die zweite Parallele.

General Meyronnet, der Festungskommandant, hatte voller Sorge beobachtete, wie schnell die Belagerungsarbeiten fortschritten und kurz vor Mitternacht einen Ausfall angeordnet, der die Patrouillen überrumpelt hatte. Dann hatten die Franzosen die Laufgräben gestürmt, in denen die Männer dabei waren, die Brustwehr aufzuwerfen und zu befestigen, und sich weiter zur Geschützstellung vorgekämpft, um die eine große Kanone, die die Belagerer besaßen, entweder zu zerstören oder zu erbeuten. Zum Glück erreichten Jorge und das Regiment Princesa die zweite Parallele im selben Moment wie die Franzosen, gerade noch rechtzeitig, um die Kanone zu verteidigen. In der Redoute entbrannte ein erbitterter Kampf in totaler Dunkelheit, ein Kampf, bei dem niemand zwischen Freund und Feind unterscheiden konnte, aber dennoch erbarmungslos zuschlug und nichts und niemand schonte. Jorge war unbewaffnet gewesen, als er die Stellung erreichte, aber irgendwie war ihm ein Spaten in die Hände geraten, und mit diesem kämpfte er nun wie ein Wahnsinniger, schluchzend vor Aufregung und Anspannung, bis er plötzlich merkte, daß sich das Getümmel gelegt hatte. Die angreifenden Franzosen waren entweder tot oder zur Festung zurückgeflohen.

In der Dunkelheit tastete er sich zur Kanone vor und untersuchte sie. Sie schien unversehrt! Er fand das Zündloch und vergewisserte sich, daß niemand einen Eisensporn hineingetrieben hatte. Er ließ die Finger am Rohr entlanggleiten, vom Bodenstück bis zur Mündung. Nirgends ein Riß oder sonst ein Zeichen der Beschädigung. Auch die Schildzapfen waren noch intakt.

Sobald er sich beruhigt hatte, wollte er nur noch eins – weiterschlafen. Es kümmerte ihn nicht, daß in den Laufgräben weiter vorne immer noch Schreie oder ein gelegentlicher Schuß zu hören waren – Beweis dafür, daß die Spanier, die zur Verstärkung angerückt waren, nun auch die letzten Franzosen vertrieben. Er setzte sich auf die Erde, lehnte den Rücken gegen das Rad der Lafette und hob noch einmal mühsam den Kopf, um Elizalde zu sagen, er solle sich darum kümmern, daß die Gräben wieder besetzt wurden. Dann ließ er den Kopf auf die Brust sinken, und einen Augenblick später füllte sein Schnarchen die Geschützstellung. Erst bei Tageslicht zeigte sich, wie groß der Schaden war, den die Franzosen bei ihrem nächtlichen Angriff angerichtet hatten. Ganze Teile der Laufgänge waren eingestürzt, so daß die Männer die Vorposten nicht mehr erreichen konnten. Sie hätten höchstens über das offene Gelände nach vorn laufen können, wobei sie von den Franzosen jedoch sofort unter Beschuß genommen worden wären. Auf dem Gelände zwischen den Gräben und der Festung lagen überall Tote. El Platero und mehrere seiner Männer wurden vermißt. Die Patrouille, die er geleitet hatte, war vom ersten Ansturm der Franzosen überrascht worden, und El Platero saß im Kerker der Festung. Sollte die Garnison irgendwann gezwungen sein, sich zu ergeben, würden die Franzosen ihn und sein Leben bei den Verhandlungen als Druckmittel ausspielen.

Jorge verbot sich jede Niedergeschlagenheit. Der Ausfall der Franzosen hätte viel schlimmer enden können. Er selbst begann den erneuten Beschuß der Festung und drängte sich dann durch den Laufgraben nach vorn, wo er allen ein Beispiel gab, indem er sich selbst als erster an die gefährliche Arbeit machte, die eingestürzten Teile der Gräben wieder freizuschaufeln. Die Garnison hatte durch ihren nächtlichen Ausfall einen halben Tag gewonnen – so lange dauerte es, bis die Sappenposten wieder erreichbar waren und die Gräben auf ihrem langen Zickzackkurs weiter vorangetrieben werden konnten.

Gegen Mittag dann löste ein weiterer Schuß aus der Kanone Aufregung aus. Eine kleine Steinlawine löste sich aus der Mauer der Festung, der erste Hinweis darauf, daß die Mauer nachgab. Die Steine polterten aus einer Höhe von etwa zwölf Fuß und über eine Breite von vielleicht zehn Fuß auf die Erde. Jorge rannte zum Sappenposten vor und starrte die Wand an. Ein schmaler Riß war zu sehen, wie die Furche eines Wasserlaufs an einer steilen Felsenklippe. Aus dieser Entfernung von etwa einhundertfünfzig Metern war es schwer, Einzelheiten zu erkennen, aber jedenfalls ragte die Mauer nun nicht mehr völlig glatt und steil auf, sondern zeigte zumindest ein paar Unebenheiten oder gar Vorsprünge. Ein unbelasteter, einigermaßen geschickter Mann hätte sie vielleicht sogar erklettern können. Das bedeutete natürlich noch lange nicht, daß der Angriff auf die eintausend Mann starke Garnison jetzt schon möglich war, aber zumindest war darin das Versprechen enthalten, daß die Bresche früher oder später geschlagen werden konnte. Unter dem steten Beschuß, der den ganzen Tag über fortgesetzt wurde, lösten sich dann auch tatsächlich noch zwei oder drei Steinlawinen. Kein Zweifel, die Mauer zerbrökkelte.

Jorge ging zurück zum Sappenposten, um sich die Mauer noch einmal aus der Nähe anzusehen. Es war gefährlich, sich hier vorne blicken zu lassen, denn auf den Festungsmauern standen die Musketenschützen jetzt dicht an dicht, und auf die Entfernung von einhundertfünfzig Metern bestand immer die Möglichkeit eines Glückstreffers. Abgesehen davon waren die Belagerten ständig bereit, die Laufgänge mit Kartätschen zu beschießen, sobald das Angriffsziel verlockend genug war.

Jorge kam zu dem Schluß, daß er höchstens noch einen Tag brauchen würde, um die Mauer auf einer Breite von etwa zehn Metern zu durchbrechen. Er entschied, daß die beiden Laufgänge noch in dieser Nacht durch eine dritte Parallele verbunden werden mußten, die dann etwa einhundert Meter vom Festungsgraben entfernt verlaufen würde. In der darauffolgenden Nacht würden sie von dieser Parallele aus angreifen, und mit etwas Glück auch Erfolg haben. Er trieb die Männer am Sappenposten zu neuer Eile an und ging selbst zurück zu der Stelle der Straße, die ein Offizier einer regulären Armee vielleicht als Hauptquartier bezeichnet hätte, die aber im Grunde genommen nichts weiter war als eine Art Treffpunkt für jeden, der gerade nichts Besseres zu tun hatte. In Jorges Kopf schwirrten die Gedanken; er versuchte, sich über die Details seines weiteren Vorgehens klarzuwerden; im Geiste spielte er die verschiedenen Rollen durch, die die Abteilungen der Belagerer in dieser Nacht übernehmen mußten. Alvarez mußte seine Männer als eine Art Spähtrupp bis an die Mauer vorziehen – Partisanen waren für diese Art von nächtlicher Arbeit am besten geeignet. Das Regiment Princesa würde wie üblich die vierhundert Männer stellen müssen, die zum Graben nötig waren. Elizalde konnte diese Aufgabe an das Bataillon vergeben, das seiner Meinung nach am geeignetsten dafür war. An dieser Stelle wurde Jorge durch eine Hand unterbrochen, die sich auf seinen Arm legte. Er drehte sich um und erkannte einen der Jungen, der zur Bedienungsmannschaft der Kanone gehörte. Er war außer Atem vom Laufen, und seine Lippen zitterten.

»Die Kanone, Señor!« sagte er. »Die Kanone!«

»Was ist mit der Kanone?« schrie Jorge ihn an, Angst im Herzen.

Der Junge stotterte und gestikulierte, brachte aber kein einziges vernünftiges Wort heraus. Mit einem Fluch ließ Jorge ihn stehen und rannte voll böser Vorahnungen zur Redoute, aber was er hier vorfand war schlimmer als alles, was er befürchtet hatte. Mehrere Männer waren tot. Das bekümmerte Jorge nicht weiter. Was waren schon ein paar tote Männer? Aber seine Kanone, seine wunderschöne, geliebte Kanone, war zerstört. Die Lafette stand zwar noch, irgendwie, obwohl eines ihrer großen Räder zusammengebrochen war. Aber die Kanone selbst ragte grotesk steil nach oben, war gleichzeitig aber auch merkwürdig zur Seite hin verdreht. Einer der Schildzapfen war glatt abgerissen – Jorge befühlte die rauhe Oberfläche des gebrochenen Metalls. Vom Höhen- und Seitenrichtwerk waren nur noch Holzsplitter und verborgene Metallteile übrig, und an der Oberseite des Rohrs war ein breiter Streifen der erhabenen Verzierungen einfach abgerissen.

Jorge stand reglos da und starrte die Kanone an. Wie hatte das bloß passieren können? Er verstand es einfach nicht. Aber schon eine Sekunde später wurde ihm die Erklärung geliefert. Ein Heulen wie von tausend verlorenen Seelen erfüllte die Luft, und ein starker Windstoß schleuderte ihn nach hinten gegen den Erdwall der Redoute. Eine große Kanonenkugel war durch die schmale Schießscharte eingedrungen, genau wie ihre Vorgängerin es getan haben mußte, bloß war diese hier glatt durchgegangen und hatte nichts getroffen. Jorge warf einen Blick durch den schmalen Schlitz. Ganz oben auf der Festungsmauer, als Silhouette vor den Abendhimmel gezeichnet, war ein unförmiges schwarzes Ding zu sehen, genau über der Stelle, an der er die Bresche schlagen wollte. Das Ding war noch nicht dagewesen, als er die Mauer zum letzten Mal vom Sappenposten inspiziert hatte. Er wußte, was es war. Es war eine große Kanone mit kurzem Rohr, die genau auf ihn zeigte.

Trotz des Kummers, der ihm fast das Herz zerriß, war Jorge noch dazu in der Lage, sich vorzustellen, was geschehen war, was die Franzosen die ganze Zeit über getan hatten – er wußte inzwischen genug über den Umgang mit schwerer Artillerie. Nachdem sie gemerkt hatten, daß keine ihrer Kanonen die Schießscharte des Gegners direkt erreichen konnte, hatten sie anscheinend sofort damit begonnen, auf der anderen Seite der Mauer eine Rampe und eine Plattform knapp unter dem oberen Rand der Mauer zu bauen. Sobald sie fertig war, hatten sie eines ihrer achtzehnpfündigen Geschütze über die Rampe auf die Plattform gehievt, es herumgeschwenkt und sofort das Feuer auf die Redoute eröffnet. Als Jorge genauer hinsah, entdeckte er auch die Köpfe mehrerer Männer, die offensichtlich dabei waren, die Kanone nachzuladen. Instinktiv zog er den Kopf ein und duckte sich unter der Schießscharte zusammen. Die nächste Kugel sirrte über seinen Kopf hinweg. Hinter ihm war ein Krachen zu hören, und ein Klingen, als hätte jemand mit einem großen Vorschlaghammer auf eine Glocke geschlagen. Ein glühendheißes Stück Metall zischte an Jorges Schulter vorbei und bohrte sich dicht neben seinem Kopf in den Erdwall. Jorge drehte sich um. Das Werk der Zerstörung war vollendet. Die Kugel hatte die Unterseite des Rohres getroffen, eine große Delle hineingeschlagen und die Kanone vollends von der zerstörten Lafette heruntergerissen. Das Bodenstück ruhte jetzt auf der Erde und die Mündung lag auf der Achse. Die Inschrift in den altmodischen lateinischen Lettern lautete noch immer: *»Und unsere Münder sollen Dein Lob singen.«*

23

Als es Nacht wurde, ging es bei den Belagerern von Salas ziemlich hektisch zu. Die Kanone würde niemals wieder einen Schuß abgeben. Die Neuigkeit hatte sich in Windeseile unter den Männern verbreitet, die immer noch in derart zuversichtlicher Stimmung waren, um sich davon entmutigen zu lassen. Alle wußten, wie wichtig es war, die Festung einzunehmen, die den Hauptverbindungsweg des Feindes beherrschte und sicherte. Nun mußten eben Fleisch und Blut das Werk vollenden, das die Kanone begonnen hatte. Salas sollte noch in der gleichen Nacht gestürmt werden. Die Männer würden in der Dunkelheit angreifen, wobei sie erst einen tiefen Graben und dann eine hohe Mauer überwinden mußten, die nur einen winzigen Riß hatte. Das einzige Hilfsmittel, das sie dazu besaßen, waren ein paar Leitern, die sie auf umliegenden Bauernhöfen requiriert hatten. Trotzdem zweifelten sie nicht an ihrem Erfolg, und ihre Anführer waren zu klug, sie über ihre eigenen Zweifel aufzuklären.

In einer Konferenz, bei der die Stimmung sehr gedrückt war, hatten sie die Einzelheiten geregelt – Alvarez würde die Bresche angreifen, Elizalde die eine Seite der Festung, und das Regiment Princesa die andere. Jorge selbst würde die Partisanen um die Festung herumführen und von der Flußseite her angreifen. In der Dunkelheit zogen sie die Kolonnen der Männer bis zur zweiten Parallele vor – das allein war schon schwierig genug – und kurz nach Mitternacht gingen sie zum Angriff über.

Wir können es uns sparen, in Einzelheiten zu beschreiben, wie dieser Angriff zurückgeschlagen wurde. Die Franzosen in Salas hatten ihren Mut, ihre Wachsamkeit und ihr militärisches Können bereits unter Beweis gestellt. Der Angriff der Spanier hätte jedoch nur gegen einen zaghaften, unvorbereiteten und demoralisierten Gegner Erfolg haben können. So blitzten überall auf den Festungsmauern die Mündungsfeuer der Musketen der Belagerten auf, als die Spanier anrückten. Kartätschen und Schrapnelle hämmerten auf sie herab und zerfetzten ihre Reihen. Teerfässer und ölgetränkte Lumpenbündel, die lichterloh brannten, wurden von den Mauern geworfen und spendeten soviel Licht, daß die Musketenschützen, die dort oben Stellung bezogen hatten, ihr Ziel gut erkennen konnten. Handgranaten mit kurzen Zündschnüren wurden geschleudert und zerrissen die kleinen Grüppchen von Spaniern, denen es gelang, bis an die Mauer vorzudringen. Ein an Fanatismus grenzender Mut ließ sie immer und immer wieder anstürmen. Aber dann, gegen Morgen, löste sich dieser Mut in nichts auf, wie es bei undisziplinierten Truppen früher oder später immer passiert. Sie stoben auseinander und flohen in blinder Panik von der Mauer weg. Sogar die Laufgräben ließen sie unbesetzt hinter sich, und nur die Toten und die Verwundeten blieben zurück, als Beweis dafür, was sie alles gewagt hatten, bevor die Panik sie übermannte.

Im grauen Licht des frühen Morgens kam auch Jorge von der

Mauer zurück, an der er wie ein Berserker aber ohne Erfolg gewütet hatte, und sah, daß Alvarez und die anderen sich an der Straße versammelt hatten. Er erlaubte seinen Männern, sich auszuruhen – die Überlebenden aus den Banden von El Bilbanito, O'Neill und El Platero waren zu einem kläglichen Haufen geschrumpft –, während er selbst sich zur Konferenz begab. Alvarez trug den rechten Arm in einer Schlinge, seine Kleider waren völlig zerfetzt. Elizaldes Zustand war kaum besser. Nur Urquiola sah so geschniegelt aus wie eh und je, da seine Kavallerie nicht am Sturm auf die Festung teilgenommen hatte.

»Delgado ist tot«, sagte Elizalde.

»Ja«, antwortete Jorge.

»Volpe auch.«

»Und die Hälfte meiner Männer«, fügte Alvarez hinzu.

Jorge sah zur Festung zurück, sah die grauen Mauern als dunkle Umrisse über der sanft rollenden Ebene. Selbst aus dieser Entfernung erkannte er noch den kleinen Fleck, der über diesen Mauern wehte – die Trikolore.

Alvarez störte die Gedankengänge, in die Jorge unversehens abgeglitten war.

»Heilige Maria Muttergottes«, sagte er. »Dieser Unglücksrabe hat uns gerade noch gefehlt.«

Sie folgten seinem deutenden Finger und sahen die Straße entlang in Richtung Süden. Ein großer Mann auf einem weißen Maultier, das so klein war, daß die Füße des Mannes fast die Erde berührten, ritt auf sie zu. Sie sahen die braungraue Kutte und den buschigen schwarzen Bart. Es war Bruder Bernard.

Niemand wollte in diesem Augenblick mit Bruder Bernard sprechen. Niemand wollte hören, was er zu sagen hatte. Sie traten verlegen von einem Fuß auf dem anderen, als er sie mit Vorwürfen überhäufte, hörten seine Neuigkeiten geduckt und vorsichtig, wie Löwen unter der Peitsche des Löwenbändigers. Sie trotzten und grollten. Sie hatten alles getan, was Männer – ohne Kanone – tun konnten. Und sie haßten ihn für die Vorwürfe, die er ihnen machte. Sie erinnerten sich an die toten Männer am Fuß der Mauer, und Jorge dachte an die Kanone, zerbrochen und grotesk verrenkt, verlassen und einsam in ihrer Redoute.

»Morgen werden die Franzosen aus Valladolid hier sein«, sagte Bruder Bernard.

Alvarez hob den Kopf mit einem Ruck.

»*Wer* wird hier sein?«

Bruder Bernard war anscheinend nicht untätig gewesen, während sie vor den Mauern von Salas ihr Blut vergossen hatten. Er hatte beobachtet, wie eine ganze Armee aus Valladolid ausgerückt war. Er hatte sie den ganzen Tag über beobachtet. Er wußte genau, wie diese Armee zusammengesetzt war. Er war die ganze Nacht über durchgeritten, um ihnen die Nachricht zu bringen. Bruder Bernard kannte jede einzelne Einheit der französischen Armee, jeden einzelnen General. Die Namen, die er nannte, waren seinen Zuhörern ebenso bekannt. Sie alle hatten von Kellermann und seinen Dragonern gehört – Urquiola war von ihnen unzählige Male über die Ebenen von Kastilien gehetzt worden, auf denen Kellermann herrschte. Und Dumoustier und die Gardedivision. Dumoustier war ein Name, den spanische Frauen gebrauchten, wenn sie ihren Kindern Angst einjagen wollten. Auch Serras war bekannt. Man brauchte nicht viel Phantasie, um sich vorzustellen, was passieren würde, wenn Dumoustier und Serras losgelassen wurden, um Leon erneut zu unterwerfen. Zwölftausend Infanteriesoldaten, dreitausend Kavalleristen, und ein Dutzend Kanonen! Von hier bis zu den Bergen Kantabriens würde es Feuer und Flammen und Gemetzel und Vergewaltigung geben.

Und das Verbindungsglied, das die Partisanenarmee im Angesicht dieser Gefahr hätte zusammenhalten können, war gebrochen. Die Kanone war nicht mehr, und der Mut und die Zuversicht, die die Kanone hervorgerufen hatte, waren letzte Nacht vor den Mauern von Salas zerstört worden. Alvarez dachte an die Sturmangriffe, die die Dragoner Kellermanns auf der kahlen Ebene reiten würden.

»Ich bringe meine Männer nach Navarra zurück, solange die Straße noch frei ist«, sagte er. »Ich kenne die Schleichwege um Burgos herum. Mina hat mich nur drei Monate freigestellt, um El Bilbanito zu helfen. Diese drei Monate sind nun vorbei.«

Die anderen sahen ihn an, aber er machte aus seinen Motiven keinen Hehl.

»Ich habe meine Männer letzte Nacht für eine verlorene Hoffnung geopfert«, sagte er. »Aber es wäre schlimmer, als einer verlorenen Hoffnung zu folgen, wenn wir jetzt versuchen wollten, Leon gegen Kellermann und Dumoustier zu verteidigen. Nur die Hoffnung, Navarra bald wiederzusehen, wird meine Männer zusammenhalten. Ich marschiere in einer Stunde ab.«

Urquiola warf ganz automatisch einen Bick auf seine große, silberne Uhr.

»Wenn sich Kellermann nicht mehr in Kastilien aufhält«, sagte er, »ist mein Platz dort. Unsere Aufgabe besteht darin, dort zu sein, wo die Franzosen nicht sind. In einer Woche werde ich meine Überfälle bis nach Madrid ausdehnen.«

»Und was ist mit Leon?« fragte Bruder Bernard.

Urquiola zögerte kurz, bevor er die harte Wahrheit aussprach. »Leon muß für sich selber sorgen«, sagte er.

Der Wahnsinn, der der Nährboden für Bruder Bernards fanatische Hingabe an die Sache war, sprengte seine Ketten. Er hob die geballten Fäuste hoch über seinen Kopf und schüttelte sie.

»Ich verfluche euch!« rief er. »Möge Gott . . .«

Urquiola und Alvarez nahmen seine Flüche so philosophisch auf wie ein resignierter Ehemann die Beschimpfungen seiner Frau über sich ergehen läßt. Sie hörten kaum hin, als er sie ausstieß. Das Band der Gemeinsamkeit war mit der Zerstörung der Kanone durchschnitten worden. Abgesehen davon gab es militärisch vernünftige Gründe dafür, sich so schnell wie möglich im Angesicht einer derart überwältigenden Übermacht des Gegners zu zerstreuen.

Und während Bruder Bernard den Zorn Gottes auf Urquiola und Alvarez herabbeschwor, zog Jorge sich unauffällig zurück. Weder er noch sonst ein Guerillero hatten die Pflicht, einer Belagerung durch die französische Armee standzuhalten. Jorge war fest entschlossen, sich nicht in Leon oder Saldaña oder La Merced einschließen zu lassen und dort auf den sicheren Tod oder die sichere Gefangennahme zu warten. Er dachte an seine heimischen kantabrischen Berge. Er hatte immer noch ein Pferd – bedeutend mehr, als er besessen hatte, als er diese Berge verließ. Die Reste der ehemaligen Guerillerobanden würden ihm folgen, wenn er ihnen versprach, sie nach Hause zurückzuführen. Das Regiment Princesa – oder das, was davon übrig war – und die Truppen aus Leon, konnten ja Bruder Bernard folgen, wenn sie Lust dazu hatten. Er selbst jedoch, er war auf dem Weg nach Hause. Er hatte genug davon, Kommandant einer Armee zu sein.

Bei den verlassenen Laufgräben, in denen die Leichen sich übereinander türmten, kletterte eine Patrouille aus Salas vorsichtig in die Geschützstellung. Sie untersuchten die riesige Kanone aus Bronze, die zerfetzt und verbogen auf der zersplitterten Unterlage aus Holzbalken lag. Ein Gebildeter unter ihnen besah sich die halb abgerissenen heraldischen Zeichen und Symbole, aber er wußte nicht, welches herzögliche Haus diese Wappen führte. Er war sogar in der Lage, die lateinische Inschrift zu entziffern, die sich um die Mündung herum zog, und er übersetzte sie für seine Kameraden, die sich sehr darüber amüsierten. Trotzdem hatte die Kanone ihre Rolle in der Geschichte gespielt.

Bitte beachten Sie auch
die folgenden Seiten

George MacDonald Fraser

Flashman – Der chinesische Drache

Roman

Ullstein Buch 21040

Kaum den Gemetzeln des großen indischen Aufstands 1858/59 entkommen, taucht der inzwischen mit dem Viktoriakreuz ausgezeichnete Oberst Harry Flashman in der britischen Kronkolonie Hongkong auf. Was zunächst wie ein kleiner Nebenverdienst vor seiner Heimreise aussieht – eine Schiffsladung Opium in chinesisches Hoheitsgebiet zu schmuggeln –, entwickelt sich unversehens zu einem atemlosen Abenteuer: In China herrscht Bürgerkrieg und der ewige Zauderer und Hasenfuß Flashman natürlich mittendrin …

Ullstein Abenteuer

Henry Rider Haggard

Eric der Wikinger

Roman

Ullstein Buch 21019

Ullstein Abenteuer

Vom einfachen Bauernjungen bringt es der gewitzte und tapfere Erik Hellauge binnen kurzer Zeit zum berühmtesten Wikingerführer Islands.
Doch als er nach jahrelanger Abenteuerfahrt auf seine Heimatinsel zurückkehren will, um die schöne Gudruda zu freien, nimmt das Schicksal seinen Lauf ... Henry Rider Haggard (1856 bis 1925) zählt zu den größten Abenteuerschriftstellern der Weltliteratur. Er verbrachte lange Jahre seines Lebens in Afrika, studierte Rechtswissenschaften und schrieb zahlreiche Romane, um dem tristen Büroalltag zu entfliehen.

C. S. Forester

Brown von der Insel

Roman

Ullstein Buch 21009

Herbst 1914. Obermatrose Brown ist der einzige unversehrt Überlebende des im Gefecht mit dem deutschen Kreuzer »Ziethen« gesunkenen englischen Kreuzers »Charybdis«. Eine deutsche Suchmannschaft hat ihn im Wasser treibend gefunden und bringt ihn zusammen mit zwei weiteren, schwer verwundeten englischen Seeleuten zurück an Bord der »Ziethen«, auch sie bedrohlich leckgeschlagen. In der Lagune der Insel Resolution findet die »Ziethen« einen geschützten Fleck, um die notwendigen Reparaturen ausführen zu lassen. Hier gelingt Brown die Flucht. Mit einem gestohlenen Karabiner bewaffnet und mit 120 Schuß Munition schwimmt er an Land, erklettert die schroffen Lavahänge der Insel und nimmt von dort wieder den Kampf mit dem Feind auf.

Ullstein Abenteuer